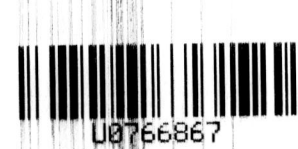

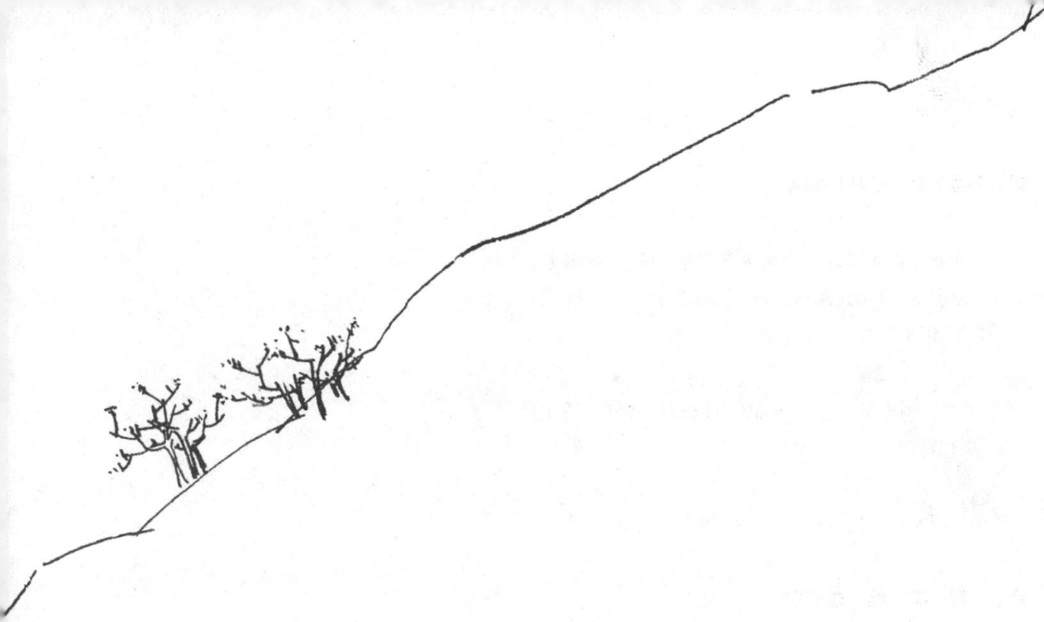

一个都不能掉队

——云南脱贫攻坚之路

叶多多◎著

云南出版集团
雲南人民出版社

图书在版编目（CIP）数据

一个都不能掉队 ： 云南脱贫攻坚之路 / 叶多多著
. -- 昆明 ： 云南人民出版社， 2017.10
ISBN 978-7-222-16529-8

Ⅰ. ①一… Ⅱ. ①叶… Ⅲ. ①扶贫－研究－云南
Ⅳ. ①F127.74

中国版本图书馆CIP数据核字(2017)第238077号

策　　划：李　维　赵石定
出 品 人：赵石定
责任编辑：苏映华　姚实名　刘　焰
装帧设计：马　滨　杨晓东
责任校对：李　爽　徐　霞
责任印制：洪中丽

一个都不能掉队

——云南脱贫攻坚之路

作者　叶多多　著
出版　云南出版集团　云南人民出版社
发行　云南人民出版社
社址　昆明市环城西路609号
邮编　650034
网址　www.ynpph.com.cn
E-mail　ynrms@sina.com
开本　720mm×1010mm　1/16
印张　19.75
字数　230千
版次　2017年10月第1版第1次印刷
印刷　昆明富新春彩色印务有限公司
书号　ISBN 978-7-222-16529-8
定价　38.00元

如需购买图书、反馈意见，请与我社联系
总编室：0871-64109126　发行部：0871-64108507
审校部：0871-64164626　印制部：0871-64191534

云南人民出版社公众微信号

题记

这是一部人类摆脱贫困追求幸福的壮丽史诗，是传扬大爱、携手共进的英雄赞歌，也是中国献给世界的宝贵精神财富。

云南无疑是地球上最为丰富精彩的部分，古老与现代，多元文化共存。

然而，94%的山区面积，以及历史、地理、社会发展程度低等原因，在过去很长时间里，绝美的风光并没有给这里带来应有的收获，人们的生存一直格外的艰辛。疾病、灾害、观念滞后，使云南各族人民摆脱贫困的愿望尤为强烈。

全省129个县中有88个国家级的贫困县，西部边境、乌蒙山区、迪庆藏区、石漠化片区，以及人口较少民族，更是云南脱贫攻坚的“硬骨头”。

习近平总书记强调：“脱贫攻坚本来就是一场硬仗，而深度贫困地区脱贫攻坚是这场硬仗中的硬仗。我们务必深刻认识深度贫困地区如期完成脱贫攻坚任务的艰巨性、重要性、紧迫性，采取更加集中的支持、更加有效的举措、更加有力的工作，扎实推进深度贫困地区脱贫攻坚。”

云岭4700万各族儿女牢记总书记的嘱托，举全省之力，坚决打赢脱贫攻坚战，力争在少数民族脱贫、边境脱贫、生态脱贫方面走在全国前列、做出示范。

旭日东升，金色的阳光映照着云南壮美秀丽的河流、山川、风光、风情，映照着脱贫攻坚给云岭大地带来的翻天覆地的巨变。独龙江上横空跃世的彩虹大桥，古老山寨，蛮荒边地，边境线上矗立起风格各异的民族新居，整族帮扶，整村推进，易地搬迁，强有力的举措，实实在在的帮扶，换来了各族人民发自内心的笑靥。

高高的横断山脉，茫茫的热带雨林，云岭大地上处处吹响着脱贫攻坚的号角之声。“世界掌握在那些有勇气凭借自己的才能去实现自己梦想的人手中”，在中国共产党的领导下，云南各族人民正以百折不挠的信念与努力，改写着贫困的历史。云南边疆的脱贫摘帽攻坚之路是中国脱贫攻坚的代表和缩影，所有的努力必将汇入中华民族实现中国梦的奔腾长河中，并以生生不息的智慧和力量载入人类文明的史册，树起人类精神的丰碑。

目录
CONTENTS

第一章　大国担当

脱贫，不仅是中国的事情，也是全人类的共同理想。

独龙江一直是偏远与封闭的代名词，在独龙江隧道打通以前，全乡每年都有半年时间因为大雪封山而与外界隔绝，相对于中国日新月异的发展与变化，这里尤显滞后。然而，党和政府从来也没有忘记过生活在这里的6900多名独龙族同胞，从来也没有停止过扶贫的脚步，在不同的历史时期都尽了很大努力去改善他们的生存质量和生活环境，使独龙族人民实现了从原始状态到社会主义的直接跨越。尤其是在新一轮的脱贫攻坚战中，在习近平总书记和党中央的直接关怀下，总投资超过48亿元，使独龙族人民与全国人民同步，昂首阔步向着小康社会迈进，向着整个民族伟大的二次跨越迈进。

2015年1月20日，习近平总书记在昆明亲切会见了独龙族群众代表。

2016年6月13日，汪洋副总理到怒江州福贡县匹河怒族乡托坪村调研。

2017年，云南的脱贫攻坚硬仗同全国一样，达到了前所未有的强度和高度。在历史的长河中，在迈向小康的路上，犹如一个历史的分水岭，标志着人类在严酷的自然和复杂的经济环境中又迈着坚实的脚步前进了一大步。

云南不仅是国家“一带一路”的重要组成部分，也是全国少数民族最多的省份，边境线长达4060千米，有9个直过民族和8个人口较少民族，贫困、特困人口也主要集中在这些偏远的少数民族地区。贫困人口多、贫困程度深，是全国脱贫攻坚的主战场。

独龙族的跨越，贡山县乃至整个怒江州的发展巨变，是云南脱贫攻坚的样本。消除贫困，搞好“一带一路”建设，巩固边疆，创建和谐社会，云南边疆的脱贫攻坚之路是中国脱贫攻坚的代表和缩影，昭示着在中国共产党的领导下，一个日益发展的社会主义社会，万众一心、众志成城，为摆脱贫困所做出的不懈努力，彰显着大国的勇气、能力和担当。

这是一部人类摆脱贫困追求幸福的壮丽史诗，是传扬大爱，携手共进的英雄赞歌，也是中国献给世界的一笔宝贵的精神财富，而所有的努力与奋进，都将化为璀璨的精神钻石，凝结在永恒的地方。

一、一个都不能掉队

2015年1月20日，是独龙族人民永生难忘的日子，也是一个可以载入独龙族史册的光辉日子，习近平总书记在昆明亲切会见了独龙族群众代表。

这是一次特殊的会见，一次开心见诚的会见，也是一次独龙人民倍感温馨与自豪的会见。

心系独龙人民如亲人，站在新的历史起点上展望美好未来，历史将在这一刻定格："我来见大家，就是鼓励你们再接再厉，也是给全国各族人民看：中国共产党关心各民族的发展建设，全国各族人民要共同努力、共同奋斗，共同奔向全面小康。"习总书记掷地有声的话语，昭示着大国的担当，激荡着时代奋进的宏伟乐章。

就在此时，远在怒江第一湾坎桶村的独龙族汉子阿白刚从村里的林下生态养鸡场出来。

扶贫工作队说央视要播出习总书记会见独龙族的节目，阿白抓紧时间，提前忙完了养鸡场的活计回到家里。妻子早已做好了香喷喷的饭菜，斟好了杵酒，摆好酒杯，摆好碗筷。对于独龙人来说，欢乐喜庆的日子，总是要开怀畅饮几杯的。

打开了电视机，一个个令人难忘的时刻，一幕幕感人至深的场景让阿白心潮起伏。

习总书记深情地说："你们生活在边境地区、高山地带，又是贫困地区，在中华人民共和国成立以前生活在原始状态里。中华人民共和国成立后，在党和政府关心下，独龙族从原始社会迈入社会主义，实现了第一次跨越。新世纪以来，我们又有了第二次跨越：同各族人民共同迈向小康。这个过程中，党和政府、全国各族人民会一如既往关心、支持、帮助独龙族。”坐在电视机前的阿白，眼窝一热，激动的泪水流了下来。

独龙族是跨境而居的直过民族，主要聚居在云南怒江州贡山县独龙江乡，自然条件恶劣，仅有一条公路通往外界，为高黎贡山、担当力卡山、碧罗雪山所环绕，每年有半年大雪封山，一直是云南乃至全国最为贫穷的地区。独龙族的称谓来自于中华人民共和国成立以后周恩来总理的命名，6900名独龙人与中国13亿人口之巨来说，是名副其实的“少数中的少数”。

从2010年开始，云南省开始实施独龙江整乡推进、独龙族整族帮扶的决策部署。5年时间，重点推进了安居温饱、基础设施、产业发展、社会事业、素质提高、生态环境保护与建设六大工程，累计投入建设资金13.04亿元。在全国开创了整乡推进、整族帮扶的扶贫开发新模式、新经验，得到了党中央、国务院的高度重视。

交通是反映一个地区的社会发育程度和经济发展水平标尺之一。

中华人民共和国成立前的独龙江没有一寸公路，走出大山一直是独龙人民的梦想。顺着时间的脉络，我们可以清晰地看到一条路的诞生与嬗变。

1965年，贡山县城至独龙江的人马驿道修通。

1999年9月9日，随着一条96.2千米的土路建成通车，我国最后一个少数民族地区不通公路的历史画上了句号。

1995年7月1日，独龙江公路开始动工修建，1999年9月9日竣工通车。

2011年1月29日，独龙江公路改造项目开工建设，原来的土路升级为单车道四级公路。

2014年1月3日，习近平总书记做出重要批示，对即将贯通的独龙江公路隧道表示祝贺，鼓励独龙族的乡亲们加快脱贫致富步伐，早日实现与全国其他兄弟民族一道过上小康生活的美好梦想。

2014年4月10日，独龙江隧道贯通。

2015年11月13日，独龙江公路全线建成通车。

这是一个伟大的时刻，6900多名独龙同胞在这一天彻底告别了半年大雪封山的日子，以饱满的姿态，与全国人民一起奔走在通往小康的路上。

二、人神共居的美丽村庄

坎桶村坐落于怒江第一湾，这里是怒江知名度最高的景点之一，被称为人神共居的地方。

其实，去坎桶的路并不复杂，只是确实需要一些脚力和耐力。穿过小镇的坡地，途经十九道弯， 就进入了一片树林，再往前走30分钟左右，就进入村庄。走捷径坐船过江也是可以的，不过，当地都是猪槽船，一根大树干掏空，推到江里就是小船了。冬季江水平静的时候还好，夏天江水暴涨的时候就很危险，船翻人亡的事情也发生过。

在嘎瓦嘎普高高的雪山下，在怒江陡峭的峡谷间，居住着信仰各不相同的人们，原始图腾崇拜、藏传佛教、天主教、基督教共居一堂。

这里是怒江峡谷的深处，是与现代社会隔离得相当远的世界，是滚滚工业化、信息化这两大齿轮中一粒未被卷入的种子。

坎桶实际上是怒江冲刷出来的一片沙砾地，春天有着美丽的桃花。

这里有一座钢绳吊桥，越过桥面，山上山下，走两个小时的山路也就到了。

走出树林，眼前出现了村庄，石片盖顶的木头房子，朴素、安静。

蓝天与树林，母鸡、小鸡，清晨的光里有风。

阳光照亮了这里最幽暗的山谷，照亮了那些最平凡的日子，以及那些最朴素的生命。纯净的光竟然从这些微不足道的、贫瘠的地方发出来，是那么的不可思议。

冬天的怒江，水碧天蓝，正在建设中的贡山旅游环线有四条，即贡山县城到西藏察隅县旅游环线、德贡（德钦—贡山）公路旅游环线、独龙江旅游环线、贡山县城—缅甸葡萄—印度雷多旅游环线。

坎桶村位于规划中的第二条环线上，是丙中洛镇规划中的民族文化旅游特色村之一。

在满眼翠绿的森林中，一幢幢提升改造过的民居，屋顶上的青石板泛着静默的幽蓝。走进独龙族阿白家的木楞房里，房间里摆放着沙发、电视机、洗衣机等物品，厨房、卫生间等设施一应俱全。

阿白的妻子说：“以前我们全家住在四面透风、光线暗淡的房子里，现在国家花了那么多钱，为我们修路、建房子，再不努力发展，不要说对不起国家，自己也对不起自己。”

2017年，坎桶村民小组有独龙族、怒族，共有12户人家33人，其中五保户1户，单身汉2户，建档立卡户9户，比起12年前，增加了8户。

进村的路也有了极大的提升改善，观景台走到坎桶要途经十九道弯，下山过江，翻越丛林，经过一片平坦茂密的松树林。走过了这片生机盎然的松树林后，再走20分钟的下山小路，就到坎桶组了。

与十几年前一样，由于坎桶村处于国家景区保护，至今依然不通公路，交通依然是脱贫路上的拦路虎。

从2015年8月开始，贡山县教育局结对帮扶坎桶村。下村入户，工作队长张文勤一住就是一个多月，每天“泡”在群众家里，查找贫困根子，开好脱贫方子。工作队遇到的第一个难题是思想观念滞后，通过入户走访，结合当地实际情况，认真分析了百姓致贫的原因后，张文勤认为，坎桶有很好的森林资源，有5个天然湖泊，群众有养殖基础，发展林下养鸡和生态养鸭、养鱼是条切实可行的增收路子。

找到了产业路子，扶贫工作队又马不停蹄地多方筹措资金。2016年9月10日，坎桶组生态养鸡场正式挂牌成立。

第一批投放了600只小鸡苗，尽管工作队和养殖户都满心希望，但养鸡并不顺利。按照传统土办法养鸡，一般要一年才可以出栏。眼看着活蹦乱跳的鸡就是不长，照这样下去，肯定是亏本的。

阿白急得一筹莫展。

养鸡是技术活，工作队及时请了兽医站的专家进到坎桶村，对村民进行培训现场指导，手把手教村民现代养殖和禽病的防治技术。

第一批800只鸡出栏了，坎桶小组林下生态鸡销售到丙中洛镇大小饭店和在县城农贸市场定点销售，深受游客喜爱。一斤卖20元，一只鸡可以卖到七八十元。极大地鼓舞了村民的积极性。

第二批购进了500只小鸡苗和105只小鸭苗。这一次，同样是独龙族的松荣华加入了养殖场里，一段时间后，松荣华的妻子也来到养殖场，两户独龙族人家开始迈出了产业化的第一步。

第二批鸡出栏后，阿白和松荣华运了部分到贡山县城，与预料中一样，林下生态鸡非常受欢迎。他们干脆与超市联系，直接在超市门口设置了坎桶村生态养殖直销点。

阿白和松荣华两家8人有了年人均近4000元的收入。

如今，阿白和松荣华已经成了养鸡能手和致富带头人。

2017年下半年，坎桶村进一步扩大林下养鸡规模，增加受益群众，力争2018年使坎桶小组村民林下生态养鸡年人均收入达3000元以上。

养鸡的同时，扶贫工作队又买来了小鸭苗。

半年后228只鸭子也出栏，每只平均可以卖到18元左右。

为激发养殖户的内生动力，工作队制定了奖励机制，第一批出栏奖励1000元，第二批出栏奖励2000元，第三批出栏奖励3000元，第四批出栏奖励5000元。出栏越多，奖励越多，此举极大地调动了养殖户的积极性。

随着养殖场的稳步发展，阿白脑子里又在盘算着另外一盘棋：自己孵化小鸡苗。

他算过一笔账，从外面购进小鸡苗，运费都是一笔不小的开支。如果自己孵化鸡苗，不但可以节约成本，还可以把坎桶村发展成为辐射周边的种鸡基地。

阿白的底气来自于养殖场日渐走红的名气。

坎桶村在工作队的帮扶下，购进了一套孵化、脱温设备，阿白说："今后我们不但自己孵化小鸡苗，还将为周边的乡镇提供鸡苗，把养鸡场逐步做大。但我们会稳稳地一步一个脚印地走，把精力用在提高产品质量上，在生态上下功夫，这是我们存活的根本。走每一步都要踏踏实实的，我们没有本钱经历太多的失败，失败不起了。别人起步可能是20万元、30万元，甚至是更大的资金起步，我们是100元、1000元，一点点一步步积攒起来的，我不得不更慎重。"

坎桶村有五个水质清澈的天然湖，扶贫工作队买来了鱼苗，投放到湖里教村民养殖，给群众发放种子、肥料、种猪、小鸡，配备了音响、电脑、桌椅、篮球、羽毛球等基础设备设施，成立了蔬菜种植合作社、养鸡场、养鸭场。坎桶村的产业从无到有，虽然刚刚起步，后面依然有很长的路要走。毕竟，对于坎桶村来说，这是一次有标志性意义的开始，一次以产业为目标的出发。

养殖场的成功，让村民的心热了起来。59岁的阿娜就是其中的一个。

阿娜是怒族，阅历让她知道生存的不容易。因此，她总是在默默地寻找一切可能发展的机会。

随着到怒江旅游的人越来越多，经营农家乐的想法从阿娜的脑子里冒了出来。

阿娜有一个儿子，平时靠种地和打点零工维持生计。当阿娜把办农家乐的想法对儿子说出来的时候，儿子脸上明朗起来。其实儿子也同阿娜一样，心里早有办农家乐的想法，只是想到一贫如洗的家庭，便把这念头深深地埋在了心底。

内生动力是群众脱贫的关键之一，扶贫工作队知道阿娜的想法后非常高兴，积极帮助协调资金。阿娜也把家里仅有的10000元全部拿出来投入客房的改造。经过两个月的准备和努力，坎桶第一家农家乐开张迎客。

2017年春节，怒江保存极好的生态和民族文化吸引了来自八方的宾客，进入怒江的游客达到了12.5万人次，看乡村美景、赏民族文化，成为外地游客到怒江旅游的首选，到桃花岛和坎桶村旅游的人也越来越多起来。

守住绿水青山，就是守住金山银山，坎桶正大步行走在一条环保生态的脱贫路上。

三、坎桶村过去的时光

我第一次去坎桶村是2005年3月19日。

到达怒江第一湾的时候，公路上已经密密麻麻停了几十辆车子，各种摄影器材“长枪短炮”挨挨挤挤地对准了江中的那一片世外桃源。

在丙中洛街上的一间小吃店，我边吃边向店主打听去第一湾的路径。店主是一个精干的女子，听了我的话，漫不经心地抬头看了我一眼说："只要吃得苦能走路，要去那里并不难，不过那里多年前是个麻风村呢。"

我有些不解："那是半个世纪以前的历史了，早已成为过去，偏见是不足取。"

我这么一说，女人便不再言语。

惯性思维的可怕之处就在于不求甚解，以讹传讹，这是非常不公平的。我心底忽然有些黯然。

顺着寂静的村子大致转了一下，才从一所较新的木房子里发现了动静。里面坐着十多个人，个个手持一本翻得有些卷边的经书，在黯淡的光线里，发出整齐的诵经声。不一会儿，人们走了出来，有些不知所措地打量着我。

这是一群眉清目秀的人，五官舒展，衣着干净整洁。

在村民小才家坐定以后，小才沏了热茶，不一会儿，热情的村民端出六个剥了皮的鸡蛋给我。我这才发现，人人都会说汉语，只是话不多，表情也很少。

小才介绍，坎桶有7户人家，加上一个五保户全村共28人，分别是怒族、藏族、独龙族和傈僳族，全村信奉基督教。

坎桶村缺少适宜耕种的土地，历来生存都不容易，苦是实实在在的。青黄不接的时候，肚子首先要经受考验。再有就是生病，不到万不得已，村民轻易是不会进医院的。

村民小组长王国民曾代表全体村民到县农业银行申请5万元贷款，想买两辆农用车，到外面搞搞运输，或许是条生路。因为贷款条件达不到，无果而归。

回到昆明后不久，收到了村民小组长王国民的一封信，信上说了他们贫困的现状，请我帮着申请一些扶助。

为这5万块钱，我也曾为他们多方奔走，比如争取社会捐助、争取政府的扶贫资金等等。就在事情有了结果的时候，乡里给我打了个电话，说是买车搞运输对坎桶来说，非常的不现实，岂不说村民素质完全不具备到外面闯的本事，就是在本地，也未必能找到货源。每月还得白白花一笔养车的费用，就连车子的停放都是一个大问题，因为车子根本无法开进村里。

乡里说的也是实情。

不久，老王又给我写了信，是请我帮着递交扶助申请的报告。这回全体村民商量的结果是每户请求给一台拖拉机。

王国民的信传递出两个信息，每家都很穷。江边的沙地种不出粮食，种不出蔬菜，怎么努力也不行。以前，他们采点石块，砍几棵树，捕捕鱼换钱买粮食度日。如今这里成了国家级的风景保护区，一草一木都是不能随便乱动的，原先那点活命的门路无法为继，糊口的事自然不好解决了。

“直过民族”是指从原始社会末期或奴隶社会直接过渡到社会主义社会的人口较少民族，云南省内居住着独龙、德昂、基诺、怒、布朗、景颇、傈僳、拉祜、佤等9个“直过民族”，分布在全省13个州（市）58个县（市、区），主要聚居在271个乡（镇）1179个行政村，总人口232.7万人。“直过民族”贫困程度深，脱贫难度大，成为当前脱贫攻坚最难啃的“硬骨头”。

2014年底，云南“直过民族”聚居区建档立卡贫困乡（镇）107个、贫困村601个，贫困户18.73万户，贫困人口66.75万人。建档立卡贫困人口占全省总贫困人口的11.6%，贫困发生率达28.6%，高于全省贫困发生率的15.4个百分点。

2016年4月21日云南省“直过民族”“人口较少民族”脱贫攻坚推进会在西双版纳傣族自治州举行，云南省委、省政府决定采取超常规举措，着力实施提升能力素质、组织劳务输出、安居工程、培育特色产业、改善基础设施、生态环境保护六大工程，确保“直过民族”2019年整体脱贫。

四、这是一个关于希望的故事

小才的父亲坐在火塘边，脸皱得像一张树皮，身体略向前倾，膝盖斜支着他夹着烟的手指。屋里唯一明亮的是火塘里那金色的火光。

小才盯着父亲的脸看了一阵，忽然想起在学校时美术老师说的一个诀窍：画人快乐的表情，就是把人物面部的表情画成往上弯，那位美术老师得意地说：“这样，人不笑才怪呢，不笑也想笑。”

她顺手拣起一跟细棍，用脚把火塘里的灰平了平，借着火光开始悄悄地画父亲的脸。可怎么画，父亲的脸都没有笑的样子。这大概就是人们所说的苦脸了。她脚一伸，又悄悄地把画抹了。

小才的好看，是那种端正的好看，又细致又安静。话不多，表达高兴就是拼命奔跑，或是一个人待在一个地方，皱着眼睛和脸眺望远方。

后来，她把板凳移在大片的阴影里，很仔细地刮切着一些植物的根，低垂的脸庞犹如收拢的心事。

照外界看来，她完全过着与世隔绝的生活。木屋前面是车轮般翻滚的怒江，后面是山和树林，再看得远一些，除了怒江还是大山，只不过更高一些。对于终年覆盖着冰雪的嘎瓦嘎普雪山，小才认定，那就是传说中的水晶山。

坎桶的生活比想象中要艰苦和茫然。没钱，粮食也常常不够吃，父母连出卖劳动力的可能也不存在。

还好，她非常茁壮，身体的各个部位都在绽放。她在大地上劳作，养鸡、喂猪，还要祈祷。她花一上午的时间扫地、拣野菜、烧茶、刮土豆、做饭，然后慢悠悠地说话，慢悠悠地吃饭。她的兴致就是这样。

对于小才，即使生活已处于那种无可去处，却总还是容得下笑声。

这个地方江风很大，透风的木楞房时常响着一种撕裂般的声音，因此，每当风平浪静的日子，她就快乐得不行，她会站在屋檐下认真地伸出手来接一接，看看是不是真的没有风了。

春天的时候，她会在阳光下看漫天飞舞的蒲公英种子，看着它们在阳光下乱翻跟头，然后一头扎进一堆牛屎里。

其实，活还是不少的。家里养了一头猪，三只小鸡。一年四季，给猪寻找食物总是难免的。怒江边大都是荒滩，适宜的植物很不容易找到。她总是拿着一把小镐在石滩里一小段一小段仔细寻找，把那些猪爱吃的绿色叶子采掘出来，抖去根部的泥土，有时候还需要把抖落不下来的碎石抠出来扔掉。

植物的生长总赶不上采挖的速度，周边能吃的叶子总有采完的日子，这时候就不得不划着猪槽船渡过怒江去到更远的地方。猪槽船是一截掏空的大树，人在上面重心极难掌握，靠它渡过怒江肯定是有危险的。

吃过午饭，她随母亲来到那片沙石地里，母亲挥着一把长锄不断把土翻起来，她蹲在后面把那些夹杂在土里大大小小的江石拣出来扔掉。

这片地由于土薄石头多，种什么都难以收获，已经荒了两三年。他们想，还是再试试吧，种上芦谷或许会有些收获。他们所说的芦谷实际上就是薏仁，一种极耐贫瘠和粗放的作物，药食兼用。

种芦谷的信息是父亲在镇上得到的，听说靠近县城的茨开镇前年就有人已经种植，专门有人收购，出的价格也相当可观。茨开镇却没有人愿意再种，原因是芦谷这种作物虽然饥不择地，适应性极强，不算难种，可相当拔土地的肥力。即使再肥沃的土地，种过一季芦谷后不荒上三五年，期间还要不断施肥，否则很难长好其他作物。小才的父母想，自己这片地不种也等于荒地了，种一季算一季，能收一点是一点吧。

一直在烈日下蹲着捡石头，除了缓缓向前移动，弯曲折叠的姿势未曾有丝毫的改变，腿酸胀得有些不听使唤了。母亲心疼，催她回去。

向晚，又见她背着竹箩来到江边，把白天采下的猪菜在流动的江水里淘洗干净，剁碎煮熟，用一只废轮胎做的水桶提去喂猪。那头猪在她每天上心的侍弄下长得相对肥壮，黑色的皮毛闪动着山村少见的水亮。然而看得出，她是十分辛劳的，在地里忙活了一天的母亲和到远处去找柴的父亲还等着她做晚饭。从早上到晚上，她几乎没有歇过，一些看似琐碎的小事其实也是需要体力和耐力的。

她的脸因此留下了阳光的色彩，皮肤也开始有些粗糙了。尤其是那双手，她都不忍心仔细端详了。在镇上看见那些衣着光鲜、皮肤细嫩前来旅游的女孩子的时候，她也会发一会儿呆的，但很快地，她又恢复了常态。父母常说，人比人，气死人，马比骡子驮不成。人么，怎么可能都一样呢。

毕竟，她是一个爱美的女孩，即使是在干活的时候，她的衣着也是整齐的，没有一般山村女孩常见的那种邋遢和委顿。还常常喜欢用一块碎花头巾包在头上，既是一种修饰，也可以遮挡一下风雨阳光，在显得有些隔绝孤单的土地上，自有一种柔弱的美感，她的脸也总是泛着平静的光。

生活仍在继续，很快地，春天就要过去了，峡谷开始绿得有些肆无忌惮，雨水就要来了，小才和村人们走出家门往土地上走去，一年一度的耕作又将开始了。

远处，一弯彩虹横跨在怒江上空。

五、2005 年的小男孩

一个四五岁的小男孩，在旅店门前仅有的一小块水泥地上来回滑动着一片独轮滑板。那种长时间的干吱吱的声响使一切都显得很不耐烦。

我没有方向地在村里转了几圈，不时抬头看一下太阳。“嘣”的一声响后，周围突然安静下来，原来是滑板的木轮子裂成了两半。男孩悻悻地踢了一脚，转身坐在一堆木头上，有些愣愣地望着天空，眼睛茫然。

我走过去，在男孩身边坐了下来，又从笔记本里撕出一页纸，折成一艘小船递给男孩。男孩眼睛亮了一下，脸上有了笑容。很快地，他又伸出了另一只黑溜溜的小手。我又撕了一页笔记本，如此反复，男孩面前便堆满了小小的纸船。男孩很满意，也很兴奋，他脱下那件有些宽大的运动衫，很仔细地把这些小纸船兜住。不一会儿，小小的船儿便在小溪里航行起来，如同一片片树叶，漂向远方。

小溪的尽头是怒江。

旅店左侧不远处是秋那桶小学，也是村里仅有的一排砖房。还没到跟前，一群愣头愣脑的小家伙已经迅速把我围了起来，目不转睛地盯着我。我仔细观察后发现，他们的衣服全都五花八门，且大都不合体，一看就知道是捐赠的。一位青年教师很友好地过来和我打了招呼，还让这些前呼后拥的孩子带我参观了他们的学校。

学校共有三个班，三间教室。一、二、三年级算一个班，四、五年级一个班，六年级单独一个班，全校不过几十个孩子，老师要分别教学。孩子们的课程也非常简单，只有语文、数学和体育。孩子们在这里读完小学后，一般就不再读书了，要回到家里帮着干杂活。家长们普遍认为读书没有用，家里本来就困难，还要花费钱财去读书，早晚还不是要回家干农活，只有极个别非常爱读书，家里条件相对较好的孩子能到山外的丙中洛镇读中学。

在一间教室里，几个孩子正在做数学题，看上去挺认真的，可无论怎样抓头挠耳，就是反应不过来。陪着我采访的蜂老师无奈地说，孩子们根本就没有数字的概念。

我并不认为这些孩子愚钝，甚至不认为这些孩子一定要学会这种他们自古就不喜欢的学问，事实上越是接近自然的人越能接近本质的教育。

到这里读书的孩子并不完全是秋那桶村的，很大一部分来自更遥远的山村，最远的那恰罗村到这里要走三天。由于离家太远，这些孩子小小年纪就开始了独立的生活。吃的也全是从家里带来，自己动手做，通常是荞麦饼子就着一点蔬菜。幸运的孩子有时会带来一点米，这真是最开心的事情，意味着大家伙都可以改善伙食了。

秋那桶的孩子放学后可以直接回到家里，剩下的孩子不论大小，分男女两拨，睡在两间大炕上。

走出宿舍，看到一个小女孩的父亲正准备接她回去。女孩默默无言，眼睛里有两汪亮亮的东西。她的父亲走过去简单地对老师说了几句，就径直到宿舍里把她的铺盖提出来，放在马背上，极麻利地捆了起来。

老师赶上去极力劝说，那个汉子突然生起气来，嗓门洪大地说了一通傈傈语，语气简洁、生硬，说得咬牙切齿。

事后得知，这个女孩的母亲生了重病，家里还有一个弟弟，一个妹妹没有人照料。她要分担阿妈的部分责任，因此不能上学了。

转眼，女孩和她的父亲便被群山席卷而去。

阿果是个十岁的倮倮孩子，健壮、憨直，有着一张生了雀斑的脸。

我刚来的那天，就是在山口向他问的路。等我刚在布楚家的杂货间安顿下来，就看见糊了白纸的窗玻璃上，印了半个瘦小的身影，我知道，一定是那个叫阿果的孩子。

住在布楚家的日子，每天都能看见阿果赶着两头牛和几只羊从我的门前走过。晚上回来，他小小的背上总会多出一背柴，有时候，柴垛太大，完全遮住了他的身影，只能看见柴垛下面的身子和两只缓慢移动的小脚。

与其他乡村少年相比，他没有什么不同，照例是穿着几乎看不出颜色的胶鞋和洗出霜色的黑布裤子，最多也就是他的肩上还斜挎着一个别的孩子没有的小布袋。我知道里面装的是荞麦饼，是他每天的午餐。

阿果，阿果。我喊了两声。那小小的脚步停了片刻，又继续移动起来，他好像根本没有听到我的喊声。

快步追上他，我说，阿果，把柴放下歇一歇好吗？来，阿姨帮你。

他并不回答，只是把柴垛倚在路边的一块大石头上，默默地看着我。这时我才看清，汗水早已浸透了他火红的小脸，头发散乱，冒着热气，洗过一样。

阿果，告诉阿姨，是不是因为每天要放牛找柴不能上学了？

我问。

阿果擦擦汗，深埋着头，那神态完全不想回答我的问题。阳光已经暗了下去，我无法看清他的眼睛。

我想，我应该去一趟他的家。

阿果的家在一个不小的坡上。我从阳光里走进阿果家的木楞房，坐在他们家的火塘边，除了跳动的火苗，其他地方都仿佛撒了灰一样的幽暗。

他的阿妈是个轮廓分明的女子，安静，耐看，怀里还抱着一个小小的婴儿，我这才知道阿果还有一个小妹妹。

自古，秋那桶都是滇藏茶马道上的一个重要山村，进藏的马帮都从这里开始。这条古道同时也是一条奇特的商道，跟其他官道、国道不一样，它历来都是以民间自发贸易的形式发展而成的。在这里走的都是民间马帮，驮运的货物也都是来自民间。

阿果的阿爸黑永底是个赶马人，一直赶着仅有的一匹骡子加入马帮跑运输，赚点辛苦钱补贴补贴家用。最近国家开始从丙中洛镇沿着怒江修建进藏的另一条公路，随着民工的大量涌入，他似乎意识到了什么，摆脱贫困的想法一下子变得现实起来。他美滋滋地盘算着，如果驮些香烟、糖果、方便面之类的生活用品卖给在深山里修路的民工，一定能够赚到钱。即便万一卖不完也不用怕，干脆一直驮到察隅去，再换些山货回来，也可以倒腾倒腾，反正不会贴钱，说不定还是一个发财的机会！他越想越兴奋，说干就干，卖掉了家里的一头大牛，很快就备齐了货物。这个时候，妻子已经怀孕六个多月了。

以前随马帮驮运物资到西藏察隅去，来回一般要走20多天，一路除了要穿越原始森林，还要翻越几座海拔5000米以上的雪山，大部分时间都是在荒无人烟的山野中行进。这不仅需要吃苦耐劳，更需要十二万分的耐心。因为这条线上的马帮大概算得世界上最不慌不忙、最能拖延时间的交通工具了。许多因素都有可能使他们停滞下来，比如，骡子生病，下大雨，塌方，等等。或者，仅仅是由于他们喜欢某个地方，就多停留几日，这都不足为奇，纯属正常。滇藏公路没有出现的时候，走滇藏路的马帮通常是以年作为计时单位的。

滇藏公路通车以后，直接到拉萨的马帮已经没有了，但一些人迹罕至的路段和山村还得靠马帮驮运。

我拣来牦牛粪烧火，
我舀来污泥水做饭。
面对眼前的高山，
想家的心思也甩到了天边。
只希望能顺利到达察隅，
只祈求山神保佑生命平安。

赶马人颤抖的歌声，流露着马帮生涯的恐惧。这些，黑永底和妻子当然是知道的。

不过，黑永底临走还是很有把握地拍拍妻子的肚子说，不用怕，我一个半月就能回来了。就算碰上坏天气，最多也不会超过两个月就能回来。

是啊，如果能用两个月的时间就解决全家人一年的口粮问题，脱贫致富也就是看得见摸得着的事情了。

可是，两个月过去了，两个半月过去了，三个月都过去了，还是不见黑永底回来！阿果的阿妈开始坐卧不安，焦急难耐，她每天都要拖着越来越沉重的肚子到布楚家的旅店来打探消息。开始还比较平静，随着日子一天天流逝，她已经是泪流满面地哀求过往的马帮了，求他们帮她打听丈夫的下落。然而，她等来的却是一次又一次的失望，马帮没能带来黑永底的任何消息，她的丈夫黑永底，就像那阳光下的冰块，说消失就消失了。

六、中国最美村镇秋那桶

在世界多元化的今天，怒江峡谷无疑是地球上最精彩最让人刻骨铭心的地方。

从地图上可以看到，地球之巅喜马拉雅山脉以一种王者的磅礴气势从东向西一路浩浩荡荡所向披靡，到了这里却倏地被一片拦马挑战的山脉迎头阻断，整块大地因此被扭出一条深约2000米的峡谷。来自雪域高原的几条大江到了这里不得不收拢起来，一起挤进扭曲的峡谷，形成三江并流的奇观，千个急流，万个险滩，湍急的江水在这里千回百转。这片叛逆的山脉就是著名的横断山脉，怒江峡谷就位于这片山脉的中心地段，境内海拔从700～4000多米，集寒温带、中温带、暖温带、北亚热带、中亚热带、南亚热带等6个气候带于一谷，并以其2800米至3800米的相对高差被称为东方大峡谷。

如果说，纯地理意义上的怒江峡谷已经让人惊异不已，那么在独特地理环境中形成的人文精神则很容易让人从此改变对生命、自然等类问题的看法。

一直沿着怒江走，已经到了整个怒江流域最险的一段。这段长约60千米的山水，由绝壁组成，难觅方寸平地，偶见一两棵苍松，突兀崖间。

险峻的地形地貌决定了山民的日子并不轻松，好在他们不仅拥有圣洁的神山，还有一望无际的原始森林。用他们的话说，森林里的野生动物多得难以想象。如果允许的话，随便下个扣子，或者支个套，准能套住一串，家畜算什么，还不及个零头。

众多的涌泉清冽甘甜，一年四季奔涌弥漫。当地人自豪地说，这是神山的圣水。

沿着蚯蚓一样的山路进到村里，人声、狗声，一样也没有。

有干柴堆、成捆的山草。十多匹卸了驮子的马，或卧或站，用一种毛茸茸的眼神，怯生生地注视着我。

山村太旷远了，像许多窝在山肚子里的村庄一样，这个山村的语言叫沉默。

不，不是所有的东西都沉默。小溪就不是。它们不停地打着旋，从雪山涌来，从村中穿过，溪底，绿毛滑溜晶莹。

村子靠近江边，高处的溪水择地而流。

找到开旅店兼做山货生意的店主，才知道能容纳十多个人的小旅店，已经先我一步被一伙徒步旅游者住满了，我只能被安置在一间堆满货物的小仓库里。

正午的阳光非常单纯。

秋那桶村是丙中洛镇的一个自然村，是云南进入西藏察隅的最后一站，辖青那、雾里、初岗等10个村民小组。有农户370户，人口1210人，怒族、傈僳、藏族是这里的主要居民，粮食作物有玉米、小麦等农作物。

2013年，秋那桶入选中国最美村镇。

2017年3月，当我再次到达秋那桶的时候，全村已基本通水、通电、通路、通信号，太阳能路灯，卫生厕所，8个标准篮球场，一条通往西藏的国家二级公路正在施工中，预计2018年年底建成通车。目前全村经济总收入557万元，农民人均纯收入4600元。

虽然已经到了春天，峡谷依然寒冷，幸亏在客栈喝了一碗“虾啦”，一种用烈酒煮的羊肉，身上的寒气才被挤得干干净净，温暖得以裹住身体。

晚饭后，全村男女老幼一个不少，聚在新修建的篮球场上举行篝火晚会。“噼啪”炸响的篝火，被火光映照的笑脸，在暗夜中显得格外耀眼。欢快的舞步伴着悠扬的歌声，在峡谷里传了很远。

七、怒江大峡谷

被称为“东方大峡谷”的怒江大峡谷贯穿了整个怒江州。

怒江州是中国唯一的傈僳族自治州，人口52万人，少数民族人口占总人口的92.2%，其中傈僳族占51.6%，独龙族和怒族是怒江所特有的少数民族。除此之外，还有白、彝、普米、景颇、藏等民族。生活在以山为主体的峡谷中，现在仍在依古老的风尚而生活，像其他民族一样，他们的文化源远流长，日复一日，年复一年，他们在火堆旁跳着古老的众神之舞，生活完全依着古老的常规，而且从别的文明中吸收的成分，也被改造成隶属于他们的观念之下。

除藏族外，这些民族大都有原始宗教信仰，认为万物有灵，人、天、地、日、月、风、火、雷等等自然万物都有灵魂，都不可以随意伤害，人和动物、植物从来都是同根生的兄弟，在永恒轮回的时光中，你今生是人，来世也许是蜂是花是树。为了让愚迷不悟的人明白这个道理，各民族都有自己与自然和神灵沟通的使者——巫师。他们用泥土一般质朴、流云一般缥缈的语言，叙说人与自然之间亲昵和睦的关系，暗示在天地万物与至高无上的神灵之间那些未知的、影影绰绰的关系。

与之相适应的各种原始祭仪至今也都还保留着。比如，傈僳族的“尼帕”“尼古帕”，尼帕主司祭祀一切鬼灵“尼”。据说他们能用肉眼看“尼”，识别“尼”的种类，用咒语驱逐各种“尼”。他们平时为人主持祭祀活动，根据各种“尼”大小的不同，栖息场所和嗜好的不同来唱各种祭歌，为人招魂要唱“哼枯偶”，占卜要唱“尼芜偶”，祭奠家族中的鬼时要唱“尼莫”等等。据说他们的驱鬼技能是神授的，因此在村民的观念中，他们是巫术最高的人。再比如独龙族的“南木萨”和“乌”也都具有“尼帕”一样的神通。

这些祭司是人神两界的沟通者，同时也是古老文化的传承和传播者，他们凝聚了一代代峡谷民族的智慧。这种智慧使这些古老的祭祀活动，在漫长的自然经济中，不仅仅成为峡谷民族的一种生存方式，也成为整个峡谷民族生存观念的符号和象征。人的行为准则，灵魂的依附与情感的寄托都在这些活动中找到了归宿。

当然，这种万物有灵的观念绝不仅仅体现在祭祀中，更多的是直接贯穿于他们的日常生活。比如，普米族认为山有山神，山神就住在村寨附近的神山中，因此村民每年农历三月十五和九月初五都要携带祭品到山神居住的神林进行祭祀，祈求山神保佑。傈僳族则有以虎、熊、猴、蛙、羊、鸡、鸟、鱼、鼠、蜂乃至荞、竹、麻、柚木等动、植物命名的氏族。虎氏族称“腊扒”，熊氏族称“俄扒”，羊氏族称“阿赤扒”，鱼氏族称“旺扒”，鸟氏族称“业扒”，等等。碧江一带的神话传说，远古由天降群蜂与蛇交配，生下“斗霍”女始祖“茂英充”。“斗霍”原称“茂英充霍”，即“茂英充的人”。“茂英充霍”也称“别阿起”，怒语“别阿”即为“蜂”，“起”为氏族，即蜂氏族。

正因为意识到人与自然万物这种唇齿相依的关系，在怒江广泛流传着这样的习俗，人们在野外劳作用餐时，总是先取少量食品祭祀诸神后人再享用，口中还不停地说：祭山神，祭水神，祭树神，祭路神，祭万物万灵。即使在山上喝泉水，也要向水神讨水，如果带着食物则会取少许放进水源或出水洞旁，以表示对水神的尊敬和对水的珍视。

在独龙族聚居的独龙江，自古以来，每家每户都要种一片水冬瓜林，借着独龙江温暖湿润的气候，这种树长得特别快，一般三四年就有碗口粗。这时已有树的种子落地为苗，独龙族就把这些小苗移栽到另外一片山地上，已成材的水冬瓜林就可以逐渐砍伐，用于起房盖屋，废料用作烧柴，或用火略为燎一下表皮，来年的三、四月份就会长出又肥又嫩的木耳。水冬瓜树木耳是最好的品种，一般都能卖较好的价格。

这种循环不已种树的生活方式既保持了水土，又为独龙族提供了生存的条件。在生态环境日益恶化的今天看来，更是具有重大的意义。

在整个怒江峡谷，各民族用自己的方式宁静地生活着，与自然和睦相处，善于自理而又顺应自然，只在心里与神默默交谈，处理自己和宇宙自然的关系。这种生命与自然水乳交融的生态气息，这种偏僻苍凉中的悟性，使怒江峡谷成为一方远离尘世而充满灵性的净土，让人无论是朝拜它观望它或是浸润于它，都会永远畅游于它独具特色的精神时空。

八、碧罗雪山以东

2002年7月19日，我与中排乡里的政法干事迪阿鲁、怒夺村委会支书和邓华沿着雪山下的一条河走在去鸡夺鲁的路上。

河的两岸大都是悬崖峭壁，山路像一根绳子往那一吊，晃晃悠悠，人像草一样战战兢兢地紧贴着地面走。山风凄厉，刀刃一样切割着山谷。

有一段根本就没有路，人只能壁虎一样吸附着山体爬过去。以至于基独罗至今都没有水牛这样的大牲口，牛是无法过得去的。

7月的大地，犹如怀孕的母兽，丰实肥硕。这样的季节，怒江的大多数地方迎来了一年中最实在的季节，太阳让鲜花长满了大地，鸡夺鲁仍然是那副四季不变的面孔：荒凉。

那是种永恒的荒凉。

晚上住宿在怒夺村委会，破旧的房间里两张木板床，和邓华把仅有的一床旧棉絮和一条毯子给了我，这是村里仅有的接待用具。和邓华则忙着去张罗做漆油鸡，一再推辞，和邓华还是很利索地宰了一只鸡，用漆油炖上，情义是实实在在的。食物的香味很快弥漫开来，我听见自己的喉结很响亮地动了一下。环眼四周，墙壁和屋子里的所有物件都在常年的烟熏下呈现着一种黯淡的色彩，像永远蒙着一层灰。

漆油是傈僳族传统的食用油，山里缺油，每家都用漆子榨油供食用。由于漆油有限，不是每顿都能用漆树油炒菜，通常只有过节、来客人，或是妇女生孩子时才舍得拿出来食用。

我选了靠里面的一张床和衣躺下。刚刚合上沉重的眼皮，天花板上便传来一阵鼓点般的响声，伴随着“吱吱”的鼠叫声，我知道，鼠们的晚会开始了。睡意全无，想起伸到屋外找根树棍吓一吓鼠们，转念一想又作罢。这是它们的世界，我是个入侵者。

我不可遏止地想到了一路经过的地方，陡峭的山地贫瘠得如同一张薄纸，而脆弱的生态又给仅有的生存空间带来了超负荷的压力。为了解决吃饭问题，人们来山坡也舍不得放弃，乱石窝里簸箕大的土地也要点上苞谷荞子。

黑暗中，“啪”的一声，顿觉脑门挨了重重的一下，一只老鼠居然失足跌了下来。

我起身推漏风的门走到外面，满天的星空下，我想到了两个字：地理。

第二天到达鸡夺鲁的时候，已是下午。峡谷里暗暗的，上面依然布满阳光，火焰般寂寞。这是一个傈僳族山村，也是怒江州兰坪县最偏远的一个自然村，鸡夺鲁是傈僳语，汉语意为“麂子叫的地方”。说是山村，其实只是在碧罗雪峰下海拔3000多米的几条褶皱里，棋子一样散落着一些人家。

斑驳的木楞房依次建在陡坡上，房子的下面大都用水桶粗的木头撑住。由于接近雪峰，经年不息的寒风已经把岩石表面剥落，贫瘠的地表布满了酥碎的索脚石。雪水顺着夹缝砸向谷底，终日滚雷般震响。

鸡夺鲁是大地一块伤痕累累的皮肤。

抬眼望去，布满石头的山地里稀稀拉拉挣扎出一些洋芋和荞麦，在带毒的阳光下开着白白红红的小花。产量有限的荞麦和洋芋是这片山地唯一的食物，而这样的食物大多数时候也只能维持大半年。还好，山里出产药材黄连和天麻，村民采药有一些收入。

鸡夺鲁是1960年才被发现的村庄，全村17户人家共有77人，每户年收入不足400元。与世隔绝的生活带来的不仅仅是贫困，更可怕的是不识字。如果按照教育局当时的政策，每个村必须满10个适龄儿童才能派一名教师去办学。鸡夺鲁人几乎是没有指望的：17户人家很难同时凑齐10名适龄儿童，这是常识。

但也有例外，我去的当年，正好有10个孩子，按说鸡夺鲁可以实现零的突破了。事实是这里依然没有学校，孩子们唯一可做的还是代代相传的劳作。

我问和邓华：“真的差一个也不行吗？现在已经有10个孩

子了。”

有些木讷的和邓华一脸的委屈和难过：“我请求过多次了，上面说，拿不出钱给老师发工资。”看来，这不是和邓华的错。

还有老肯朋迪。他从4岁就开始下地干活了，一次又一次，他试图在山外寻找自己一生的位置。为此，他从未错过每一次同风雨彩虹的相遇。然而，他始终还是没有能够篡改自己的命运，他以种地打猎开始的人生已经到了80岁，他依然被无尽的群山所环绕。

我还想起了路上曾经休息过的吾甫中小学。

这是我见过的最幽暗的教室。吾甫中村同鸡夺鲁一样，是怒夺村公所的一个自然村，它无声无息地躲在一个山坳里，有80多户240多人，年收入400多元。

学校只是一间20多平方米的教室，坐落在村子的中间，是那种傈傈族传统的木楞房，没有窗子，学生借着木缝里的光亮写字。教室里用木板搭了八套无形无状的课桌，十多个大大小小的孩子正在上课。

靠门的地方用木头架着一块用黑油漆刷的黑板，上面写有简单的汉字。黑板的后面的墙上钉着作息时间和课程表，作息时间依着山里的习惯。

那个面色岩石一样硬朗的傈傈汉子，是学校唯一的老师。他穿着一件已看不出颜色的西装，脚蹬解放胶鞋。如果走在乡街子上，我会觉得他和那些山民没有任何区别，但他确实是一位老师，一位山村老师。

据他介绍，这个学校有十六个学生，按年龄大小分为两个年级。一个年级的孩子上课时，其他孩子就趴在教室外面的地上做练习，如此轮番教学。学生入学时都不会说汉语，学校实行双语教学。

打开孩子们的书包，所有人的文具都仅仅是一根小小的铅笔，有的只有香烟头那么大，得绑根棍子才能使用，作业本正反面都写满了字。

教室左边的木楞房是老师宿舍，中间有一个火塘。墙是黑的，桌椅是黑的，茶壶是黑的，杯子是黑的，人在里面也是黑乎乎的，坐下要好一阵才能适应。

7月的山谷，依然阴冷。孩子们穿着五花八门、各式各样显然是捐赠的衣服，挤坐在黯淡的教室里，只有一双双亮晶晶的眼睛，给周围的世界带来一抹亮色。

前一年吾甫中小学仅有两名学生上了乡中学，其他年份的情况也大致如此。和邓华介绍，山里孩子如果上乡中学，一个孩子每月最少的生活费得50元，再加上书本学杂费，对贫困的山民来说，无疑是个难以承担的数字。

我去的当年，吾甫中小学在乡里统考排名倒数第一名，这样的成绩是不足取的，我从这位教师眼里看到了忧伤和无奈。但对于这位每月仅靠250元养活全家5口人的民办教师来说，满怀信心地坚守在这里已属不易，他已经尽力了。

九、新的生活开始了

2017年7月，当我再次抵达鸡夺鲁的时候，我的双眼弥漫着祥和的气息，小小的山村已经在脱贫攻坚的号角声中开始了艰难而美好的追梦之旅。

异地搬迁的新房正在紧锣密鼓的建设之中，地基、基础及圈梁浇筑已经全部完成，村民肯阿鲁正站在自家建设中的新房前，满心欢喜地说："今年底我们就可以搬进新房了，待搞起农家乐，我们的日子会一天比一天好。"

随着脱贫攻坚的深入推进，鸡夺鲁全村都被纳入2016年易地扶贫搬迁工程。这是彻底解决鸡夺鲁村民安居最有效的办法。工程当年6月份便已启动，新居每户面积为90平方米，以石头为主体结构，按照傈僳族的传统样式建筑，户均投入13万元。鲜明的民族特色和良好的文明风尚，使鸡夺鲁小组被选定建设为"民族团结示范村"，项目总体投入150万元。重点用于建设傈僳族特色寨门、村道、太阳能路灯、公厕、垃圾池和村民活动室，全面改善人居环境。

鸡夺鲁周围的山大都由石头组成，像一块块天上垂下来的灰毯，正在建设的异地搬迁房前，一块块原石被打磨得方方正正，它们将搭建起傈僳人的美丽家园。我相信，只有石头才是大地上最悠久的语言，只有石头才能体现不朽。我曾长时间地注视着那些太阳光下的石头，直到眼睛发烫。

这里是全乡三个没有通公路的村民小组之一，由于山高路远，从外面运建筑材料进去成本太高，乡党委、乡政府在充分听取群众意见的基础上，结合美丽乡村建设，决定就地取材，节约成本。中排乡党委书记罗丽华说："鸡夺鲁扶贫搬迁点海拔高，屋顶易积霜积雪，搬迁对象又全部是傈僳族群众，乡党委、乡政府在房建上注重科学、合理、实用，在设计阶段多次召开现场会，征求搬迁群众意见，拿出多套方案和图纸供群众选择，既按政策标准办事，又符合百姓生活习惯，还要体现民族风格。”

村民青偶着一家祖孙三代六口人，除了孙女蜂应花为小学文化以外，全家都是文盲和半文盲。原先家里只有两间通风透气的木楞房，列为建档立卡户以后，在政府的帮扶下，养起了山羊，日子开始逐渐好转。虽然盖新房背下了13万元的贷款，但他们一家并不发愁。

青偶着的儿子次三面说：“我们村躲在山窝里几十年了，政府并没有忘记我们，政府对我们这么好，我们自己也要努力才行。我们这里山高林深，山货多得很，只要勤快一些，每个季节都有每个季节的收获，我家养着三窝蜂子，每年都挖药材，采松茸、羊肚菌、竹叶菜，也能增加不少收入，还清贷款没有问题。”

“你说的这些都是事实，政府年年扶贫，但贫困却一直延续着。”

面对我的疑问，次三面不好意思地挠挠头说：“以前太懒惰了，只要今天有米下锅，就不会去想明天的事情。很多人都是要等到没有米下锅、没有饭吃了，才去现找米。”

次三面的话，让我想起了几年前去过的另一个虽然有着美好草场，但仍然以贫瘠为主要特征的山村，对口帮扶的一个新闻单位曾买了几百只成年母山羊和一些种羊，分给每户村民饲养，以期能够滚动发展，为村民增加一些收入。可两年以后，不要说发展 ，就连原先分下去的羊也被杀吃得一只不剩了。

这一切，听起来像一个愚民的故事。但这又确实不是愚民的故事。

次三面的父亲青偶着接过话头说："当然，由于我们这里条件太差，你是知道的，2015年前你来我们这里的时候，外界几乎没有人知道我们鸡夺鲁。解放几十年了，才来过4个外面的人，两个分别是县里、乡里的干部，一个是帮我们搞小水电的，还有一个就是你。"

次三面父子俩的话让我陷入了久久的沉思。

今天，新一轮的脱贫攻坚硬仗正在这里打响，鸡夺鲁人在党和政府的帮扶下，用自己的智慧和努力，揭开一页全新的历史。

当我在一个午后进入鸡夺鲁村的时候，一种恍若隔世的感觉扑面而来。

昔日荒凉的脚下，一排排蓝瓦白墙的新居格外醒目，整洁的硬化路面、太阳能路灯，宽敞明亮的村委会办公室里，办公用品一应俱全，村宣传委员正在电脑旁熟练地操作着。

我的内心是欣喜的，我愿意把眼前的一切看作是大地的记忆，隐藏着过去的时空、现在的时空和将来的时空，而所有的努力都应该得到尊重。

十、怒族山乡的事情

福贡县匹河乡是全国唯一的怒族乡，地处三江并流的大峡谷地带，有着16千米的国境线，全乡有9个村委会，47个自然村，96个村民小组，2922户10606人，怒族占总人口的85%。其中838户3188人为建档立卡户，是全省506个扶贫攻坚的乡之一。

托坪村一个典型的怒族村子，村边有些核桃树、油桐树和漆树，村子显得古朴而又苍凉。

这天，村民和连生斜靠在家门外的老核桃树下，阳光暖洋洋地照在身上，他歪着头睡了，面前的地上摆放着三个啤酒瓶。显然，他已经喝醉了，一条狗在身边绕来绕去，狗汪汪地咬了起来，

有人喊话：“连生大哥，村委会的和建才书记来看你了。”说话的是比和连生小几岁的弟弟阿普。

和连生揉揉眼睛，摇摇晃晃地站起来，舌头有些打结地说：“和建才书记来了，你告诉他，要是说村子搬迁的事，就不要来了。”

说话间，和建才已经走到了和连生跟前。

和建才闻声说：“怎么一说搬迁就不让我来了呢，要是我带着酒来呢？”

和连生一听来了精神：“带了酒？那你来吧。”和连生用脚踢了一下身边的半大黑狗，狗极不情愿地退到了一边。

和建才和阿普走进了和连生家。

看着半醉半醒的和连生，和建才说：“连生，喝酒怎么不在家里。”

和连生依然斜靠在核桃树上，抬起头来，看着和建才说：“书记，你要我待在家里喝火塘酒呀，别人家的火塘是热乎乎的，我家的火塘是冷的，都几天没有生火了。”

和建才说：“这个我知道了，刚才阿普已经对我讲了，说你媳妇带着孩子走了。”

提到媳妇，和连生的火一下子蹿了起来：“她哪里是走，分明是逃的，像只猫一样轻脚轻手地逃了。嗨，坝子里的婆娘就是靠

不住。”

看着和连生生气的样子，和建材进屋搬了个木凳在和连生家门边坐了下来，然后，慢慢地点上了一支烟。

等一支烟抽完，和连生也平静了不少，和建才又说：

“走也好，逃也罢，反正人已经离开了托坪村。起来吧，到院子里，我们坐在一起说说话，酒喝得再多，媳妇也不会主动回来的。”

和连生有些赌气地说：“她不回来算尿，我和连生照样好吃好喝的。和书记，不是说你带酒来了吗？”

和建才从挂包里拿出了两瓶白酒，和连生伸手就要接过去，和建才把它放回了挂包里。

和连生有点尴尬地说：“书记，不要小气，不就是两瓶清酒嘛，以后，我和连生发了，给你送十几箱去。”

和建才说：“连生，喝酒是有讲究的，冷酒伤心，寡酒伤胃，走，走，进家再说吧，在门外摆酒那是待鬼的。”

阿普把和连生搀了起来。

和建才是托坪村党总支书记，初中毕业后就当兵到了部队，1997年12月退伍后回到村里，1998年当上了村里的生产干事，后来又当了武装干事。2011年，两副担子一肩挑，当了村党总支书记和村委会主任。在这个任上，他一干就是11年。作为共和国最基层的干部，他把几乎所有的时间都放在了这份官不大事情不少的职位上。

和建才一家共七口人，父亲69岁，母亲64岁，妻子，三个孩子中的两个正在读书，妻子要负责照顾两个老人和孩子，和建才便成为家中唯一的劳动力。

刚开始当上村干部的时候，和建才每月可以领到180元的职务补助，在十多年前，也算个收入。后来，随着物价上涨、孩子上学、老人生病，这点收入就显得捉襟见肘。为了补贴家用，和建才开始在自家地里种植重楼、草果等经济作物，还养了六头牛，日子慢慢有了些起色。

然而，好景不长，近几年，国家加大了扶贫力度，各种工作接踵而至，上面各个部门布置下来的工作都由村委会一个口应接传达落实。村里的工作同样要做好，作为村干部的和建才空前忙碌起来，顾不得回家成了常态。

渐渐地，家里的地由于顾不上打理几近荒芜，牛也卖了，一度好起来的生活每况愈下。

2014年，村干部的补贴开始提高，和建才终于每月可以领到1450元的补贴了。

2016年，在国家新一轮的脱贫攻坚中，按照建档立卡户的识别标准，和建才一家无疑应该归入建档行列了。和建才说：“我是村干部，国家的各种惠民好政策应该首先让村民享受到。”为此，和建才成了托坪村因“职务”致贫的人。

这天，和建才来到贫困户和连生家里商量易地搬迁的事情。

在和连生家的院子里，阿普搬了一张桌子来，拿出三只小凳子，接着他又从屋子里拿出三个大碗。和建才说：“今天我们就不喝酒了，我们喝茶就行了。你看，还没有到中午饭的时候，你就把酒喝得差不多了。”

和连生说：“不喝酒？你说我不喝还能干什么？不让喝你还带着

酒来？”

和建才说：“连生，今天我来，是要来说话的。”

和连生一听就有些不快：“又是搬迁？真是这样，我酒就不要了，搬迁的话也别说了，你现在就走吧。”

和建才耐心地说：“我们怒族纵然有一千条道理，就是没有一条驱赶客人走的道理。今天，我既然进了你和连生的家我就不走了，阿普，你到村里买只鸡来，我今天就与你和连生大哥好好喝一台酒，说说话。”

和建才从衣袋里拿出五十元钱来递给阿普，阿普摆摆手不接。

阿普说：“和书记，你既然到了我们村，不论走到哪一家，一两只鸡还是有的，难道我到你家，也要你掏钱买鸡不成。”

和连生站起来，一把夺过了和建才手里的钱，把它丢在桌子上，有些生气地说：“和书记，到家来吃一只鸡还要你出钱，这不是伸手打我的脸吗？我和连生家的院子里虽然长不出金条子来，可是，几十只鸡总是有的。阿普，给我拿弩弓去。”

阿普应声进到了屋子里，不一会，拿出了一把沾满灰尘的野桑树弩弓。

和连生好似突然来了精神，站起来，大步到一个竹箩里抓了一把苞谷籽，站到院子里“嘀！嘀！嘀！”地叫唤了几声，一群鸡便拥到了他面前。和连生把苞谷撒到地上，阿普拿起弩弓，瞄准，嗖一声把一只公鸡射倒在地上。其他鸡一看，惊慌失措地咯咯惊叫着散开了。

山路上，一个怒族中年妇女在匆匆地走着，她不时拿出手机拨号，显然没有信号，她接着又走。

在和连生家的厨房里，阿普正在往火塘里添柴煮鸡。

院子里，桌子上的大碗里已经倒满了酒，和连生面红耳赤地说："书记，我知道要我们搬迁到大怒江边的山坡上，政府肯定是一番好意。可是，你总是知道吧，江边热得大树都要冒汗，人怎么受到了。"

和建才说："大树都冒汗？江边不是也有人生活在那里，有傈僳族，也有我们怒族，人家受得了，我们为什么受不了？"

和连生说："那你说，大怒江边还有我们耕种的土地吗？"

和建才："连生兄弟，刚才你说的不是没有道理，现在我要问你了。"和连生极不情愿地放下酒碗："你说吧。"

和建才说："那么我问你，你的老婆为什么走了？这里一年四季没有一个外来人进村，连狗都要变成哑巴了。"

托坪村山高坡陡，托坪村不通公路，离匹河乡政府有八九千米的路程，村民散居在山里的土坯房和木楞房里。托坪小组共有46户，184人，2016年人均年收入仅2692元，建档立卡户37户，贫困人口144人，贫困发生率高达78.7%。交通滞后是致贫的主要原因。

匹河乡党委、乡政府经过周密的调查选址，决定以统规统建、小区集中安置方式，整体搬迁到匹河乡政府对面的五湖小组，彻底解决贫困群众安居、就学、就医以及出行难的问题。

和连生家院子里，阿普把煮好的鸡用一个小盆端出来了，放到了桌子上。

和连生说："书记，刚才你讲得确实有道理。只是，我们住到了山下，我们在山坡上种的地怎么办呢？政府怎么就不可以把路直接修到我们村子来呢。”

和建才说：“看你说的，政府不是没有考虑过，你也知道，我们这一带的山体从来不稳，有人说在山坡上放一个大屁就能把山顶上的石块震下来。要是开挖出一条宽六米的公路，不是炸药就是挖掘机，对山体肯定是一个非常大的破坏。炸药一震，山体自然就疏松了，碰上刮风下雨就要滑落，纵然通了，一年有半年肯定是坍塌堵塞的。”

扒了几口饭后，和建才觉得饥饿有所缓解，又接着说：“连生，你说的种地的问题，政府也充分考虑过了。你们搬到山下后，在山坡上耕种的土地依然保留，这些老屋子也留下，到了山上遇上刮风下雨也有个躲避处。为了大家方便，政府已经决定投资一百多万元，修一条能够通行拖拉机和摩托车的机耕路。这样，对山体不会造成更大的影响，你们可以从山下，开着拖拉机到山里，还可以把苞谷、核桃拉下山去。”

说话间，和建才的手机响了。

电话是和建才的媳妇打来的，电话里她有些焦急地问：“建才，你在哪里？”

和建才回答：“我在托坪村。”

媳妇有些来气：“又是托坪村，你总不是在那里生根了吧？”

看着和建才有些尴尬的表情，和连生接过电话说：“嫂子，是我，我是托坪村的和连生，书记在我家里正在动员我搬迁呢。”

和建才媳妇说：“兄弟，要是你不想搬，就让我们搬吧。我家的房子早就漏雨了，只是和建才当了大书记，建档立卡，异地搬迁，这些好事就像天上的流星看得到摸不着，你们大家都脱贫的时候，我们家很快成贫困户了。”

和连生呵呵地笑了起来。

电话那头，和建才媳妇有些急：“你们不是在喝酒吧，我都闻到一股子酒味了，告诉你们的和建才大书记，他爹生病了！”说完果断地挂了电话。

和建才握着已挂的电话不经意地愣了一下。

2016年6月13日，汪洋副总理冒着雨沿泥泞山路步行数小时到托坪村，了解群众生产生活和扶贫工作情况。他强调，人口较少民族是中华民族大家庭重要组成部分，全面建成小康社会决不让一个民族掉队。要认真贯彻落实中央扶贫开发工作会议精神，把人口较少民族脱贫摆在更加突出的位置，采取更加特殊的帮扶举措，长短结合、标本兼治，确保少数民族贫困群众如期实现“两不愁、三保障”目标，为长远可持续发展奠定基础，坚决打赢人口较少民族脱贫攻坚战。

这天，从托坪村和连生家走出来后，和建才就急急忙忙地往家里赶了。路上，不时能碰上三两个在地里干活的，有一个正坐在山坡上放羊的怒族汉子叫住了他。这个汉子愤愤不平地说：“和建才书记，我就想不通，现在这个扶贫政策，同在一个山上劳动，同样的土地，同样的手脚，为什么有人得了几万元的扶贫款，有的一分都轮不到。”

和建才说：“你说的这个我相信，可是，每一个村子里的建档立卡户都是经过大家精准识别的呀。”

这个村民说：“讨论过是事实，好多建档立卡户确实很贫困，可是，没有轮上的，跟轮上的，也只有几百元的差别呀。再说了，这些比贫困户稍微富裕的，谁家不是踏着露水上山干活，踩着太阳尾巴回家的，除了生产生活有计划，靠的就是勤劳呀。要我说，要是扶贫改为奖励那些勤劳的农户，政府出来的政策就不会扶持懒人了。”

和建才说：“兄弟，你说的肯定有道理，可是扶贫不是围在火塘边吃粑粑，见者都有一份。懒人当然有，但肯定是少数，每个建档立卡户，家家有本难念的经，有的是因为孩子上学，有的是因为生病，这样导致贫困的也不少啊。我们扶贫，不是以贫困户为榜样，我们号召学习的，也是像你这样不等不靠的硬汉子。所以说扶贫先扶志，就是这个道理。”

和建才一路走走停停，看看庄稼地，和人说说话，回到家天已经黑了。

一进家门，他的脚在门口绊了一下，横着的木杆掉在了地上，他有些生气，正要问老婆，老父亲发话了：“你怕是走错门了吧？”

和建才抬头一看，爹披着衣服坐在火塘边，听口气，他知道爹已经不高兴了，而且火气不小。他缓了缓口气说：“爹，是我，你儿子和建才。”

老人生硬地丢下一句：“你还晓得回家呀。”

老人生气不是没有道理，自打脱贫攻坚战打响以来，他已经连着几个星期很少回家了，家里屋顶漏水他不知道，就连父亲扭伤了腰的事也不知道。

回家看望老父亲以后，他还要再走几个小时山路，连夜赶回村委会去，第二天一早，还要忙着去做群众易地搬迁工作。搬迁虽然是好事，依然有个别眷恋故土的老人不愿意搬迁，对于和建才来说，就连回家吃顿饭也成了奢侈的事情。

2016年6月13日，国务院副总理、国务院扶贫开发领导小组组长汪洋步行数小时到怒江州福贡县匹河乡托坪村调研。

汪洋指出，基层扶贫干部特别是在边远民族地区的扶贫干部，为群众脱贫付出巨大努力、做出重要贡献。地方各级政府要关心支持他们的工作，解决好他们的现实困难。贫困地区基层组织要结合扶贫工作实践，深入开展“两学一做”，为打赢脱贫攻坚战提供强大动力。

十一、伟大的跨越

联合国粮农组织数据显示，目前世界上依然有8.05亿人口正挣扎在饥饿的路上。换言之，世界上每9个人中就有一个人正挨着饿。

贫穷，是人类社会疼痛之所在，是文明发展之障碍。对于云南来说，贫困之深、发展之切是前所未有的。

习近平总书记在2017年新年贺词中指出：“小康路上一个都不能掉队！”

2010年，云南省开始实施独龙江整乡推进、独龙族整族帮扶重大决策部署，重点推进安居温饱、基础设施、产业发展、社会事业、素质提高、生态环境保护与建设六大工程，累计投入建设资金13.04亿元。经过五年的努力和奋斗，2015年，全乡农民人均纯收入达到3503元，在全国开创了整乡推进、整族帮扶的扶贫开发新模式、新经验。

交通巨变，乡镇基础设施巨变，人民生活水平整体提升，区域产业逐步培育完善，教育卫生稳步提高，走进极富民族特色的独龙江新城，整齐美观的街道、宾馆、餐馆、乡政府大楼、边防派出所、乡中心卫生院、九年一贯制学校、农村信用社、集贸市场、独龙族博物馆、客运站、4G信号覆盖整个新城，一幢幢美观舒适的独龙族新居，水电、厨房、卫生设施齐全的安居房、敬老院，独龙江翻天覆地的变化，见证着人类发展史上的奇迹。

2016年底，独龙江乡建成26个安置点1068户安居房，种植草果约2666.67公顷，花椒580多公顷，核桃约333.33多公顷，重楼约93.33公顷，招养独龙蜂3000多箱，投放独龙牛520多头，建成独龙鸡保护和扩繁基地1个、草果烘干厂1个，成立专业合作社7个，建成民族文化旅游特色村3个，旅游观景台建成5个、在建10个。人均受教育年限，从2009年的4.7年提高到了5年，有了自己的第一个女硕士研究生。

云南省委、省政府2016年出台了《云南省全面打赢“直过民族”脱贫攻坚行动计划（2016—2020年）》，计划总投资达343.92亿元，着力实施提升能力素质、组织劳务输出、安居工程、培育特色产业、改善基础设施、生态环境保护六大工程，确保“直过民族”聚居区18.73万户66.75万。建档立卡贫困人口如期脱贫。

事实上，针对“直过民族”贫困群众的特殊困难，云南省采取超常规举措，多部门合力推进。在2016年对“直过民族”聚居区实施了国家通用语言文字普及推广、14年免费教育、自然村通达硬化路等多项扶贫工程，全年向“直过民族”聚居区投入扶贫项目资金达82.5亿元。

2016年，实现了“直过民族”聚居区3万户11万建档立卡贫困人口脱贫。

每一次努力，都绽放着精彩；每一项跨越，都彰显着大国的担当。

第二章　众志成城

脱贫攻坚时不待我，向贫困发起总攻，万夫一力，天下无敌。

习总书记强调：扶贫开发是全党全社会的共同责任，要动员和凝聚全社会力量广泛参与。

洱源县是国家扶贫开发工作重点县，著名高原湖泊洱海的源头，河流径流总量达7亿立方米，占到了洱海平均径流量的70%。洱源同时也是滇西边境连片特殊困难地区片区县和省级革命老区，云南省首批生态保护与建设示范区。2015年8月，洱源县被列为云南省2016年12个首批脱贫摘帽县之一。经过一年多的努力和奋战，2016年12月，洱源县以脱贫攻坚综合考评第一的成绩，从云南省首批12个脱贫摘帽县中脱颖而出。

在决战决胜脱贫攻坚的战场上，洱源县投入资金20.18亿元，实施发展生产、搬迁安置、改善基础设施、发展教育、生态补偿、金融扶贫和社会保障等七大工程，采取超常规措施，脱贫退出2508户9762人，贫困发生率降至2.01%。其中，文化惠民生态脱贫，成了洱源脱贫攻坚中最动人的篇章。

成绩的背后，是摆脱贫困历程中的困难和考验，是这块热土上所有人沉甸甸的付出与努力。持续发力、久久为功，众志成城，携手走向通往幸福的路上。

一、结亲帮扶21年

说到洱源的精准扶贫，西山乡无疑是浓墨重彩的华章。

西山是白族山乡，位于洱源县西南部，距县城92千米，一万多人口中，95%为白族，高海拔山区分布有少量彝族，乡政府周边居住着部分汉族。大春种植苞谷、大白豆，小春以小麦、苦荞为主，属于澜沧江流域连片贫困核心区，也是特困民族乡之一，全乡大部分村庄分布在2500多米的高海拔地区。由于山高路远、经济长期滞后，贫困成了这个乡的代名词。

21年来，虽然历届政府都尽了极大的努力来改善这里的贫困状态，但相对于中国巨大的发展和变化，西山乡还是被远远地甩在了时代的后面。以扶贫来说，长期的输血式扶贫，一直没有从根本上拔除这里的贫困根源，往往是原有的贫困户刚刚摘帽，新的贫困户又已产生。脱贫又反弹，可怕的循环，犹如陀螺不停地旋转，贫困地区所能触及的文化资源往往不足以支撑他们实现脱贫的目标。

毋庸置疑，文化一直是经济社会发展的重要标志，人类社会的每一次前进，生产力的每一次释放，都深深镌刻着文化的烙印。也就是说，要变输血式扶贫为造血式扶贫，必须注重文化上的开发，帮助贫困群众从文化上觉醒。通过正能量的倡导和宣传，从根本上激活贫困群众自身求发展的渴望和潜能，才能加快他们脱贫的步伐和进程。扶贫先扶志，就是要从文化宣传阵地入手，从思想、观念、信心、知识、技术方面帮助和指导困难群众提高综合素质，从根本上铲除贫困根源，进而带动群众向贫困宣战，向现代文明迈进。

省委宣传部与西山的结亲帮扶开始于21年前。1996年9月18日，省委宣传部与洱源西山结对挂钩帮扶，从那一天起，他们就成了彼此牵挂的亲人。

这是一场城市与乡村之间的倾情帮扶，是人与人之间带着体温的相互眷恋。西山乡的每一个人都记得，10多年前，在省委宣传部的帮扶下，乡里建起了3层文化站大楼，成了大山里最耀眼的标志性建筑，文化惠民帮扶之旅从此开启了。

2015年8月，在新一轮的精准扶贫中，省委宣传部成立了挂钩扶贫“挂包帮”“转走访”工作领导小组，并逐步形成了部长办公会决策部署，工作领导小组及办公室指导督促，各处室及直属单位具体落实挂钩扶贫工作的长效工作机制。部长办公会先后多次专题研究部署挂钩扶贫工作，安排投入扶贫资金1195万元，实施了一批洱源急需的帮扶项目，以实际行动真扶贫、扶真贫。由部领导带头，部机关134名干部职工深入洱源县牛街乡的福田村、福和村两个村委会和西山乡建设村，入户开展“挂包帮”“转走访”工作，精准结对帮扶所有建档立卡贫困户，确保对贫困户的帮扶全覆盖。

在省委宣传部的帮扶下，西山乡立足生态立乡、农业稳乡、产业兴乡的发展理念，形成了林果、畜牧、药材、粮食等多种产业齐头并进的发展格局，优质核桃林、中药材基地、大牲畜养殖，为山乡的脱贫注入了强劲的动力。

走进西山乡，日新月异的变化让脱贫路上的足迹显得分外清晰。

在建设村委会，罗杏林的中药材加工厂已经初具规模，主要经营中药材收购、初加工、销售。加工厂的建成，很好地带动了西山乡高海拔药材产业的发展。罗杏林经营中药材已经有些年头了，虽然有些口碑，但限于资金和交通条件，照他的话说：“以前只是小打小闹，谈不上规模，谈不上赚钱，更谈不上带动，只是自己挣个肚子饱。”2016年，在产业扶贫的大潮中，罗杏林迎来了发展机遇，“这回扶贫抓到了根本，真的感谢党和政府”。说这话时，这位精明的白族汉子满脸真诚。

在胜利村委会，得到政府扶持的专业合作社就有三个，投入扶贫开发资金1800多万元，马铃薯、苞谷、核桃、灯盏花种植，蜜蜂、牛羊、生猪、家禽养殖，群众增收脱贫的路子越来越多。全乡培植了420公顷的灯盏花、重楼等中草药材，并动员建档立卡户参与合作社，享受政府贴息贷款。

2016年，西山乡的人均收入从过去的600元，增加到4169元。建成饮水工程4项，小水窖200个，乡村公路3条，已初步形成了林果、畜牧、药材、粮食等多种产业齐头并进的发展格局。

在洱源，人们对省委宣传部帮扶的赞誉何止一个西山乡。产业扶贫、异地搬迁、生态补偿、文化惠民、教育培训、电商助力，一系列举措是省委宣传部真扶贫、扶真贫的生动写照。

在炼铁乡纸厂村委会，山嵛菜专业种植合作社社长余灿辉满怀信心地对我们说：“自专业合作社成立以来，已经带动200多户1000多人种上了山嵛菜。其中建档立卡户80多户，每公顷纯收入4000多元，高的时候可以达到六七千元，平均每户种植3公顷多，照这样发展下去，脱贫根本不是个问题。”

一个正在交山嵛菜的彝族妇女接过余灿辉的话说："我们这个地方海拔2700多米，属于高寒山区，以前以种苞谷、荞麦为主，穷得叮当响。政府帮我们找到了种植山嵛菜的项目，对没有钱的困难户，工作队还帮助协调担保，让合作公司给予垫资。如今挣到了钱，连村里光棍汉说媳妇，一般的还看不上呢！"她的话引来了周围一片快乐的笑声。

紧盯目标要求，实行任务倒逼机制，群策群力，一鼓作气，全力加快各项工作落实，精准施策，让"七个一批"政策措施具体化、可操作，一项一项落到实处，省委宣传部不断为自己拧紧螺丝。在洱源的每一天，不断有新鲜事物涌来，破茧化蝶的嬗变，常常让我处于经久不息的感动之中。

二、古树核桃村

2016年10月21日，在字振华和中共洱源县委宣传部部长余利斌的带领下，我来到了被誉为"古树核桃村"的客宅。

走进村里，上百年的老核桃树比比皆是，多达33棵，最老的树龄已达700多年。客宅村历来有种植核桃的传统，每棵老核桃树每年的收入都在5000元以上，有的达到了8000多元，加上近年的种植，全村核桃树达到了10000多棵。2015年，客宅村核桃产量达40吨，产值近64万元，核桃成了名副其实的"金果果"。

客宅村是西山乡胜利村委会的一个自然村，也是一个古老的"新村"，79户300多人，在原来的老宅上建起了更加宜居的新房。整齐美观的新居，安详的气质里面有着舒适的现代结构，让人感叹它们结合得如此珠联璧合。白族人在自己美丽的新家园里过着半传统半现代的生活，新的文化与传统的习俗交织在一起，造就了客宅村独特的自然景观和人文景观。

坐落在村子老核桃树下的阶梯状文化广场是2015年修建的，除了举行重要的文化活动，也是人们交流信息、交换感情的重要场所。广场边的老核桃树下，有老人悠闲地晒着太阳，有孩子在嬉戏，有村人在拉家常。时间的年轮不停地转动，老核桃树巨大斑驳的树冠，在某一刻，永远地定格在了美丽乡村的画卷之中。

农家院子里的小石磨，几方棉布蜡染，荡漾的云朵，绚烂而美丽 。蓬勃，呼唤，沉默，沸腾，白族民居上的壁画，大树，袅袅的炊烟，满眼尽是安静祥和的风景。阳光那么好，核桃树的叶子一点一点地反着光。

如果把目光转向过去就不难发现，木垛房、土坯房，铁三脚上架口锅曾经是这里大多数家庭的真实写照。由于大山的阻隔、交通的滞后，山地丰富的自然资源和作物没有给人们带去应有的温饱，人均年纯收入竟不到600元，很多村里越来越多的青壮年娶不上媳妇，至于医疗，只能是小病拖，大病磨，患了绝症全家饿。

如今，一切都已成为过去，脚步更迭，为的就是从现在的某一刻走到未来的某一刻，在脱贫攻坚的大潮中，命运的种子将被重新播撒在另一片新的土地上，花开花落，果实由青涩慢慢变得成熟。

客宅村是西山乡胜利村委会的一个自然村，也是一个古老的“新村”，79户300多人，在原来的老宅上建起了更加宜居的新房。

每个地方的建筑之所以源远流长，必定有其存在的理由和与众不同之处，白族是个崇尚传统的民族，盖房子是白族人一生中最隆重的事情之一，自然不会马虎。即便是把老房子拆了重建，也依然是传统的样式。今天的客宅村，青瓦白墙，彩绘着荷、莲、牡丹、龙、凤、蝙蝠、鱼，吉祥而美丽，这是人们对幸福生活的最美诠释。

光阴荏苒，时尚、潮流不可避免地渗透到每个人的生活和精神之中。所谓的坚守，更应该体现在精神和道德的层面上，文化的传承与进步，首先体现出来的就是包容性、独特性、多样性。从这个意义上说，客宅村在脱贫攻坚中新建的民居，既保留了民族文化中弥足珍贵的部分，又让居住者有了更多舒适的体验。

村民们的喜悦之情洋溢在脸上："村里的新房子建得跟城里一样，卫生间、太阳能，水泥路修到了家门口，日子终于有盼头了！"

白族女子向以勤劳著称，天色微明之时，大部分男人还在梦里神游，女人们早已把院子打扫整理干净了，天色渐朗，清晨的阳光和小鸟一起出现在屋顶的时候，早餐已经做好了，一大碗热气腾腾的面条或饵丝，汤里飘着红红绿绿的辣椒葱花，浓香扑鼻。与早餐同时端上桌子的，是一罐翻滚沸腾的浓酽烤茶，男人们吃完早点，再神闲气定地喝上一盅烤茶，便心满意足地出门去了。既不暴烈，也不挣扎，敞开自己，接纳对方是这些家庭真实的写照。眼前的现实不仅让人鼓舞，更让人心底充满了希望。

对于山里人来说，很多时候，幸福就是生存本身。一切的烦琐都被删节，只留下最本真的颜色，山地人的坚韧把苦难发酵成了醇香的酒，并在彼此的感染中获得新的力量，再把每一天具体的日子延续下去。

21年，贫困在人们的努力和拼搏下退场了，犹如一幕令人心酸的苦寒剧，在明媚的阳光下，合上了最后的帷幕。

精准扶贫赋予了古村新的文明风尚和内涵，古树与现代化的设施，一排排整齐的太阳能路灯，新建的农村文化活动室，活动广场，篮球场，健身器材，卫生公厕，太阳能浴室，整洁的村道，新铺的水泥路面，带着令人惊讶的速度从历史中走来，简洁、健康，野性、唯美而忧伤。

在客宅，不能不说到核桃。核桃不仅是这里的名片，也是农人生活的指望。中国是一个农业大国，人口中2/3以上是农民，具体到客宅，几乎全是农业人口。农村生活的风险就在于，上天少降一场雨就有可能让村庄远离丰收，捉襟见肘。辛劳、孤独、挣扎是不可避免的。那些隐秘的伤口，即使化为齑粉，也会在不经意的时刻，以凛然的方式回到现实之中。

客宅是洱源核桃种植的重点村落，核桃是这片土地的母语和图腾，种植面积和产量在全乡都赫赫有名。光明、黑暗，种种埋藏于时光深处的秘密，从土地里生长出来，又弥漫于人与村庄之间，于苍凉之中印染出一片农耕文明的奇迹。

抬眼望去，核桃树的身影掠过山岗、掠过大地、掠过河流和村庄，带着澎湃的活力让我感到振奋。中秋节前后，成熟的果实将被装满大大小小的仓库，运往乡村以外的地方。

核桃种植在客宅已有上千年的历史，广袤的大地上，核桃林以自己的方式活着，呼吸、低语、生长，我看到了乡村生活的影子，就像核桃苦涩的青皮，终将会褪去沉重，向暖而生。

在客宅，人们把收获核桃称之为“捂核桃”，一个“捂”字，让我惊叹于西山人的智慧和语言的精准，犹如闯入了一片英雄的阵营，辉煌的核桃树毫不吝啬地让我触摸到了神话的源头。

这是人与树最美丽的邂逅，今天，我来到这里，只是为了打捞核桃树穿越了千年又千年的神秘符码，打捞人与树在脱贫攻坚中共同的装载与传奇。

我倚着一棵千年的老核桃树干，拼命张大肺叶，贪婪地呼吸着核桃树的气息，让涌动的地气漫上我的双眸和指尖。斑驳沧桑的核桃躯干，这些矗立了几百年的时间使者，唯有它们能够见证客宅村曾经的沧桑与苦难。

在客宅，一位精神矍铄的罗姓老人始终热情地陪伴着我们边走边讲。临别，老人执意要留我们吃饭，我被温暖的眼神感动着，被一句句直白的话语感动着，我看见了世界上最美的微笑。

最终还是拥抱告别，走了很远回过头去，老人依然还在核桃树下向我们挥着手。

世道经历了很多磨难，几千年来，人与人之间的冷漠从来没有当下这么宏大；人与人之间的距离也从来没有像当下这样需要彼此带着体温的贴近，而客宅人依然厚道着、接纳着、消解着。某种意义上，眼前的客宅新山村让我想起了诸如救赎之类的汉字，我也愿意把它们看作鼓舞灵魂的图腾，岁月依旧，温暖犹在。

三、一条悬崖路的前世今生

“五、四、三、二、一……”

字振华面色凝重地挥手下达了起爆令。随着一声巨响，寂静的山谷上空霎时腾起了冲天的烟雾，爆破一举成功。在掌声和烟雾弥漫中，我看见了这个硬朗的彝族汉子脸上洋溢着的坚毅与自信。

2016年11月10日下午18时3分，对于福田村彝族北组的村民来说，是一个历史性的时刻，也是一个值得永远铭记的日子。硝烟散去，字振华第一个走向现场查看。向晚的阳光在他身上投去了一抹明媚的金色，村民小组长陆文龙看着他长长的背影感慨道：“字书记为了我们，太拼命了。”

福田村彝族北组位于海拔3200米的高山之巅，33户118人蘑菇一样散居在山里。大多数时候，他们的生活仅限于沉寂的山谷。早晨，当洋溢着木柴味的炊烟飘尽之后，人们就开始从村子里往外走，到山上的苞谷地或洋芋地里去。蓝得心碎的天空，绿得冒油的树木，脱贫对于他们来说，只是一个深藏于心底的梦想。

2016年10月20日，我们开车随字振华去了彝族北组。泥土和碎石组成的路面尘土飞扬，很多路段从车上只能看到无底的深渊，车身贴着峭壁一点点慢慢往前挪动，岩石上刀凿斧劈的痕迹见证着这里三代人几十年的期盼和努力。很长时间，它们以拙朴的力度刺痛着我的眼睛。

不时会遇上一两个赶着骡子的农人沿着凸凹的山路走来，陡峭的山路让骡子的腿脚一阵阵地打颤，马掌擦出火星，口角吐着白沫，鼻子喷着粗气，他们已经走了很长时间。狭路相逢，我们得提前找好避让的地方。侧身相让的一刻，我看见了他们的额头上布满了晶莹的汗滴。

在山地谈交通，话题尤显沉重。每一个山地的孩子，当他稚嫩的双腿能够离开房屋，走得稍远一些的时候，他平生的第一次收获，就是一小兜，甚至仅仅是一小把野菜。像第一次觅食的小兽，他内心充满了难言的怯弱与兴奋，一步一步顺着地埂在那些蓬勃的植物中仔细寻找、辨认，希望能够尽快找到人和牲畜可以果腹的食物，荠菜、灰灰菜、马豆草，这些浅根植物都是他力所能及的，地埂上那一行小小的脚印，就是他全部生活的起点。

从此，他将沿着祖辈父辈的足迹，不停地在山里走，走向成熟，走向衰老，也很难走出这片山地。

村民小组长陆文龙告诉我们，从爷爷起，他们一家三代都是村民小组长，爷爷当年是个有想法的人，走出大山，走向外面的世界是他和村民们梦寐以求的愿望。于是，1992年爷爷开始带领村民挖山修路，大家协商，每户出一个工，每天不间断地开挖。那时陆文龙刚到上学的年龄，爷爷告诉他，等路挖通了，他就可以坐着汽车去上学了。爷爷的话在幼小的陆文龙心里播下了一颗希望的种子。

然而，现实对于一个心怀美好梦想的山村少年来说，却残酷得有些令人心碎。出山的路，一挖就是13年。锄头从爷爷手中传到了父亲手中，又传到他手中。目标却依然是“把路凿通！”虽然儿时的梦想依然清晰如昨，但他已经很少激动了。

日子就这样日复一日、年复一年地过去了。

他再也不会去注意家里的核桃树已经发出了好看的嫩芽，也不会注意到头上的天空是多么的蓝，太阳正隔着树叶透出一束束耀眼的光，光里有些小小的亮点，那是些憋了一个冬天的小飞虫，它们自由自在地享受着春风与阳光。与很多农人一样，他从来不会留意到身边的风光，却很小就学会让自己像树一样深深扎根于土壤，寻找赖以生存的食物。这是必要的。

降生在哪里是无法选择的事情，靠天吃饭的日子也不能不让人揪心，种子如期播了下去，心却跟着悬了起来，收获太难预料。如果碰上几场喜雨，种子出得整齐，自是欢喜，但仍然不敢有丝毫的懈怠，草因此而锄得更勤，家里神龛上的香火和供品也添得更旺。缺雨的年份就不用说了，除了张罗着找找野菜采采草药什么的，只有对着神祈祷了。即使是无神论者，在灾难和困厄面前，也不是了。

2005年，一条2.5米宽、7800米长的土路终于把彝族北组的村民引向了外面的世界。村民们又一鼓作气，继续投工投劳，挖了一条辅线，把最远的两家人连了起来。从此，村民们在这条路上来来往往，生生死死，赶集、种地、收获、接送神灵、嫁娶新娘，一走又是11年。

四、铁毛驴的尴尬

车子转过一个山口便没有了信号，我们在泥泞山路上遇到了狼狈推着摩托车的彝族小伙子小陆和他的弟弟。这天是牛街赶集，他骑着新买的摩托车带着弟弟去凑个热闹，顺便给家里捎带点乡街子上的便宜货。为了买这辆摩托车，他家卖掉了一头大黄牛。

出了家门，他以一个漂亮的姿势跨上摩托车，电门一轰，转眼间就消失在了山梁后面，把在身后看热闹的村人羡慕得张大了嘴巴。来到悬崖边，道路凸凹不平，朝下是看不见底的深渊，车身剧烈地扭动起来，他不得不放慢了车速，不时用两只脚点一下地，努力保持车身平衡。尽管如此，坐在后面的弟弟依然吓得紧紧地搂住了他的腰杆。

行驶了两千多米，来到了一个山弯处，他停住车让弟弟下来。因为站在这里，可以看到远方山脚下的大坝子和碧波荡漾的海西海水库。新修好的大理到丽江的高速公路，一辆接一辆的汽车在高速公路上风驰电掣，他要让弟弟看看外面的世界是什么样子。

也许是第一次站在高处看见高速公路和这么多的汽车，弟弟的小脸激动得通红。可看着看着，弟弟突然哭了起来，眼泪汹涌，像在脸上挂了两串透明的玻璃。

小陆莫名其妙，弯下身子问弟弟："怎么了？"弟弟哭声更大了，边哭便攥起了小拳头，在他身上捶打起来。这一来，更把小陆彻底搞蒙了，出门的时候，弟弟听说要去看高速公路不是高高兴兴的吗，怎么突然间就变成这副模样了呢？莫不是刚才过悬崖路给吓的？

小陆有些生气了，大声斥责弟弟："咋个惊惊乍乍的，屄包，彝族人可没你这个样子的。"弟弟抹着眼泪说："哥，我们什么时候才能坐上汽车在那大架子上跑呢？"小陆知道，弟弟已经7岁了，连县城都没有去过，最远的地方也只是到过大山后面的外婆家和牛街赶集。

小陆对弟弟说："阿弟，你看到的大架子是高架桥。唉，从家里出来的这条山毛路我们全村都修了13年，上高架桥是那么容易吗？”看着弟弟可怜巴巴的小脸，小陆心底一阵难过。

赶街回来的路上下起了雨。

小陆与弟弟跑到路边的大树下避了半个多小时，待大雨过后，雨水纠缠着血红的泥巴，不要说骑摩托，就连走路都是三步一滑两步一摔的，先前还跑得欢的摩托，转眼就成了一架可笑的废物。

他只好下车来推，累得浑身大汗也没有走出五六百米。尽管艰难和无奈，也只能硬着头皮一点一点推着摩托往前挪动。幸好遇上了一个放牛下山的白族汉子，帮他推了一段。可好景不长，因为牛下山了，这位放牛的汉子不能一直帮忙，他便一个人带领弟弟慢慢推着摩托走。

两位邻村从地里干活回家的农妇，见他满头大汗浑身是泥的狼狈相，都忍不住捂着嘴偷笑起来，进而又开玩笑地打趣了一番：“大兄弟，这就是你用一头黄牛换来的宝贝呀，听说一发电就跟汽车一样跑得快，咋个还要你费尽力气地推呢？恐怕是你没经过培训不懂高科技吧？要不就是这铁毛驴也被这大山吓趴了。”

五、去往彝族北组的路上

与小陆一样，我们的车子在稀烂红土的纠缠下彻底沦为了废物，人在酷烈的山地，无奈而无助是常有的事，我们只好弃车与小陆一起步行进村。到达山村的时候，已是傍晚时分，小陆的父亲早已等候在村口的小路上，母亲担心两个儿子出事，连忙在神龛前点燃了三灶香。

旅游鞋灌满了泥水，一阵巨大的寒冷和疲倦袭了上来，我靠在墙边闭了一会儿眼睛。大伙说话的当儿，小陆的母亲捧来一碗开水冲的荞面糊糊放在我手里，让我趁热喝下去。

我一再推辞，大婶不高兴了：“字主任为我们脱贫跑上跑下，跑得脚板翻天，不要说喝荞面糊糊，连感谢他的话也不让我们说一句。你们跟着他大老远跑到这山旮旯里，还不是为我们好，你不喝我们怎么过意。”说着，这个朴实的彝族妇女又往碗里加了一勺白糖，反复催促着我：“快喝下去，暖暖身子。”

一阵暖意漫上我的心底。

在火塘边，字振华连夜召开北组、南组两个村民小组会议。望着从山坳里聚拢来的村民，字振华有些歉意地说：“大家辛苦了，我们这么晚连夜召开会议，是要决定一下彝族南组修建文化广场的事情。”

说话间，彝族南组有村民怯生生地提出：“各村都有文化广场了，政府什么时候也给我们7户人家修一个跳舞演戏的小广场呢？大家心里一直期盼着，哪怕比别的村小一些也没关系，我们小组人也不多。彝族人喜欢跳舞，心里不舒服需要跳舞，高兴、有喜事更要跳舞。”一双双期盼的目光看着字振华。

火塘边的他们，无论是老人还是孩子，所有人的脸都是那么淳朴，仿佛哪怕是天塌下来了，也没有必要焦虑和绝望，这样的脸已经不多见了。而现在，他们不过是要求一个小小的广场，一个在深山里让欢乐弥漫的地方。

彝族大部分生活在高寒山区，快乐来自于火塘和大地，他们从来没有离开过火塘，火塘在山与水之间，在浓郁热烈的身体之间，在怀旧与眷恋之间，在等待与守望着的彝族人心窝深处，火塘塑造了彝族人永不灭寂的历史。

火塘暗藏着一套神秘的语言，暗藏着每一个家庭兴盛和死亡的全部秘密。然而，随着安居工程的推广，随着人们生活条件的改变和提高，火塘正在消失，现在很多的彝族人已经过上了汉式的生活，将来的彝族人也一定会告别贫困，过上一种更为舒适的生活，通电通路，古老的山寨很容易就与外面的世界接轨。

字振华心头一热，坚定地说："大家放心，文化小广场是一定要修建的，我们还要装起大喇叭，不但可以唱歌跳舞，还可以从这里闻听党的声音、外面世界的声音。"

字振华一席话，说得大家纷纷鼓起了掌："有字书记这番话，我们心里就踏实了。哪怕我们只是深山里的7户人家，党没有忘记我们，政府也没有忘记我们，我们也在党的光辉照耀下呢。"

说这话的时候，大家表情认真，一点也不走过场。

如果不是亲耳所闻、亲眼所见，也许会觉得这话有点矫情。一直以来，山村以外的人们都生活在灯火辉煌，铺着水泥，车水马龙的城市里，这样的生活彻底剪断了人与土地、自然的联系，人们理所当然地认为，一切本该是这样。换句话说，山里的悲剧于山外的人是遥不可及的，麻木是很普遍的现象。很幸运，我能够来到他们中间，来到脱贫攻坚的第一线，能够以理性的目光打量着这里正在发生着的翻天覆地的变化。

我不由得再次仔细打量着眼前这群人，他们大都目光单纯羞涩，一两个由于有心事而显得有些漠然，最显眼的自然还是村民小组长。在共和国，若论官衔，村民小组长连七品芝麻官都排不上，就一普通百姓。他们的日常生活依然在田间地头上进行，从清晨到黄昏，他们把自己的影子投影在大地上，一如人类初始的样子。因此，村民小组长仅仅代表着一种责任和义务。在他们自己看来，更是一种责任和义务。因此，他们比一般村民更乐意接受新生事物，更乐意奉献。

钝角的三脚架下，金黄色的火焰在这个绵绵的雨夜向着黑暗、向着未知飘荡，一种柔软的东西瞬间充盈了我的眼睛。人心的温暖、火塘的温暖，在这个遥远的山村，由我的双手轻轻触摸到了。

夜晚，从彝族北组往回走，由于下雨打滑，山路狭窄难以避让，一辆微型车和农用车碰在了一起。双方心平气和地下来，商议着怎样尽快把车挪开。在山地，这同样是常有的事。

村民们很快披着塑料布冒雨聚拢来，手里拿着棍棒、绳索，有的跑到路边去搬运石块，都是他们的救援工具。

雨还在下，天却暗了下来，目光尽头的大丽高速公路依旧车水马龙，灯光闪烁，蔚为壮观，与眼前的境况形成了巨大的反差。

黑暗中，我感觉到自己的心痛了一下。

事实上，随着时代的发展和进步，这条镌刻着他们努力和梦想的道路越来越显示出不可逾越的局限，遇到恶劣天气，孩子们上学非常危险，就连地里出产的洋芋也难卖个好价钱。陆文龙扳起指头给我们算起了账：“本来洋芋七八月份可以买到1.5元一千克，但正值雨季，无法挖出来，也无法背下山去，只有等到10月雨水收了，才能挖出背到山下去卖。错过了季节，只能卖到5角钱一千克，不值钱了，路不通，没办法。”他有些无奈。

看着他黝黑的面孔，字振华坚定地说：“兄弟你放心，省委宣传部已协调好100多万元资金，最窄的这一段炸开后，整条路的拓宽重建推进就快了。只要我当第一书记一天，我就绝不会让这种状况延续下去！”

翻开一部中国扶贫30年的历史可以看到，交通致贫确实是造成山区贫困的主要原因。因此，在脱贫攻坚中，通电通路就成为改善山村生存条件的基本措施。

六、昂首阔步出大山

2016年11月4日，字振华兴奋地告诉我，彝族北组的道路拓宽爆破工程就要启动了，具体爆破时间要看当天的气候情况。这是一个几代人期盼已久的时刻，我的内心被字振华带来的美好消息鼓舞着。

见到字振华才知道，事情并没有我想象的简单。尽管他跑了很长时间，由于种种原因，爆破的相关手续还在有关部门的辗转办理之中。见我满脸不解，字振华说：“现在已经接近年底，洱源的脱贫摘帽工作已经进入到最后的冲刺和倒计时阶段，时间不等人，言必行，行必果，一定要把最后这段悬崖路修通，是省委宣传部的承诺，也是我当上第一书记时就对福田村父老乡亲许下的诺言。干脱贫攻坚就是要有担当，在贫困面前，我们只能抢时间、拼速度。”

尽管他说得非常有道理，我仍然禁不住为他捏了一把汗。也许是看出了我的担忧，他说：“我不是蛮干的人，各个环节我都亲自排查过了，必定要做到安全第一，万无一失。”

2016年11月9日，我们再次随字振华去爆破现场，与施工队一起做爆破前的又一次检查。路上他忽然有些感慨：“我当然知道这其中的风险，但个人的得失荣辱与群众的需要相比，根本算不得什么。如果一旦对老百姓失信，就绝不是我个人的事了，我代表着共产党的形象，代表着扶贫工作队的形象，代表着第一书记的形象。”

大步走在前面的字振华，凝重的脸上多少有些落寂和疲惫，为了这一天，他已经奔走了很长时间。当他将侧着的头转向我时，我从他的眼睛里看到了使他焦虑和快乐的本质：他愿意永远承担起一个共产党员的责任，做困难群众脱贫致富的领头雁。

悬崖路段爆破成功的消息很快便传遍了整个山村，陆文龙的话道出了村民们的心声：“党的政策好，那么多人来帮助我们，特别是字书记，哪怕是七八月份雨季，也要一步一滑，拄着拄杖来到我们山村搞帮扶。现在路就要修通了，彝族人民真的感激不尽。几十代以后，我们也会记住党给了我们一条路。感动的话在心里，说不出来。”这位耿直的彝族汉子几度哽咽。

面对激动的村民，字振华清醒地说：“修通这条路不是我一个人能够做到的，脱贫之路，上有党的惠民好政策，下有群众的积极性。要没有上上下下的支持和努力，谁也做不到，大家要永远记住党的恩情！”

这是一种发自心底的声音，坚定而深情。我不认为它仅仅出自字振华个人的唇齿之间，实际上它代表着一种精神维度：不忘初心，一心为民，我们所有的扶贫工作队员何尝不是如此。

逢山开路、凿岩为道，如果说彝族北组的村民是现代版的“愚公”，那么山谷里爆破修路的硝烟，则见证着党和国家推动脱贫攻坚的强大力量。一条畅达的公路彻底改写了一个村庄的历史，改变了人们的命运，悬崖路成为脱贫致富的希望之路。

悬崖路修通以来的第一个街子天，彝族北组的村民第一次从村子里坐车去赶街。到街子上交易，是山地居民的盛宴。

这天，年轻人早早就打扮一番，穿上很新的衣裳，女孩大都穿着又稠又重的红色、水红色，时不时还能遇上几个把头发染成黄色的山村青年，醒目的黄发映衬着跟土地颜色一致的脸，构成山街子上最独特的风景。

从这天开始，他们将沿着宽敞的新公路，走向远方更广阔的世界。

七、第一书记

我对驻村第一书记的认识和理解是从字振华身上开始。

那天，坐在贫困户陆学标家里，笔记本照例摊在他的膝头，可他一个字也没往上面写。不用写，超不出三天就要上来一次，他太熟悉这里了，熟悉得就像在自己家里，闭着眼睛就能摸到水瓢放在哪里，酸菜在哪个坛子里，哪家的鸡要生蛋了，哪家的地里该除草了。这里的一切都在自己的脑子里，都是自己身体的一部分，都与自己有关。

确切地说，哪一桩不是自己的事呢？字振华出身于农村，与土地有着天然的联系，对贫困有着切肤的感受。他说，福田村不脱贫，我负全责！他给自己立下了军令状。

“第一书记”是中国精准扶贫中涌现出来的新生事物，特色职务，是中国共产党最基层的组织细胞，带着最新鲜的血液与活力，奋战奔走在最艰难的脱贫攻坚第一线。

习近平总书记指出，要把夯实农村基层党组织同脱贫攻坚有机结合起来，注重选派一批思想好、作风正、能力强的优秀年轻干部和高校毕业生到贫困村工作。根据贫困村的实际需求精准选配第一书记，真正把基层党组织建设成为带领群众脱贫致富的坚强战斗堡垒。全国40多万名第一书记，在中国广袤的农村留下一支与群众水乳交融的工作队。

字振华就是精选优秀驻村第一书记中的一名。

第一书记驻村，体现了党对精准扶贫前所未有的力度和决心。在举国脱贫攻坚硬仗打响之际，党中央就把精准选派优秀驻村第一书记提到了与精准扶贫同样重要的位置。

2015年4月，中央组织部、中央农办、国务院扶贫办联合印发《关于做好选派机关优秀干部到村任第一书记工作的通知》，从全国层面部署推动选派第一书记工作。选派第一书记，既是精准扶贫的需要，也是“从群众中来，到群众中去”的伟大践行。

时间回溯到2015年8月26日，字振华随同赵金部长来到福田村旧同村民小组帮扶点。旧同属于福田村的一个自然村，全村有66户，305人，全部是白族，建档立卡户加上低保、五保户130人，村民赖以生存的作物是洋芋、苞谷，有少量烤烟。从数字和作物可以看出，这是一个以贫困为主要特征的山村。

沿着一条贯穿全村的臭水沟，他们来到了帮扶户杨银春家调研。意想不到的是，杨银春对他们的到来并没有表现出太多的惊喜，说到脱贫，他抬头看看自己低矮的土坯房叹了一口气：“脱贫我咋个不想。只是这么多年了，如果脱得了，也早就脱了，也无须劳你们来了。”

村民的话在绝望之中透着无奈与尖锐，意思也很明显，有多大能耐光说是没有用的，我们要的是效果！那话语深深刺痛了字振华的心，至今，他依然记得那绝望而木然的眼神。

行动才是最好的语言，赵金部长面色严峻地对扶贫工作做出了具体部署。

2016年2月，字振华被选派到洱源县牛街乡福田村担任第一书记。临行前，赵金部长与他进行了长时间的谈话并指示：“你到洱源去，思想认识上要高度重视，具体行动上要坚决果断，扶贫措施上要扎实有力，队员管理上要严之又严，工作标准上要高之又高。”

在脱贫思路上，赵金部长提出了三个结合，扶贫与扶智结合，输血与造血结合，经济与文化结合。对扶贫干部，则提出了“三在”，要求人在、心在、实在，主动融入和服务，把洱源县当家乡，把贫困户当亲人，把扶贫事当家事。做到说干就干、干就干好。进而又提出了三个敬畏，敬畏党组织，敬畏历史、敬畏人民。每一个扶贫队员，每一个扶贫干部，都代表着党的形象，所作所为，要经得住历史的检验和拷问。

在脱贫措施上，赵金部长提出了“三干”要求，苦干、实干、拼命干，坚决打赢脱贫攻坚战！

来到福田村，眼前坚硬的现实让字振华倍感沉重和紧迫。

福田村地处高寒贫困山区，有板桥、旧同、福田、老虎箐4个自然村10个村民小组，由白族、汉族、彝族三个民族组成。经济作物以种植烤烟、玉米、洋芋、大白芸豆为主，部分养殖黄牛、山羊、马匹、猪等。虽然有着极好的生态和优美的自然风光，人却很穷，全村264户竟有建档立卡户148户，半数以上家庭处于贫困线以下，是洱源县特困村之一。

由于缺乏能人、有文化的人，有的自然村连村主任、村支书都难选。

以现代思维打量贫困，字振华看到，山村正面临着人才匮乏的严峻的现实。这不仅是洱源的现实，也是云南的现实，中国的现实。他说：“原先逃离土地的农村精英回乡创业，解决人多地少的问题，如果产业发展了，就能够留住农村精英，把有效的劳动力集中起来，形成规模化产业，就解决了劳力少的问题。其实，对于农村来说，打工是不得已的一种方法。精英回来，起到带动示范作用，精壮劳力回来还有一个好处就是基层党组织建设得到加强，脱贫攻坚工作便有了坚实的基础。”

在字振华脑子里，“担当”始终是一个响亮的动词，想起精准扶贫的重任和赵部长的嘱托，他丝毫不敢懈怠，下定决心一定要不辱使命，坚决完成好党和组织交给的任务。带着啃“硬骨头”的决心，字振华开始了他第一书记的履职。

好的开始是成功的一半，要当好第一书记，扎得下根，沉得下心是第一步，也是必需的一步。他带领队员们查问题，听诉求，摸情况，找难点，盯重点，对症下药，因村因人施策。对于贫困村而言，虽然能够总结出规律性的致贫原因，但具体到每个村、每个人，贫困的原因却不尽相同，仅建档立卡这项最基础的工作就直接考验着工作队员的能力和素质。

在看似程序化的摸底调查中，遇到的情形确实千差万别的。一百个人就有一百个人的想法，一千个人就有一千个人的诉求。说到底，工作队员面对的不是程序，是有想法的群众。国家对建档立卡有着严格的标准，而现实中，标准的核定却有着巨大的难度，鸡猪牲畜，作物收成，这都是容易产生变数的资产。有时候，50元、100元的差距，就成了建档立卡的依据，矛盾也往往由此产生。字振华面临着一个各种关系、矛盾纠结在一起错综复杂的局面。

通过夜以继日的走访，他找到了农村发展不起来的原因，在于人多地少的矛盾在不断加剧，劳动力的精华都不愿意待在山村，15~50岁的精壮劳动力大量外出打工，而精英出去以后却极少有愿意回乡的。水往低处流，人往高处走，这是没有办法的事情。再加上无资金、无技术、无市场，农村便犹如一个不断旋转的陀螺，随着巨大的惯性，在贫穷的旋涡里循环往复。

字振华把福田村的“贫”字归纳为缺少“五子”，即：房子、车子、孩子、妻子、票子。他意识到，要改变现状，有两个关键点，即房子和票子，房子意味着安居才能乐业，票子意味着农民的收入，这一切首先要解决脑子的问题。观念的转变是核心，也是难点。有时候，一个好的点子，一项惠民的举措，却往往碰到意想不到的阻力。

一天，村村通公路工程的挖掘机开到一家农户门前，在准备移栽一棵大树的时候，事先已经做好工作补偿过的农户却死活不让挖，施工只得停下。字振华得知情况后便约上村民小组长陆宝生赶往现场。陆宝生担心地说，这个农户事最多，别家的牛跑进了他的庄稼地，即使认了错并按价赔偿了，他也不依不饶，提出一些无理要求，得不到满足决不罢休。

字振华沉吟了一会儿说：办法是人想出来的，无论如何施工不能停。

到了现场，农户一见到他就抱怨：那天我一时糊涂答应了你们，事后算算，赔的钱太少了。移栽树可以，必须加钱！否则，就是天王老子在我面前下跪，也是嘴巴上抹石灰粉白说白讲。

农户暗自以为，只要自己家这棵树不挖走，修路工程就要受阻。如果不能按期完工，不仅字振华要被问责，就连县里也脱不了干系，这个钱是加定了。

字振华耐心开导农户："你家让出一米土地，共产党要投资100多万元加宽一米路，该补偿的也补了，希望你支持一下。如果大家能投工投劳，我们节约出来的资金可以修更远的路，建更多的文化广场和水窖，不是很好吗？通过自己的劳动和付出，今后你可以很自豪地说，当年这条路我也参加修了，文化广场我也参加干了。"

陆宝生接着字振华的话说："我们彝族地方已经穷了几辈子，现在国家来帮助我们脱贫，千年盼一回，该让的地我们老百姓要让出来，该出力的我们要出力。"

可无论怎么开导劝说做工作，那位农户竟不为之所动，工作一时陷入了僵局。

在陆宝生与农户说理辩论的时候，字振华转到了农户家的门前，在对着大树一番测量后，他说话了："老哥，说实话吧，刚才我在你家门前看了又看，总觉得有些不对劲。你们家这些年一直富不起来，就是因为门前有了这棵树，它挡了你家的财路呀，要是把它移栽搬开了，明晃晃的太阳就照到堂屋了。"

农户一听，不由得瞪圆了双眼，说实话，风水他还真相信，前些年好像有人就对他说过同样的话，看来还是真的。他有些后悔了，便不再言语。精诚所至，金石为开，这位农户终于很不好意思地写了份再不闹事的保证书递到村里，并且还要把补偿款退还出来。

字振华知道后专程找到他说：这棵树能够长这么大，也是因为有你家保护着，补偿也是理所当然的。一场风波在机智与诙谐中化解了，字振华还与这位农户交上了朋友。

大山不仅能湮没村庄，也很容易就将人的目光湮没。贫困更容易使人心向着日益促狭和短视的轨迹偏移，有时候，人性中最广阔的黑暗就藏在贫困里。

作物、牲畜，四季更迭，村民的生活和思维，因循着古老的生存律令和情感法则，虽然朴实，却很难跟上今天的生存和发展速度。

改变是必然的，但也注定了不会一帆风顺，只能靠所有为摆脱贫困付出努力的人们一朝一夕、一点一滴地去改变。改变的结果令人振奋，而改变的过程却异常艰难、痛苦，甚至是沮丧的。在摆脱贫困的道路上，无论是字振华，还是扶贫工作队员们，抑或是普通的村民，义无反顾，阔步向前，他们的脚步从来没有停止过。

勤于思考，勇于探索，字振华在实践中总结出了一套行之有效的工作方法，即抓好扶贫开发工作要处理好四个关系：当前脱贫与长远发展的关系，整体推进与突出重点的关系，党委、政府主动帮扶与贫困群众积极参与的关系，物质扶贫与精神扶贫的关系。

2016年11月，字振华从基层和实践中总结出来的《扶贫开发要处理好四个关系》理论文章，获得了“云南省学习贯彻习近平总实际扶贫开发重要论述”征文一等奖。

八、一根电线带来的变化

从实践中来，再到实践中去，在福田村，村民们总能见到字振华忙碌的身影。在洱源的那段时间，我们跟着他不停地从这座山头赶往另一座山头。

2016年10月21日，我们随字振华去海拔3000多米的大松坪彝族组，一个只有7户24人的小山村。离村庄还有一段距离就没有了路，只能下车步行。

字振华说，由于海拔高，这里一到冬天下雪，地下便结起一米多厚的冻土无法施工，雨季土路湿滑施工设备又上不来，只能抢现在这小段的时间了。顺着字振华的手势望去，一台挖掘机已经在树林里修路，地上满是翻出来的新土。

我们刚在一户农户家里坐下，村民们便闻讯陆续赶来，围着字振华问长问短，也提出了他们最关心的通路和通电问题。从一张张热切的脸上看得出来，他们信任字振华，愿意对他掏出心窝里的话。

原来，从村中通往主干道的路有4.5千米，预计投资100多万元，村民担心投资过大，是否能够按期完成。

字振华耐心地一一解释：“大家都不要担心，挖掘机9月初就开进来了，施工每天都在进行，大家都看见了，年底保证通车。国家决不会让一个兄弟民族掉队！”

字振华的话像给大家吃了一颗定心丸：“我们万万没有想到，政府真的一直把我们放在了心上！”

围着小桌子，大家的话明显多了起来：“字书记，我们知道国家目前也有困难，这里剩下的两户路途远的人家，不要求更高了，只希望路面铺上砂子就行。彝族居住分散，每家每户通路有非常大的难度，我们绝不给政府添难度，也不为难领导。”

字振华再一次坚定地说：“脱贫路上，再大的困难，我们也要克服。”

听着村民提出的各种问题，如果不是身临其境，有的还真无法理解。字振华与他们朝夕相处，自然多了几分理解。因此，他处理问题总能得心应手，合情合理。

说到通电，大家的心情又急切起来。大松坪村祖祖辈辈靠油灯和松明照明，2013年才装上了太阳能板发电，每家一只小功率白炽灯泡发出暗淡的光亮。不要说雨季，就是一片乌云的降临，也很容易就把这仅有的光亮抹去。

为了通电，字振华多次与当地协调，请南方电网支援，2016年12月21日，6千米长的电线通到了这里，一根根矗立在大山里的电线杆给这个山村带来了前所未有的光明。

当明亮的灯光点亮山村的一刹那，所有人都激动得如同过年，感激之情溢于言表："字主任，你们辛苦了，给这边7户24人，路也修出来了，电也架上来了。"

字振华连忙摆摆手说："我们只是按照共产党员的要求，做了分内该做的事情，大家应该永远感谢共产党，是党派我们来的。"

淳朴的村民依然感激着："共产党再好，也是要有你们的努力和你们的良心呀！"

高寒彝寨的通电通路的问题解决了，字振华又把心思放在了帮助他们发展产业方面。在调研会上，陆宝生提议说："大松坪海拔太高，只能种洋芋，脱贫很难。但这里草山好，适合养殖骡马、羊、肉牛，如果二三月份买进瘦的骡马、肉牛养着，七八月份养壮了，赶出大山后价格可以翻倍，一头肉牛可以赚3000元以上。这是最划算的。"

陆宝生是山村里少有的能人，一家在政策的扶持下养了两百多头黄牛、二十多匹马和五百多只羊，率先摆脱了贫困，盖起了宽敞的农家院子。由于媳妇是白族，房子融合了彝族、白族两种风格，宽敞舒适，正房、厨房、围墙、大门、厕所，生活设施一应俱全。

在福田村，陆宝生是个靠自身努力实现脱贫摘帽的典型代表。由于家住高寒山区，地里收获的苞谷荞麦仅够填饱肚子，比起坝区，他们生存的路子显然窄了许多，以至于许多男青年难以娶到媳妇，陆宝生就是其中的一个。

由于全年一直住在矮小黑暗的土坯房里，除了火塘，几乎家徒四壁，他家也因此被列为建档立卡户。然而，这份“幸运”带来的兴奋很快就过去了，他觉得完全靠政府来帮自己脱贫并不是一件光荣的事，“坐享其成”更不应该。

他暗暗下定决心，一定要通过自身的努力摘掉穷帽。陆宝生早年曾跟随亲戚做过买卖牲口牛马的生意，在这方面有着丰富的经验。说白了，贩卖牛羊骡马靠的是眼力和经验，由于陆宝生脑子活，肯吃苦，肯学习，任何牲口，只要经他的眼一扫，手一摸，这头牲口有多大年龄，多少体重，值多少钱，保准能估计得八九不离十。

在山村有这样一项技能是很难得的，他也想过自己做大牲畜生意，但苦于没有资金，一身的技能也只能限于想象。

政府新一轮的脱贫攻坚给陆宝生带来了前所未有的机遇，在政府的帮扶下，他向信用社申请了5万元的扶贫小额信贷，重新拾起了老技艺。

好事成双，生意开始发展的陆宝生娶了山下的白族姑娘为妻，自己发展了，他没有忘记乡亲们。凭借自身努力和群众的信任，陆宝生被选为村民小组长，成了为群众办实事的领头人。无论是产业还是村务，都同其他小组干部一起干得风生水起。说起自己从贫困户到村民小组长的华丽转身，陆宝生非常感慨：“在政府的帮扶下，通过我自己的努力脱了贫，真的非常光荣，这个巨大的转变让我看到了自己的价值。”

听了陆宝生的话，字振华眼前一亮说：“好！我们请畜牧局的领导和养殖专家来帮大家把把脉。有了想法、技术还得有资金，我们再想办法协调银行，从产业发展贷款这方面请银行支持一下，每户5万元用于购置牲畜，滚动发展。你是村里的致富带头人，就带领大家把养殖搞起来！你抓紧登记一下，看看有贷款意愿的多少户，我们把银行行长约上来，实地查看，解决问题。有了贷款，我们才好发展。”

一番话，把大家的心说热了。

九、世界上的事情，光说是远远不够的

治贫先治愚，扶贫先扶智，关键在于必须有人实实在在去做。

再次去了福田村。一路上字振华指指点点地介绍着情况，说起山村的变化，他有些兴奋，话也明显多了起来，仿佛是带着我们回家一般。可我一句话也没听进去，山势陡峭，山路险峻狭窄，勉强能容车身通过，走不了多远就有一个回头弯，我的思想不得不高度集中，两眼死死地盯着前方，双手有些神经质地紧紧抓牢方向盘。一阵七拐八弯之后，也许是感到了我的紧张，字振华不再说话了。一路上，除了偶尔的面包车和拖拉机，几乎很少遇到别的车。究其原因，除了山大坡陡，村民有车的人也微乎其微。群山延绵，寂静而无助。

在一座山涧的小木桥前，我本能地停了下来，依经验，就凭这几块有些腐朽的木板，无论如何也是过不去的，下车步行是唯一的选择。仿佛印证着我的判断，木桥旁边的土石，在涧流和山风的冲刷裹挟下，不合时宜地掉下去了一块，使原本已经老旧的木桥平添了危险的气息。

字振华推开车门下去仔细看了一下，便挥挥手，我以为是叫我们下车，不料他却返身上车说：“没关系，可以过的。”随后又补充了

一句："放心，有我在。"

跟着这么一个不知疲倦拼命工作的人，我唯有拼命追随，才能赶上他迅疾而有力的步伐和思维。

尽管我久驾山路，在汽车轮子压上木桥的一瞬间，我依然惊惧得不由自主地叫出了声。字振华有些歉意地看着我笑笑："吓着了吧？不用怕，我们都是走这条路，习惯了，不会有事的。只是大多数时候我们都是像群众一样，骑摩托车、走路上来的，很少能有车坐。"

忽然很惭愧，字振华与扶贫工作队员们，哪个不是来回往复，坚定从容地沿着这条山间小路走到群众中间的，三次、八次、无数次。

来到福田村，文化小广场正在紧锣密鼓地施工中，基础已经打好铺上了碎石，一台搅拌机发出隆隆的响声，施工人员用一台铁皮小板车接住砂浆，不断地浇向地面。可以预见，不用多少日子，一座崭新的文化小广场将打破亘古的寂静，以老百姓喜闻乐见的方式矗立在这延绵的群山之中。按照老百姓的说法："祖祖辈辈，终于有个地方可以唱唱跳跳了！"

小广场大喇叭，有一种广阔而惊人的力量。思维、观念的改变，让人们意识到了自己精神的匮乏，意识到了该怎样去努力，该怎样去创造一种幸福美好的生活。物质与精神齐头并进的脱贫模式，不仅保障了村民的基本生活，还让人们的生活环境、生存质量得到了显著提升，素质也随之得到提高，扶贫带来了扶智的成效。

十、苹果开花了

在山村，靠山吃山的说法流传了千百年，但真正要靠山脱贫致富却更像是个寓言。如何把寓言变现为实？基础设施解决了，字振华把目光紧盯产业。事物的存在必然具有两面性，有好就有坏，有利就有弊，与城市相比，农村具有土地和劳动力两大优势。如何把劣势变优势，把优势便票子？每一个决策、每一项措施，都是对贫困的度量和重新认识。

福田村高寒山区的几个自然村作物以洋芋为主，这里所产的洋芋密实的质地像是在土里长了很多年，口感软糯香沙，远近闻名，深受城乡市场的欢迎。既是村民的主要食物和蔬菜，也是洱源的美食名片。为了让这一传统产业焕发出新的生机，确实给村民带来实惠和增收，贫困户每种植一公顷洋芋便能得到600元的补助。2016年，村民仅种洋芋的收入便能带来3000多元的收入。

然而，仅靠传统产业要实现农民增收致富显然是不够的。如何在传统种植的基础上引进新的种植项目，让土地发挥最大效应致富一方百姓？那段时间，他的脑子被“产业”这两个字挤得满满的。

一次，他爬上了村后的山顶，从这里眺望着下关坝子，他的目光首先看到了横亘的苍山以及矗立在上面巨大的风力发电涡轮，在阳光下闪烁着银色炫目的光芒。它飞速地旋转，仿佛不仅仅是为了制造和输送巨大的能量，更是作为一种昭示，昭示着科技，昭示着另一种生活和另一种存在。在它的下面，在波光粼粼的洱海边，是日新月异的下关坝子。距这里很近，又似乎很远，仿佛隔了天光，隔了流年。

很长时间，他就那么静静地望着伟岸的苍山和飞快转动的涡轮。刹那间，他觉得一阵湿的东西涌上眼底。他努力想让自己平静下来，可是，很难。面对眼前的贫困，他发现自己不知什么时候起，变得善感了。

实施进村主干道工程、村内道路硬化、文化活动中心、美化亮化绿化、农田水利建设及基础设施建设项目，实施重大项目引进方面，打造温泉特色小镇，推进“大农业、大旅游、大健康”产业融合创新发展，引进苹果、滇牡丹、油用牡丹等一批经济作物，发展高原特色农业，推进美丽乡村建设。每到一个工地，字振华都会不停地查看着施工中的每个细节，不时对施工人员吩咐交代几句。“进度如何？有没有问题？”是字振华最关心的事，也是他最主要的工作。找资金、找销路、搞培训、促产业，有太多的工作和困难等待着他和扶贫队员们去面对，去解决。因此，扶贫工作队实行24小时三班倒工作制。

其实，自打进到福田村，字振华的吃饭和睡觉时间，已经完全取决于工作进度。能够正常按时吃饭、睡觉的时间几乎没有，偶尔正常一次，就连字振华自己都不习惯了。

即便如此，吃饭时间，大家谈论的也全是村里的工作。走访贫困户、扶贫项目的落地问题，该做的事情做完没有？哪个村民小组又出现了新情况，有时候还要通宵开会，应对各种检查视察，等等。他说：“我们的脑子里装的全是这些事情，根本停不下来。”

福田村虽然地处高寒，经过实地调查，请专家论证，字振华发现，这里拥有苹果种植的理想土质气候条件，传统上也有农户零星种植。他心里一动，福田村山地广袤，如果种上优质生态苹果，群众必然多了一条增收脱贫的路子。

然而，要让久居深山的农民告别传统种植另谋出路，群众心里是打鼓的、是没有底的。字振华发展苹果产业的想法遇到了很大的挑战。

对于字振华通过种植苹果脱贫的想法，山村里的人们充满了疑惑，不种苞谷，不种洋芋，只种苹果树，万一果树长不好，或者卖不出去，谁来负责大家的肚子问题呢？

有的村民甚至私下议论："别的不说，就云南而言，种植苹果的地方也不少了，但是靠苹果脱贫的还没听说过几个呢。苹果么，也不是什么稀罕水果了。"言下之意，种植苹果已经不是什么新鲜事了。

山地的人们是最务实的群体，也是最经不起折腾的群体。他们从来不会相信有天上掉馅饼这样的好事，这与他们所处的境况有关。

一个山里人从出生的那天起就不得不独自承担起自己的命运，他也许会因为降生在潮湿肮脏的家里而感染致命的疾病。就算他命大闯过了这一关，他的一生也难免还会不断地被困厄所包围。这一切，就是他们难以摆脱的宿命。

因此，上了年纪的人总会很谨慎地对晚辈说：不要跟着他们瞎折腾，外面人的话你也能听？祖祖辈辈哪有不种粮食就有吃的？干部是拿着政府工资的，所以可以不种粮食。你不种粮食，谁来给你发工资？到时候他们屁股一拍走了，谁来管你吃饭？还不是靠自己种粮食！不信你试试。

也不能埋怨这些山里的老辈人。他们长时间地在土里刨食，对于他们来说，不种粮食确实是冒险和恐怖的事情。

尽管字振华反复宣传、强调，同样是苹果，气候、土壤、品种、科技化管理程度，产生的效果完全是不一样的，我们有最适宜种优质苹果的生态，有科技做先导，有政府做后盾，大家只管铆足了劲头干，脱贫总是有希望的。

一次次开会，一次次上门宣传，他不厌其烦地对群众说："我们正在研究高寒地区到底适宜种什么？我已经到迪庆去对比看了，同样是高原，人家种的苹果为什么销路好？我还要去农科院和林科院请专家、农校的老师们来我们福田看看，帮助我们出出主意。根据海拔、气候和土壤，找到适应我们种植的作物，找到适合我们饲养的牲口。总之，一定要创出一条路子，一定要摆脱贫困，大家要有信心，不要害怕，我们最大的靠山有共产党，我跟大家一起学习，一起研究怎么共同把福田搞上去。"

字振华是个勤于行动的人，说干就干。他马不停蹄地奔走于城市与山村之间，筛选品种，购买种苗，甚至买了几袋将要种植的苹果品种带到村民小组，给有疑惑的群众亲口尝一尝。进而又给群众宣传分析产业转型的必要性和即将带来的利益好处。字振华的务实和真诚逐渐打消了村民的顾虑，加上村民小组长和富裕户的带动，群众种植苹果的积极性终于被充分调动了起来。

沿着蜿蜒的山路，我们来到了福田村苹果种植基地。抬眼望去，一场轰轰烈烈的收获季节刚刚过去，少数枝条上还挂着为数不多的果子，大多数的枝条已经开始孕育着另一场更为蓬勃的生命。

字振华边走边给我们介绍："福田村发展苹果种植产业，主要做法是采取公司+基地+农户+党支部+科研院所的方式，为找到群众稳定增收的渠道，为脱贫致富打下坚实的基础。现在已有87户群众种植苹果，其中48户是建档立卡贫困户，打造优质生态苹果品牌，做大做强苹果产业是我们一直努力的目标。"

在村委会办公室，我品尝到了这片土地上结出来的苹果，果汁带来的美妙味道瞬间涨满了舌尖味蕾。我相信，香脆甘甜的美味一定是来自和风山泉的滋养，并因此而健康、茁壮，自然而然。我相信，即便工业不断蔓延，这里也依然会给世界提供足够的鲜果和美味。

我一直希望，两脚实实在在地踩在泥土与大地上。因此，我格外喜欢那些朴素自然的东西。庆幸的是，我总能与这样的场景不期而遇。至今依然记得福田苹果带给我的美味。

我看到大地给予人类的慷慨馈赠，也看到了人们从事农业劳动的艰辛和坚持。在普遍工业化的今天，从事农业是需要勇气和牺牲的。因此，我格外敬重这些依然劳作在大地上的人们。

说到苹果产业化种植，村民的脸笑成了一朵花。不用问，他们自己已经把一本脱贫账算得清清楚楚了：种苞谷每公顷仅有千元的收益，改种苹果每公顷有近万元的收益，盛果期收益甚至可以达到两三万元，增收效果不言而喻。看得见，摸得着的，就算再不济的人，收益也比传统种植好许多。满怀着对幸福生活的期盼和对政府帮扶的感激，福田村人给自己的苹果取了一个美好的名字"福甜"苹果。

2016年1月10日，字振华在福田村旧同村委会召开了苹果种植现场推进会，请来省农科院园艺所所长马钧老师，给村民们讲授种植技术、防治方法、注意事项，手把手地教村民们种植苹果。

字振华深知，虽然村民都是种地的好手，但都是按传统方法进行的，由于文化低，对于现代农业科技，对于用新技术种植果树，大家都不会。什么样的管理方法能够让苹果高产又好吃？果树病了怎么办？就连一个简单的疏枝疏果，都需要反复示范多次。要让村民尽快掌握新技术，绝不是一件容易的事，更不是开一次推介会就能解决的，必须与农科院所挂钩，使科技培训常态化。

冬日的山地，尽管出着太阳，气候依然寒冷。人们挖坑、种植、浇水，清晨的阳光中很快就漫起了淡淡的泥土味。那一个个劳动中的身影，很快就与大地薄雾融为了一体。

就在这一天，福田村种下了5万株苹果，一株株充满生机的果苗在冬日迷离的阳光中格外醒目。

字振华带领村民打下的基础，2017年有了实质性的发展，在省委宣传部驻村扶贫工作队的帮扶和各部门联动努力下，福田村成立了苹果种植合作社，以党支部十企业（合作社）+农户“三位一体”的发展模式来推动苹果产业的持续健康快速发展，带动了2个自然村90户441人发展苹果产业，为山村脱贫找到了一条切实可行的新路子。

产业扶贫给村民带来的变化很快显现出来，在旧同村民小组，杨银春家的新房已经盖起，正准备粉刷装修。看见我们到来，正在收拾院子的杨银春连忙放下手中的活计，张罗着给我们倒水倒茶。说起变化，杨银春抑制不住满脸的喜悦连声说：“感谢党的关怀，感谢扶贫工作队实实在在的帮扶！”与一年前字振华遭遇的冷漠形成了鲜明的对比。

杨银春13岁父亲去世，生存的压力让他格外勤奋和努力，不仅学会了修理拖拉机，还会修理各种农具，在福田村算条件不错的家庭。岂料天有不测风云，儿子患上脑囊虫病，自己患上糖尿病，几年下来，不但花空了家底，还欠下了大笔债务。疾病在不经意的时刻显现出了狰狞的一面，彻底把这个家庭拖进了贫困的深渊，不要说盖新房，就连日常生计都成了大问题。

对此，杨银春感慨地说："党和政府在我家最困难的时候给了我们最及时的关怀，省委宣传部挂钩帮扶，我们才有了今天的日子。从产业上来说，政府帮我们找项目，我家今年种了小葱，科技人员来做了培训。我又包了几公顷地种烤烟，每公顷补助600元，种了一公顷中药材灯盏花，公顷产2000多元，养殖一头西门达尔牛，补助了5000元，下步还准备种植苹果，日子确实是一天比一天有盼头了！"

杨银春的话见证着贫困户的变化，无论是基础设施，还是重大项目引进、产业惠民增收、民生保障和基础设施建设、文化惠民工程，福田村都取得了不俗的成绩。字振华却并没由此停下奋进的脚步，也没有把目光仅仅放在福田村，他把目光投向了更远的地方，投向了互联网和电商。

吃水不忘挖井人，素质和道德决定了人的成败和价值取向。字振华和工作队员把感恩教育与脱贫攻坚一起抓，做到四个一：开一次群众大会，宣传党的政策，感谢党和政府以及帮扶的企业和个人，请受助群众写一封感谢信，做一面锦旗，在墙上写几行字，在地上树一块石碑，真正地记录历史，激发群众的内生动力，让感恩与奋进的精神之光照亮生命中的每一刻。

2016年10月，字振华荣获“大理州驻村扶贫工作先进个人”。荣誉既是对成绩的肯定，还是奋进的号角。对于字振华而言，一切都已经成为过去，新的征途在等待着他。

十一、翱翔世界的翅膀

2016年是中国网络扶贫跃上新台阶的一年，习近平总书记在网络安全和信息化工作座谈会上指出：“可以发挥互联网在助推脱贫攻坚中的作用，推进精准扶贫、精准脱贫，让更多贫困群众用上互联网，让农产品通过互联网走出乡村，让山沟里的孩子也能接受优质教育。”同年10月，中央网信办、国家发改委、国务院扶贫办联合印发《网络扶贫行动计划》，正式提出实施“网络覆盖工程、农村电商工程、网络扶智工程、信息服务工程、网络公益工程”五大工程，也就是在这一年，中央各部委支持农村电商的政策文件就多达40多个。

在遥远的云南洱源山村，字振华陷入了深深的思考，放眼全国，“互联网+农户”为精准扶贫提供了新理念和技术支持，大数据技术快速、便捷和高效的优势正在加快助推精准扶贫工作。

贫困虽然是洱源山村的劣势，但人与自然唇齿相依和谐共生却是这片山水最显著的特征，也是洱源的无价之宝，他对电商的底气就是来自于对洱源绿色产品的信心。他深知，农村的物产、土地的收成，要变成票子，变成群众增收的路子，就必须解决好销路问题，既要种得出来，更要销得出去，否则，也许会种得越多，亏得越惨。这方面，他看到了太多的教训，洋芋滞销，白菜滞销，水果滞销。每次看到这样的新闻和农民们一张张绝望的脸，他的心都无比疼痛，那都是土地的收成，农民的血汗。悲剧不能重演，只有尽快建立起电商销售平台，让传统的产品焕发新的生机、产生新的价值，最大限度地提高农产品、特色产品的附加值，才能真正实现群众的增收。他说：“省委宣传部通过在洱源县实施网络扶贫项目，目的就是要打通商品销售的网络渠道，帮助群众增收致富，打下坚实基础，我们的目标设想是带动产业发展，推动企业成长，一年见成效，三年翻两番。”

然而，想法有了，面临的困难却不小，主要体现在一高一低，大部分建档立卡贫困户文化非常低，加之偏远山村运输物流成本都非常高，导致在竞争异常激烈的电商平台缺少竞争力。因此，要让电商真正在精准脱贫中发挥重要作用还有很长的路要走。

在字振华看来，解决之道首先是从观念、文化、科技、产业等几方面全面加强培训，以此阻断贫困的代际传递，同时在产品质量上下真功夫硬功夫。跨越不仅来自行动，更来自观念。在山村，人们从来也没有想过电子商务、网店与自己有什么关系，甚至都弄不明白，在电脑前敲敲键盘就能做买卖，更没有想到有一天自己会通过这种方式与外面的世界连在一起。

自古以来，买卖要么是一手交钱一手交货，要么是以物易物，无论哪种形式，交易的根本和前提是钱货当面点清。

要给村民说清什么是“网店”，都让字振华伤透了脑筋。手把手教好不容易说清了网店，村民还是难以置信：“你说的这个网店好是好，只是东西摆在乡街子上都卖不掉，这个看不见摸不着的‘网’，咋个可能卖东西呢？”电子商务对于山村来说，无疑是天方夜谭。

字振华意识到，变革不仅意味着创新，更意味着机会，只有观念的变化，才能让山村实现从量变到质变的华丽转身，才能让农村真正从“输血式”扶贫转变为“造血式”扶贫，让农民可持续增收变为现实。

2016年12月22日，由省委宣传部、省委网信办、洱源县政府共同推动的“参与洱源网络扶贫、助力洱源脱贫致富”洱源县电子商务公共服务中心成立暨网络扶贫启动仪式在洱源地热国举行，省委宣传部、省网信办为此专门投入了一百多万元资金。电子商务中心采取“农民+合作社+公司+互联网”模式，在县城建1个服务中心，在9个乡镇建9个服务站，在90个行政村建90个服务网点，实现网络扶贫的全覆盖。以行政村为单位组织农业专业合作社，依托彩云优品、苏宁易购、淘宝、阿里巴巴等平台销售，统一组织、统一质量、统一销售，以标准化、品牌化的思路合力抢占市场先机，打造洱源农产品的绿色品牌。

山村与电商的结合，让农民们看到了希望。洱源电子商务仅两个月便取得了不俗的成绩，300多种产品销售额突破了100万元大关，农产品远销全国各地，最远的卖到了齐齐哈尔市。山地不再遥远，劣势变为优势，世世代代居住在大山里的农民终于从“看不见摸不着的网上”淘到了第一桶金，赚到了看得见摸得着的票子。

2017年2月5日国务院发布中央一号文件《关于深入推进农业供给侧结构性改革加快培育农业农村发展新动能的若干意见》，首次直接将农村电商作为一个条目单独陈列出来。相较2016年的一号文件，2017年中央继续着重于农村电商线上线下融合、体系标准和物流的建设。此外，还添加了发展地方电商产业园的内容，意在推广品牌、集散物流、培养人才、提供技术支持、保证农产品质量安全，促进农村电商体系更加完备。

这是中国农村通向美好发展目标的基础。可以预见，洱源必将乘势而为，真正实现传统产业的历史性跨越。字振华以及所有人坚持不懈地努力，就是要告诉世界：曾经远远被甩在时代后面的中国少数民族农民，在党和政府的帮扶下，已经借助互联网，为自己插上了翱翔世界的强劲翅膀，搏击的征程已经从中国的西南边疆起航！

十二、小广场大喇叭

在云南偏远的山地，少数民族聚居村寨，信息普遍闭塞，很长时间打扑克、打麻将成了人们的主要娱乐、消遣和打发时间的方式。

一个个蘑菇一样隐藏在大山里的山村，大都没有集体的活动场地，一块打谷场便是村民们济济一堂，回到自己母语体系的地方。

通常，当乡间食物的美好气息开始飘荡于唇齿之间的时候，那些从大地上回来的人们便从这里开始了他们精神上的飞翔。竹制的水烟筒从一只手传到另一只手，无论寨中的大事小事、好事坏事，祖传的奇闻逸事，甚至山神水鬼的喜怒哀乐，人们都一遍又一遍地重复、一遍又一遍地讲述，并且津津有味、兴致高涨。有时，为个鸡毛蒜皮的小事，他们也会争得面红耳赤，满嘴脏话，甚至撸起袖子动手比试比试，不过往往刚开始你推我一把、我拉你一下的时候，就会被别人拉开了。

有时候也会加入几位刚从外面世界回来见过世面的人，他们也跟村民一样，或蹲在石头上，或靠在木堆边，跟着说一些不咸不淡的粗话，开一些不荤不素的玩笑。有时，也讲一些报纸上看来的新闻和外面世界的见闻，但村寨里的人很少对这样的话题感兴趣，可望而不可即的事物于眼前的处境没有多大帮助，一辈子面对着浩瀚无边的大山，面对着赖以生存的土地、茅草房、树林、草丛、山泉、野果，面对着他们永远吟唱着的祖先和神灵，他们本能地只会关心山里的一切，能给他们带去快乐与幸福、伤痛与哭泣的恰恰是山里的好收成和无法抗拒的灾难与困顿。而温饱又是那样的珍贵和稀少，还能有什么能比生命和生存更重要呢?

没有真诚的方法犹如无源之水，是缺少生命力的方法。中共云南省委、省政府对农村群众的精神文化生活需求格外重视，省委宣传部更是把“小广场大喇叭”工程作为农村基层传播党的路线方针政策的重要载体，是丰富基层群众文化生活的重要平台，是增强基层群众凝聚力、加强沟通交流的重要桥梁，是基层农村文化反渗透、传递正能量的重要渠道。对于新形势下进一步加强农村文化建设，不断巩固农村宣传文化阵地，更好地宣传党的路线方针政策，不断满足广大农村群众精神文化需求，让文化热在基层、亮在基层、暖在民心发挥了重要而积极的作用。

小广场大喇叭工程源起于2014年，是省委宣传部探索加强农村基层文化建设和精神文明建设的创新举措。一方水泥广场、水泥凳、大喇叭、功放机、话筒、影碟机、灯光球场、戏台，便捷灵活的设施设备，墙体彩绘、公共广播，让山区群众的心灵与党和政府紧密联系在一起，与时代联系在一起。尤其在脱贫攻坚中，各地的小广场、大喇叭，很快就成为传播党的路线方针政策与正能量的重要载体和渠道，成为保护和传扬中华文明、民族文化的重要阵地。

让山村的语言与时代的语言接轨，让群众第一时间聆听到来自党和国家的声音，让优秀的民族文化传统传承并绽放异彩，也就是在这一年，省委宣传部从全省宣传文化事业费里拨出1090万元资金，专项用于开展“小广场大喇叭”工程试点。

小广场大喇叭的出现，彻底拓开了山地人们的眼界和思维，也改变人们的观念。因为小喇叭传出的是最直接关乎他们生存和脱贫致富的信息和声音。

说起小广场大喇叭，我想起了去过的士庞村。与西山乡不同，这是一个与水相依相伴的村庄，位于被称为“洱海源头中的源头”的绿玉池畔。走进村子，大青树下的文化广场无疑是最吸引人的地方，一块篮球场上活跃着一群年轻蓬勃的身影，四块乒乓球场也没闲着，对垒与喝彩此起彼伏，广场旁边的文化综合楼里，整齐的图书报刊昭示着这里良好的文化氛围。

士庞村是大理州民族团结示范村，村里同时居住着回族、白族、汉族三种民族，整洁的街道院落体现了回族热爱清洁的美好传统，青瓦白墙，典型的白族风格建筑，每家的大门两侧都用中阿两种文字写着爱国爱教、民族团结等对联。

马主任说：“在我们村，文化广场发挥了大作用，村里没有赌博打麻将的，不抽烟、不喝酒、不赌博，风气非常好，正能量压倒了歪风邪气，村里的大事小事，在广场上一讲，村民都非常配合，就拿治理洱源水源区征地来说，上面来了很好的扶贫政策，对征迁的土地给予补偿，我们村的工作就很好做，大家通情达理，从来不为难政府，这主要得益于长期的文化宣传。一直以来，村里各民族间没有吵过一句嘴，红过一次脸。村里各户有什么事，大家不分什么民族，都会去帮忙。”

文化的熏陶和传承，让士庞村互相帮助的传统得到了发扬光大，富裕户带动贫困户，以互助社的帮扶方式，每户集资5000元，一个月就集资20万元，帮助一户发展一项能脱贫致富的产业，下个月又发展第二户，滚动发展。村民非常守信用，从没有出现违约情况。

在广袤的农村，士庞村的不同之处在于，这里是地处边疆多民族融合的斑斓之地。在这里，民族团结、和谐发展绝不是一句空话，不同习俗的人们一直过着唇齿相依的平静日子。岁月静好，庄稼与村庄，树林与牛羊，河流与水鸟，所有的一切都干干净净、自自然然，这与他们美好的传统有关，与他们共同信仰的和平有关，与他们尊重和敬畏自然有关，他们以顺应自然的方式过好每一天的日子，珍惜土地，勤勉耕种，舍得往土地里下大力，大地在他们日复一日躬耕的劳作与智慧中长出了实实在在的禾苗。那样的身姿是值得永远敬重的。

十三、治贫先治愚，扶贫先扶智

离西山乡政府不远处的里格高民族文化广场是省委宣传部投资230多万元建造起来的，1500多平方米的广场上，矗立的石柱、手法粗犷的浮雕、特色壁画，弥漫着白族的语言和气息。有人在唱着悠扬诙谐的歌，歌声中有饱满的灵魂和宁静的心灵。当然，人们歌唱并不仅仅是因为欢乐和需要表达，很多的时候，为的是赞美生存本身。

里格高是一种独特的白族原始集体舞蹈，仅存于西山乡深山里的白族村落，保留了古代狩猎采集的所有特征，被誉为原始舞蹈的“活化石”。里格高的白族话为“礼格戈”，意思为“俍格人”的舞蹈，在每个重要时刻都会如期举行。深沉的土地和跳荡着热烈的篝火，记录着每一个隆重而快乐的日子。

跺脚，蹉步，跳步，腾跃，转身，回旋，甚至连音乐都不需要了，只有击节相和的特殊节奏，每个动作都无拘无束，粗犷酣畅，充满了生命的张力。太纯粹的生命也许只有摈弃了世俗的外壳，才能完成最彻底的展示。里格高民族文化广场的建成，对这一古老民族文化的传承和保护起到了非常积极的作用。如今，舞蹈的节日和仪式都没有改变，古老的生活方式变成节目被搬上了舞台，我们依然可以从乡村舞者那与土地一致的肌肤，辨认出他们就是昔日这片大地上的舞神。

勤劳豪放的白族是一个歌舞的民族，在漫长的岁月中，歌舞浸透了这个民族的全部生活。对于他们来说，蓝天白云是一首优美的歌，无垠的旷野则是另外一首荒凉的歌。孤独在歌声中一点一点褪去，生命也在歌声中获得了无限的拓展。

那些属于遥远时代的歌声穿过悠悠岁月，弥漫在今天的阳光里。

让真正的文明、文化从这里出发，顺着壁画看下去，犹如看到了黑滤江川流不息的美丽浪花，形象地知道了里格高舞蹈从内容来说有十四种形式：一步擦、二步擦、三步擦、四梅花、五子登科、羊羔吃奶、老鹰展翅、洗衣裳、洗麻线、马相踢等。从动作来说，动物十二属动作都有。婚丧嫁娶、建房树碑、祭祀祈福，人们从四面八方赶来，热烈的舞步，跳荡的篝火，通宵达旦经久不息。

文化惠民，是精准扶贫中的重要举措，文化建设是中国特色社会主义事业的重要方面。习近平总书记指出：“一个国家、一个民族的强盛，总是以文化兴盛为支撑的，中华民族伟大复兴需要以中华文化发展繁荣为条件。”民族民间文化植根群众，特色鲜明，是中华文化的重要组成部分，是培育和弘扬社会主义核心价值观的宝贵财富。

贫困和愚昧往往同生共长，在山地，文化素质偏低是致贫的主要原因之一。有的困难群众知识匮乏，思维局限，连写自己名字都困难，甚至造成贫困的代际传递。小广场大喇叭的推广，在扶贫治愚中起到了很好的作用。从中可以总结出有效的经验，即农村公共文化建设要重视抓基层、打基础、提质量，依托村委会文化站，抓好硬件建设，丰富内容，加强管理和使用，做好服务，着力把文化广场和文化站打造成为群众文化舞台、休闲娱乐平台和宣传教育阵地。不断丰富群众的文化生活，要紧紧围绕老百姓的需求建设基层文化，以文化人、以文育人，真正做到文化乐民、文化育民、文化惠民、文化富民，让文化热在基层、亮在基层、暖在民心。

我们到达里格高民族文化广场的时候，乡里的文艺表演队正在排练，这是一种隆重的无伴奏舞蹈，舞者来自不同的自然村。休息的间隙，一位舞者告诉我，这种舞蹈就是里格高，原本是祭祀祈福的舞蹈，现在更多的功能是自娱自乐。

同我一起观看的村民兴奋地说：“小广场大喇叭真是太有作用

了，原先村里人们晚饭后大都是聊天、打牌看电视，自从有了广场和喇叭，每天晚上都有人集中在广场上跳传统民族舞，活动活动筋骨，交流一下见闻和感情，平日里的矛盾和不开心，在欢乐的调子和舞蹈中不知不觉烟消云散了，人与人之间的关系变得越来越融洽了。只要广播一响，党的惠民政策，对我们老百姓有利的好事情，国家的法律法规，我们在第一时间很快就知道了。”通过小广场大喇叭的宣传形式，政策、法规、宣讲、理论、信息，变得有血有肉，文化惠民、文化乐民、文化育民、文化富民变得生动而具体。

近年来，在省委宣传部的帮扶下，西山乡以弘扬民族优秀文化为龙头，以助推民族特色文化发展为动力，依托传统民族文化，着力引导扶持发展少数民族文化队伍，深入挖掘民族特色文化，激活民间文化产业，促进当地文化、经济的快速发展。

每一个里格高舞步都荡漾出豪情，每一首西山调都唱出了心声，分布在各个山头的5个村级文化活动中心，70支白族文艺表演队，犹如漫山遍野的花朵，正绽放出绚丽的民族文化光彩。

十四、仙女撒歌的地方

核桃、花椒、梅子、梨、苹果、蜂蜜、松子、木耳，云南松、华山松、罗汉松、冷杉、栎、白栗、杜鹃、马缨花、山茶、樟木、水冬瓜、枫、山楂、林间草本植物，种类繁多的野生食用菌和野生药材，虽然西山乡有着极为充足的阳光和雨水，有着形状奇异的山峦和深谷，照当今的旅游术语来讲，完全是一个少有的“世外桃源”，但绝美的风光并没有给这里带来更多的收成和致富产业。相反，由于山高路远，土地贫瘠，那里的生存一直格外艰辛，身体的、生活的，都是实实在在的苦与难，人们的脚步经年在山里移动，吃着山里出产的荞麦、苞谷，喝着从远处背来的泉水，从这座山坡走向那座山坡，为的仅仅是寻找一些稀有的饱暖。

一首古老的西山小调唱出了这里曾经的状况："过山容易过河难，过河如过鬼门关，坐上小船心担忧，死死活活命交天。"因此，我从来不随便赞美乡村，它们总让我想起简陋、粪便，以及无法忍受的贫困和荒凉。

然而，山村依然朴素着、厚道着、容纳和安定着，窘迫与困顿并没有带走人们生存下去的勇气和欲望，即使生活已经到了那样的无可去处，天堂里的阳光依然在大多数人的心灵里时隐时现，歌声和舞蹈依然没有从大地上消失，人们依然在漫游，在憧憬，在期盼，在坚守，在冥想，在晒太阳。每当节日，或仅仅是某个想唱歌想跳舞的夜晚，山地的人们都会把篝火点燃，弹着弦子尽情地唱歌跳舞，所有的身体围着沸腾的篝火一遍遍地咏颂、祈祷、诉说和祈福。然后，再沿着被篝火照亮的夜空，奔向快乐的源泉。

在这些山地，神灵是无处不在的，它们不仅仅存在于火塘、山崖、泉水、草木、飞花，还沿着山转，绕着水走，和所有人的祖先连在一起，和庄稼的生长谷物的收成连在一起。那些浩如烟海的古歌、神话和舞蹈就是这么来的。古歌犹如养分充足的种子，以最原始的方式撒播在灵性高原，每一个季节都可以繁衍出生命的欢歌。

或许，对于生活在窘迫中的人们来说，更需要也更能生长出一些神秘玄奥的臆想和绝望中的力量吧。否则，真难想象，这样的存活，该是怎样的艰难。

也正因为如此，在云南波浪一样延绵的群山中，人们已经习惯把自己的欲望与梦想、幸福与不幸统统交给了各自心中的神灵，为了自己的谷物和牲畜，为了自己的父母、孩子以及自身的温饱和健康，对着天空，对着大地，对着太阳和月亮，对着山神，对着水神，一遍遍地诉说和祈求，一遍遍地赞美和歌颂。他们的心灵需要在另一个星空中飞翔。

拿西山乡来说，白族里格高舞、吹树叶、白族调、打歌、唢呐调、左脚舞、跳锅庄、七字韵对歌等20多种民族歌舞，让这里成为名副其实的“仙女撒歌的地方”。

虽然外面的习俗不可避免地开始渗透到乡村的各个角落，但人们的生活依然坚守着传统的道德体系。朴素、节俭、诚实、互助依然受到广泛的赞誉，人们依然波澜不惊地分享着每一个晴天或雨天，分享着日常生活的喜悦和灾难。

人的生存饱含着从物质到精神两个方面，物质给予了生存的基础，精神则赋予了生存的厚度和广度，两者缺一不可。换言之，物质解决存活的问题，而精神则解决生存质量和质地问题。

如今，小广场大喇叭已在云南的十多个贫困县落地开花并推广，在增强社会主义核心价值观、科技兴农、法律普及、卫生防疫、文化教育等服务“三农”方面发挥了巨大的作用。

以洱源来说，短短两年时间，洱源县全面推进农村小广场大喇叭工程建设，在省委宣传部帮助下建立了111个文化广场。按照统一规划、分步实施、分级负责、量力而行的原则研究制定工作方案，统一了“小广场大喇叭”的“六有”标准：有一块建设面积在400平方米以上青石板铺筑的小广场，每个自然村有一套广播设备，有两盏以上太阳能路灯，有不少于5平方米的宣传栏，有适当的树木绿化，有文化氛围的营造。

在福田，在西山，在洱源，我从一块块文化小广场上看到了古老与现代的结合，智慧与担当的结合，在广阔的农村焕发出蓬勃强大的生命力。

习近平总书记强调“中华文化积淀着中华民族最深沉的精神追求，是中华民族生生不息、发展壮大的丰厚滋养”，正在云南广袤农村不断涌现的“小广场，大喇叭”，对中华民族底气与骨气的塑造，对加强农村基层文化建设和精神文明建设无疑具有巨大而深远的影响。

十五、大山的女儿

漫溢的森林，黛色的山峰。

一片片松林漫过眼前，转眼又换成了杂木林、核桃树、梨树、板栗树。熠熠发光的叶子，各种叫不出名字的野花野草，有着令人震惊的美，任由蜜蜂们餐花饮露，养精蓄锐。

这里是罗松丽的中蜂养殖场，一个大山深处的蜜蜂世界。

我垂着的手随时都可以触碰到路边的花花草草，山洼里跑来跑去的鸡们，翅膀一振，便飞到了树丛上。很多的小鸟，那么快乐，在屋顶，在田垄，在树丛，飞来飞去。

松丽带我们穿过几片林地去看她的养蜂场。在一个背风向阳的坡地上，四十多只木头的蜂箱，不断有蜜蜂飞进飞出。

一直以来，妇女的命运总是牵动着我敏感的神经。人生的平淡之处，常常有不容察觉的惊心动魄。现实中，由于传统的性别文化观念，少数民族妇女的命运显得尤为悲壮。相对而言，她们能够获得的教育、资源、参与公共事务管理与决策的机会非常有限，发展能力因此受到了很大的限制，可以说，农村妇女，尤其是山村妇女的脱贫问题已经成了精准扶贫中一道不容忽视的难题。

松丽家在西山乡建设村委会，童年的时候，松丽家与其他乡亲们一样，一直住在木垛房里过着传统的生活，就连赶个街子都要走到40多千米以外的炼铁乡。一般人当天根本不能往返，大部分人舍不得住旅馆，得在街子上露宿一晚，只有脚力特别好的人，天不亮就出发，半夜返回到家。因此，一年中几乎很少去赶街子。

七岁，松丽终于可以随父母到炼铁乡生活和上学了。出门的时候，天上下着小雨，延绵漫长的山路，雨下得越来越大，湿滑的山路上，补过多次的塑料凉鞋把脚磨得生疼。

奶奶脱下羊皮褂子给松丽披在了身上。

那天，她和奶奶走了整整一天。好多次，她累得都不想再走了，想到可以从此走出大山，可以与父母和哥哥妹妹相聚，她又不吭声了，默默地跟在奶奶身后上路了。

小小的脚上磨出了好几个水泡，天黑的时候，他们终于走到了炼铁乡。当远远看见那时隐时现的灯光时，她高兴得顾不得双脚的剧痛，加快步子朝着灯光跑了起来。

家里有了一部黑白电视机，晚上可以看看电视，每周都可以赶街子，松丽觉得幸福极了。然而，好景不长，九岁的时候，父亲的工作再次调动了，去了更远的地方，松丽不得不回到了山里。也就是那一年，村子里通上了电，夜晚也不再漆黑。

松丽回到村里的小学继续上学。同学们来自大山深处的各个自然村，从一年级就开始住校，每个星期回家里背点粮食，每顿都是自己捡柴做饭，与他们相比，松丽觉得自己真的很幸运，也就是在那一刻，松丽暗暗下定决心，要好好读书，一定要离开大山，去大城市生活，给母亲和兄妹们创造美好的生活，他们已经在山里艰难地生活了太久，不能再这样贫困下去了。

松丽一家三兄妹，初中二年级那一年，一场重病带走了父亲，生计靠母亲一个人艰难地维持着，松丽的哥哥不得不辍学帮母亲分担养家的担子。

苦难让松丽变得早熟而坚强，上学之余，她尽可能多地帮母亲分担家务和农活。烧火做饭，找柴找猪饲料，锄地，播种，收获，她几乎忘了自己还只是一个孩子，心里只有一股营营求生的力量。

贫穷会慢慢扼制人对生存的向往，但并不能让所有的心灵屈服。

2010年，松丽从云南农业大学电子商务专业毕业了，拿到大学毕业证书的那一刻，她想，自己终于可以走向更远的地方了。毕业后的松丽留在了昆明，进入一家电子商务企业工作，开始为梦想打拼。

在她奔向山外大世界的时候，家乡却悄然改变着，每一次回家，她都能感受到明显的变化，后来变化越来越快，她看到了机会，想到了创业。

当这个想法还处于酝酿阶段的时候，灾难再次毫无征兆地降临在这个家庭里。2013年，松丽正在上大学的妹妹被查出患上了白血病，在全家一筹莫展之际，是政府、家乡、社会各界爱心人士的援助之手，把这个正值花季的白族女孩从死神口里夺了回来。

从那时起，与妹妹一起经历了生死磨砺的松丽变了，变得不再留恋城市了。平日里，她想得最多的事情，就是如何感恩和回报家乡。在她看来，自己的脚步虽然越迈越远了，但每个脚印的背后，无不凝聚着父老乡亲的关爱和期望，贫困的家乡需要的正是自己这种有知识有文化的人才。

想到家乡，她不由得越发思念母亲。自打记事起，母亲一直没有停止过操劳，子女们一个个羽毛渐丰，小鸟一样起飞了，她却默默地老去了。多少个夜晚，一想到远在大山深处的母亲，松丽的眼泪便会不由自主地涌出眼眶。

2014年，她毅然决定辞去昆明的工作回到家乡西山创业。她说："我从小生活在贫困高寒山区西山，深知西山多年来受条件制约，我的经历、我的家庭和很多西山人类似。我要努力做一个有用的人，带一帮有用的团队，回家乡做一份有用的事业，让外界认识西山、走进西山、帮助西山人民致富。"

松丽是一个善于思考并勤于行动的人，穿透生活坚硬的外壳再回到事物本身，于是，她选择回到质朴、自然、本初状态的家乡西山，让自己的命运与山乡的命运紧紧联系在一起，并从中来考量生命的意义。她在一篇日记里写道："过去、现在、未来，一代代人走出西山又回到西山，为了看清楚、听明白内心深处的颤抖。而我们所走的每一段路都是真实的，它们必将在以后长久琐碎的生活里，像嵌在体内的金子一样，某一刻突然发起光来……”

我的感动由此产生，感恩是一种力量，更是一种品质，而这样的品质，让松丽真正成为大山的女儿。

创业的过程并不容易，甚至可以说非常艰辛，首先必须面对的是资金问题。

松丽的母亲是建档立卡户，家底自不用说，松丽虽然在外面打拼了几年，除了自己的开销和补贴家用外，也没有攒下多少积蓄。创业在坚硬的现实面前陷入了举步维艰的境地，照松丽自己的话说，“除了理想和热情，什么也没有。”

转机来自2016年的国家精准扶贫政策，松丽作为回乡创业的大学生，得到了10万两年政府贴息创业贷款，同年10月又获得2万元产业扶持资金。她和两个小伙伴注册了洱源县耘之山养殖专业合作社，她把创业初心写进了合作社章程：基于西山得天独厚的自然条件，带动家乡父老发展蜜蜂养殖产业。以“公司+基地+农户+标准化”模式，创造一条绿色产业发展之路，搭建互联网营销平台，帮助贫困农户销售自产农副产品。通过互联网的力量，把西山上原生优质的土山货送到山外，帮扶到西山的贫困农户们。

在合作社的基础上，松丽和伙伴建立了西山有史以来的第一个中蜂养殖基地，引进生态蜜源植物及其栽培技术，引进中蜂科学养殖和管理技术，为合作农户提供专业技术指导和蜂蜜产品推广营销，开发的“耘之山”牌蜂蜜，全部实施国家绿色、有机食品生产技术标准，真正达到无污染、安全、营养、绿色、有机的优质蜂蜜，耘之山养殖专业合作社从此不再是一个空壳。

2016年，合作社再上新台阶，走上了互联网营销的道路，再次开了西山乡互联网运营销售的先河，并与56户农户结成合作伙伴。

2017年，合作社筹备建设“西山高原特色产品馆”，希望基于耘之山新农人联盟，带动农户发展标准化的示范基地建设，以西山高原特色产品馆的运营为整体窗口，以西山高原特色产品电商化为目标，在政府的指导下实现西山农业的标准化、数据化、市场化、工业化。从这份规划中我们可以看出，松丽已经把发展的眼光投向了更远的地方。

朝阳在她脸上投下了一抹明亮，她满怀信心地看着生机勃勃的蜂箱：“我们力争两年时间达到2000箱以上养殖规模，并带动200户以上农户共同发展、壮大西山乡蜜蜂养殖产业。这样稳步发展下去，每家农户一年增收1万元至2万元完全不是问题。”

当平静而自信地说出这番话时，她那张未经施脂粉的脸，是那么干净好看，细长的眼睛里汪满了静静笑容。我被松丽的纯净感染着，很久没有看见这样自然而然的女子了，她的美是那种干净清澈的美，是感恩之心与勤奋努力焕发出来的心灵之美。

十六、水源之殇

我一直愿意相信，被誉为洱海的“双肾”清冽的东湖、西湖，千百年来一直保持着健康强盛的功能，但现实不是这样，理想主义的手札很容易就为时间的碎片所击伤。

20世纪90年代，洱源两湖流域区域，伴随着经济的发展和人口的剧增，洱海的“双肾”逐渐失去了以往清澈秀丽的容颜。这种恶化的结果，很快在洱海显现出来。弓鱼曾经是洱海著名的珍贵土著鱼类，1996年，洱海全湖大面积蓝藻暴发，水生生物大量死亡，弓鱼从此绝迹。此后，蓝藻时有爆发，十年后的2017年1月，洱海再次暴发了蓝藻。

在洱源，每一个站在湖边的人都看得出来，他们赖以生存、引以为豪的两湖已经成了一片黑暗的水面。人们悲哀地发现，掬一捧干净的湖水到唇边尽情享用，这么一个湖边人家每天都会重复的动作，如今已经成了一种久远的记忆。

忧伤茫然的面孔，紧张、愤慨、无奈，脉搏的悸动，在经济发展和保护生态之间，该做出怎样的选择和取舍？人们不得不承认，千百年来人与自然之间唇齿相依的关系，从来没有当下如此扭曲。

洱源县历来是农业种植和畜禽养殖大县，化肥中的富裕化合物和畜禽粪随着雨水的自然循环进入众多的湖泊河流之中，加上农村生活和农业生产等方面，排放的污染量要占到洱海污染总负荷量的70%左右，严重威胁到洱海的水质。数据显示：在造成洱海面源污染的主要污染物中，牲畜粪便约占四成，农田径流约占四成，农村污水约占两成。

2016年8月28日，中央电视台《焦点访谈》报道了大理洱海水源地龙王庙箐出现毁坏林地采石场，“大理又上电视了！”一石激起千层浪，这座美丽的高原湖泊遭到污染的消息，不仅震惊了大理，震惊了云南，更震惊的全国!

洱海的污染，再次把作为源头的洱源推向了风口浪尖。西湖作为著名的国家湿地公园，污染问题尤为引人注目。

什么是湿地?

《湿地公约》对湿地的定义是，天然或人工、长久或暂时性的沼泽地、泥炭地或水域地带、静止或流动、淡水、半咸水、咸水体，包括低潮时水深不超过6米的水域，特点是其表面常年或经常覆盖着水或充满了水，介于陆地和水体之间的过渡带。

湿地被誉为“生命的摇篮”“地球之肾”和“鸟类的乐园”，不仅有着强大的净化功能，同时也是地球上生物多样性最丰富的自然生态系统之一，说湿地是“物种基因库”一点也不为过。全球40%以上的物种生活在淡水湿地中，如果俯瞰我们这颗蓝色的美丽星球就会发现，湿地覆盖地球表面仅6%，却为地球上20%的已知物种提供了生存环境。也正是因为这样的原因，湿地也给人类和陆地上的其他动物提供了源源不断的物质能源。

联合国环境署的权威研究数据显示，1公顷湿地生态系统每年创造的价值高达1.4万美元，是热带雨林的7倍，是农田生态系统的160倍。以中国来说，3620万公顷自然湿地中，生存着高等植物2276种、兽类31种、鸟类271种、爬行类122种、两栖类300种、鱼类1000多种，同时湿地还是碳封存的容器，固封了1/3陆地的碳。因此，如果湿地退化消失，必将给地球和人类带来无可挽回的灾难性的后果。

美国海洋生物学家蕾切尔·卡逊在经过四年的调查积累后，于1962年出版了著名的《寂静的春天》，以文学的方式生动描述了由于杀虫剂、除草剂等农药过度使用而造成的生态灾难。

然而，发展的需求总会将灾难的警示远远抛在后面，农药成为作物生长和丰产必备的法宝。有专家认为，“如果停止使用农药，水果将减产78%，蔬菜将减产54%，谷物将减产32%”。以云南欠发达地区来说，发展与环保之间的平衡尤为尖锐和艰难。

人口的剧增，使土地与人口的矛盾愈演愈烈。基础设施建设、围湖造田、水体富营养化、农业面源污染成了湿地恶化的主要元凶。随着污染加剧，脆弱的生态又给生存空间带来了超负荷的压力。

如果把眼光投得更远一些，世界范围内的湿地都面临严重威胁。伊拉克，90%的湿地已经被破坏；美国，南佛罗里达湿地破坏严重；德国，57%的湿地已经丧失；坦桑尼亚，湿地减少50%以上。中国也未能幸免，内蒙古自治区科尔沁湿地已经消失，四川若尔盖湿地面积减少了38.9%，洞庭湖湿地显著退化，玛曲湿地数千泉眼消失。触目惊心的例子比比皆是。

人如果被自己生存的环境抛弃，那是真正的抛弃。我相信，大自然一定掌握着一种生态理念，一种生存中必须守住的东西。

回到洱源来说，资料显示，西湖水质类别符合四类，即适用于一般工业用水区及人体非直接接触的娱乐用水区，未达到水环境功能要求，超标严重的前三项为总氮、总磷、高锰酸盐指数。

与西湖一河之隔的东湖同样未能幸免，东湖原是一片水乡泽国，几十个大大小小的清澈水塘组成了湖面，湖中有村，村中有水，村水相通，扁舟相连。20世纪70年代，一场轰轰烈烈围湖造田运动很快就改变了东湖千年的清澈湖面，水域面积在很短的时间内一再缩小。尤其是近年来，农药、化肥、残留物流入东湖，养鱼、围湖建房等现象时有发生，东湖湿地不断遭到侵害，水质净化作用减退，东湖生态环境日趋恶化。发黑的水体上，不时漂浮着水族们肿胀的尸身，水质恶化，连千百年来生活在其中的水族也不能幸免。大自然，以惨烈的方式向人类敲响了警钟。

十七、洱源净，洱海清

2015年1月20日，习近平总书记在考察云南时强调："经济要发展，但不能以破坏生态环境为代价。生态环境保护是一个长期任务，要久久为功。一定要把洱海保护好，让'苍山不墨千秋画，洱海无弦万古琴'的自然美景永驻人间。"要求云南把生态环境保护放在更加突出的位置，成为生态文明建设排头兵。

习总书记在洱海边和当地干部合影后说："立此存照，过几年再来，希望水更干净清澈。"

洱源县牢记习总书记的嘱托，源头治理，重在落实和强化措施。"十二五"期间，洱源县共实施21个水污染综合防治项目，完成投资6.26亿元。2016年实施的洱海保护治理"六大工程"完成投资2.4亿元，占"十二五"总投资数的38%。建成5个集镇污水处理厂、50个村落污水处理系统、1720个农户污水处理设施、122000米雨污管网、13座畜禽粪便收集站、3座有机肥料加工厂、6座垃圾中转站和县城生活垃圾处理场。已建和在建湿地面积达约1094.53公顷，治理主要入湖河道12.4千米，关停11个非煤矿山和55个洗砂打砂场，封堵排污口789

处，查处环境违法案件99起，县内重点区域实现全面“禁白”。

2015年4月，洱源被环保部列为首批全国生态保护与建设示范区。

其实，治理两湖生态环境的行动早在2008年就已经开始，在随后的几年中，国家先后投入5.47亿元资金用于洱海源头生态环境和水质进行工程治理。2012年11月，东湖湿地恢复工程正式拉开帷幕，几经努力，至2015年，洱源恢复湿地466.67多公顷。

此后，洱源一直坚持实施洱海流域保护网格化管理责任制，开展集镇村庄、河流湖泊、田间地头环境综合整治，将洱海保护治理责任分解到上游河流流经的63个村委会421个村民小组，25条重点河流。

探索一条更为高效务实的治理之道，以扎扎实实的行动，迎来洱海美好的明天，成为洱源上下的共识。就连普通的村民也开始意识到，牺牲眼前的利益，是为了子孙后代的利益，是为了人类更长久的利益。

保护洱海水源逐渐成为村民们的自觉行动，自发清理水葫芦、生活垃圾成为村民们日常生活中的一项重要内容。学校编制了环保教材，开设了每周两节的环保课，带领孩子们沿湖打捞垃圾，让孩子们从小就懂得珍惜环境、敬畏自然。学以致用，越来越多的“环保小卫士”加入到保护水源的行动中来。村民自发清理垃圾清洁河道的情景随处可见。

我相信，这是一种源自心底的力量，以前所未有的信心和努力，给环保带来持久的希望。

十八、绿玉池

绿玉池被称为“洱海源头中的源头”，约14公顷的水面，湖畔有团结、绿玉池、士庞三个村庄。

绿玉池的水源来自覆钟山梅园的泉水，是西湖的发源地，也是洱海的主要水源之一。在《士庞村志》上，我看到了当地关于绿玉池的美丽传说。古时候，有一个狠心的财主，雇了一个长工，让长工成年累月割草。本分的长工一年四季都能割到鲜嫩的青草，且牛肥马壮。财主很是奇怪，悄悄尾随长工，想一探究竟。财主发现有一块肥美的草地，中间有一株碧绿的玉白菜，贪婪的财主拔起了玉白菜。突然一股泉水喷涌而出，淹死了财主，形成了绿玉池。

这其实是一个有关水的文化隐喻，包含着深厚的民族精神和民族感情。心理学家荣格说过：“一个用原始意象说话的人，是在同时用千万个人的声音说话。他把我们个人的命运转变为人类的命运，他在我们身上唤醒那些仁慈的力量。正是这些力量，保证了人类能够随时摆脱危难，度过漫漫的长夜。”

为了切实把这个“源中之源”保护好，洱源县全面建立“农户交费、政府补助、袋装收集、及时清运”的新型农村垃圾管理模式，集中收集处理生活垃圾。实施村落污水收集与处理工程，对村内生活污水进行收集和处理，从源头上减少污染物。

在绿玉池周边推行无公害农产品生产基地，在农业生产中实现生态种植，使用有机肥，减少农药、化肥的使用，减少面源污染。开展

“三清洁”活动，加强对周边农户进行环境保护宣传，加大环境综合治理力度，加大对绿玉池内的环境违法行为进行查处，同时对湖滨缓冲带进行建设，恢复植物多样性，朝着“面清、岸洁、水绿、水道畅通”的目标迈进。

经过政府和团结村上下一心的治理之后，如今的绿玉池自然湿地生态环境得到保护，成为众多湿生植物、水生植物的适宜生长区。同时也为栖息生物、鱼类、鸟类提供重要的栖息地和繁殖场所。村民都说，水鸟多了，水更清了，环境更美了，大家也多了一个休闲娱乐的好去处。

十九、一辈子的守望

洱源是著名的大蒜之乡，环绕西湖一周，正值大蒜播种期，村民正在地里施撒农家肥，这些肥料由湖里的水草制成，以湖养田既是传统的农耕方法，也是保护西湖水源的措施之一。

在弥苴河边，我遇到了正在巡湖的村民护河队队长马亮超。68岁的马亮超一眼看上去健硕而硬朗。经年的风吹日晒，使他黝黑的面部如同棱角分明的雕塑。10月的洱源阳光依然十分强烈，有风一阵阵吹来，马亮超穿着环保队标志性的橘红色马褂，如同东湖边一面醒目的旗帜。

我默默地站在他的身边，听着他动情的言说，顺着他的手势，我看到了水面一行正在起飞的白鹭。黛色依然是西湖的主要色调，与岸边的各种绿色融合在一起，构成了一场视觉的盛宴。

马亮超是回族，家住右所镇的团结村委会，全村6180人中，回族占到了总人口的70%。浩渺的水面，不仅养育了马亮超，也养育着洱源大地上所有的生命。从小听着西湖的波涛长大，西湖水质的恶化让他心痛万分。他说：“小时候，西湖的水我们随便提上来做饭吃，烧水喝，我们是靠西湖的滋养长大的。后来，西湖病了，我能不着急么？让西湖的水质恢复原来的样子，是我们每个洱源人的愿望，再苦再累也是值得的。”

在马亮超眼里，西湖是有生命的，就像人体血液的循环，血管阻塞了，肯定要生病的。

他总是说：“江、湖、河、海的水就跟人一样，如果循环被阻断了，就要得病，就要死亡。现在我们保洁员就是这些水道的循环员，必须要让水道保持通畅，让水活起来。如果蓝藻爆发就不得了，治理蓝藻，就连国际上都是个大难题，何况我们这些欠发达的地区。”

巡湖环保队成立于2003年，那一年，马亮超已经55岁了，儿女生意做得风生水起，家境不错，儿孙绕膝，到了颐养天年的年龄。但马亮超却做出了一个让家人难以接受的决定：成立农民护湖环保队，自愿承担起两湖河道保洁员的工作，每天扛着锄头，提着垃圾篓，沿着弥苴河两岸巡河，捡拾垃圾，疏通河道。

早在前几年，马亮超就已经开始做着河道义务保洁员，每天都提着垃圾筐沿着弥苴河和西湖捡拾垃圾。随着河道污染的加剧和村民环保意识的淡薄，马亮超意识到，仅仅自己干是远远不够的，必须发动群众一起来保护自己的母亲湖，成立护河环保队的想法从脑海里冒了出来。

孝顺的女儿为他担心："阿爸，您辛苦了一辈子，现在咱家条件好了，您也该歇歇了。就算您为了西湖，要当个捡垃圾的老头，您尽自己的力量干干也就行了。保护水源的事我们也晓得重要，也不拦着您，干一天是一天，有多大精力就干多大事情。毕竟，您已经不年轻了。可您自己干不说，还要成立什么护河队，您想过没有，您管得过来么？都是邻里乡亲的，你好意思动真格管么？再说了，没有工资白干，除了您，谁会愿意呢？"

女儿的担心并没有让马亮超停了下来，他被西湖的污染牵动着，索性出门去找两位平日里与自己一样热心环保的老友。

他敞开心扉，把自己的想法对两位老友说了出来，如他所愿，三人一拍即合。护河环保队在没有一分钱工资的情况下，他们相互鼓励着，开始了每日固定的巡河巡湖。

提起当初的举动，他说："我就是想为子孙后代干点好事，做出一个榜样，为环保付出代价是应该的。干保洁员就是要不怕苦、不怕累，更不怕得罪人，我们早已做好了准备。"

常年的坚持终于引起了镇里的重视，也迎来了人们的尊重，2005年环保队终于从义务走上了正式，保洁员也从5人发展到了16人。时光在波澜不惊中流逝，马亮超与保洁员们日复一日地清理着枯死的芦苇，打捞水里的漂浮物，教育说服落后的群众，一起参与政府主导的保护洱海源头的行动。

要把保洁员当好，其实非常不容易。

说起困难，马亮超沉默了一会儿说："我们几个保洁员面临很大的困难，上面一句话，我们要用行动，用脚步，一点一滴去落实。水草、垃圾，每天都要清理。就拿水草来说，由于大量使用化肥，水体严重富营养化，比以前长得快多了，加上春夏两季气温高，该长不该长的都一天一个样，疯狂长了起来。有一年，芦苇大量死亡，如果不把水体清理出来，就会造成严重污染。镇长急得同我们一起，没日没夜地挥刀砍割芦苇，我们保洁员全体出动，每天清理十多车芦苇，几十吨的重量。回到家里，我累得连端起杯子喝水的力气都没有了。”

其实，最让马亮超和保洁员们难过的是部分群众的不理解。

这天是马超亮六十八岁的生日，小女儿从城里清真糕点店为他买回了一个大蛋糕，马亮超见状不解地说：“我们不是说好不过生日的么？”

女儿看着黑瘦的父亲，有些心疼地说：“过生日，一家人凑在一起，图个热闹，图个喜气洋洋。再说了，十几年来，您都是从早忙到黑的，早应该停下来歇一歇了。”

马亮超有些无奈地对小女儿说：“原来，你也要像你妈一样，要我不干这个环保队长了。”

女儿说：“阿爸，是的，给您过生日，是要给您提个醒，您已经是六十八岁的人了，就算是国家公务员，您也早超过了退休年龄了。”

马亮超说：“你说的这些我都懂，可是，我已经像陀螺一般，围绕西湖转了十多年，咋个可能说停就停下来呢？只要有一天，我看不到西湖的那些摇荡的芦苇，听不到湖里野鸭和紫水鸡的叫声，就浑身不舒服。”

女儿说：“阿爸，您不替自己着想，也要为家里人想想吧。特别是我妈，您在西湖边带着人转，见到了那些捞鱼摸虾的，乱倒垃圾的，您就虎着一块脸，教训人家，说来他们不都是附近村子里的人嘛。三天两头总会遇上的，人家就是错了，您把鱼虾放回湖里去也就得了，哪里还犯得上又收渔网又罚款的，搞得家里人都替您背一身骂名。”

马亮超有些生气地说：“到了封湖季节，有人就是不听，躲到芦苇丛中偷偷下网，或者站在暗处用麻电机来触鱼，麻电机对小鱼小虾伤害最大，探头一伸到水里，附近的鱼虾马上就翻肚皮了。你说这样的事难道能不管吗？要是见到了，你也睁只眼闭只眼，有人就敢把死牛烂马丢到湖里去。”

女儿见马亮超越说越激动，只好换了个说法：“阿爸，再说了，您只是一个带着二十多个人的环保小队长，不是渔政处的，您管好自己队里的事不就行了吗，手怎么伸得这样长。”

这时候，马亮超的老伴走了出来，对女儿说：“你别管你爸了，他以为有人给他一顶草帽，就可以当锅盖了，到处拿来用。一个队长在你爸的眼里，比省长还要大。”

马亮超一听，忍不住笑了起来：“你妈呀，一直以为我看中的是队长这个位置，她就是不知道，人一辈子总要为大家做点什么。也就是人走了，留下点值得让人怀念的东西。你们以后也不要再提这个话题了，看到西湖的水一天比一天清澈，我马亮超就知足了。”

女儿见马亮超铁了心思要继续在环保队干下去，不免担心：“阿爸，现在这个社会，虽然比以前好多了，可是，我担心那些被你管过的人朝你下黑手。”

马亮超说："这个你们放心，就是有人要这样做，我马亮超也不是豆腐做的。"

马亮超生日的第二天，就遇到了一件麻烦事，县城决定要修一条环湖大道。这样一来，不但改善了环湖沿岸的交通条件，还可以为慕名而来的游客增加一些景点，村子里一个农妇原来都做好工作了，环湖路要占着她家的1.2亩地。可是，这天挖掘机开来的时候，她却一头子钻到了下面躺着，死活不肯出来，又哭又闹的，并且扬言，要从这里通过，除非从我身上碾过！挖机只好停下来，看着围观的人越来越多，农妇拿准了，只要她不起来，挖机绝对不敢从她身上开过去。

几位保洁员又气又急，想把她从挖机轮子底下拉出来。谁知农妇趁势要起了泼，把三位队员的手都咬伤了，还扬言要把丈夫叫来一起理论。

吵闹声惊动了巡湖的马亮超，他立马走了过去，低头一看，是熟人。

马亮超劝导说："大妹子，你出来吧，这样做对大家都没有好处。我们也是老百姓，也知道老百姓有老百姓的难处。有话出来好好说。"

挖掘机下的农妇说："马亮超，这个事你就不要管了，这里还轮不到你来说话，要说也是领导的事。"

马亮超一听，倔脾气上来了。

他说："大妹子，今天这个事我马亮超就算管到底了。没有文化不可怕，可怕的是法盲！你男人如果打伤了我们保洁员因此犯了法，被拘留，少了15天是出不来的，你不懂法不但害了自己，还把男人也害了。这种事你绝对搞不得啊。”

见农妇暂时不吭气了，马亮超进一步开导说：“你要支持政府的工作，要支持集体的工作，要看到远景。举个例子来说，你的1.2亩地原来值10万元，路通了以后增值了，至少要值100万元，卖冷水都要找钱。我们右所是生态文明旅游镇，路修好了，环境变美了，外面的人来旅游，我们才有收入。”

农妇说：“我今天就要看你马亮超怎么管，这个大路又没占着你家的地，你当然站着说话腰不酸了。你当个环保小队长还拿着国家的工资，我家可是地地道道的农民，生计全靠土地。”

马亮超耐心地给农妇解释：“国家不是给过补偿费了嘛，人不可贪心。”

提到补偿款，农妇更来气了：“就那么一点钱就想把我们打发掉，咋个可能？土地是我们的命根，这个你又不是不知道，少了一公顷，就永远少了一份收入，而补的那点钱，花完就再也没有了！除非钱会下仔，但可能么？”

围观的群众虽然觉得农妇做得过分，但也有人担心：“是呀，土地少了，再也补不回来，这事摊到哪家都不好办。”

在车底下躺了一会儿，农妇叹了一口气说：“你是吃着环保员工资的，我们吃不着，没有办法，只能多要一点是一点了！”

马亮超说：“靠近路边的地很快就要升值了，我们都羡慕你呀。你却还只看见我们这点工资。”

农妇说：“工资再少也是细水长流，有总比没有好！”

其实农妇不了解，保洁员是没有工资的，几乎完全是尽义务。近几年每月有50元的电话费补贴。从2014年开始，每月才有了400元的补贴，就是环保员身上穿的环保马褂，也是去年才发给每个队员的。

马亮超也来了气：“大妹子，你最好还是出来。”

农妇说：“今天我就不出来，你要咋个整？”

局面一时僵持着。

马亮超见农妇不为所动，便换了个语气说：“你不出来，我是担心，那个挖掘机，突然砸下来把你给压瘪了。”

农妇轻蔑地说：“它敢？”

马亮超说：“连人都不听话，何况机械。要是再不出来我就要动手了，大家都看好了，我马亮超做事从来光明磊落，没有打也没有骂，只是把她请出来。”

说完，马亮超弯下腰，把她从挖掘机下抱了出来。

农妇还想往下钻，被马亮超拉住了：“大妹子呀，做人要讲道理，你今天是在这里演戏吗？就是演出也要做个好角色呀，把路修通了政府为的也是大家，修通了路，还要把污水管道修好。这样一来，西湖就可以彻底变个样了。用官话说，为的是碧水蓝天；用我们老百姓的话说，为的是子孙万代。难道我们要把一潭臭气熏天的污水，交到他们的手里？你怎么越活越糊涂了呢，要是我们把西湖彻底治理好了，来这里的游客就多起来，你就是在家门口摆个摊卖凉水也要富起来的，你是知道的，我们右所街上从来就有卖凉水的传统。”

农妇将信将疑：“咋可能有这样的好事？”

马亮超：“我会哄你吗？远的不说，你可以到西湖边上去看看，环保做好了，湖里的紫水鸡一天天多了起来，原来只有几百只，现在都上千只了。有时人在前面挖地，那些紫水鸡就像家鸡一样跟在后面。每天仅旅游观光看紫水鸡的人，就有2000多人。东湖就不用说了，你自己也看见了，万公顷荷花开的时候，哪天不是游人如织呢？”

马亮超说得有头有理，这个农妇便不再吭声。

那个从春天开始的巡湖脚步一走就是13年。环保队的道路充满了艰辛，有的人吃不了苦离开了，也不断地有新人补充进来。所幸的是，最初走在一起的几位环保义士始终紧紧地站在一起。在他们看来，再难也要走下去，因为这是一条应该走的路，必须走的路。

对于马亮超和保洁员来说，13年的时间艰难而美好。日复一日，他们平均每三个月就走坏一双鞋子，路上有几个坑、湖边有几棵树都清清楚楚。

2016年，环保队由当初的几个人发展到了27个人，其中大部分是青壮年，每人每月得到400元的补贴。尽管如此，一天的补贴还买不到一公斤牛肉。可是大家都没有怨言，在他们心里都有一杆秤，一方担着公益，一方担着物质，无一例外，秤砣的中心总是偏向公益。

以马亮超来说，年轻时候就是个头脑灵活的人，17岁就开始做买牛卖牛的生意，每年都有几万元的收入，日子过得有滋有味。但自从干上环保以后，他彻底把生意抛在了脑后，他说：“我已经不习惯做生意了，连上商场都有些不习惯了。”

然而，并不是所有保洁员都衣食无忧，他们中的大部分人甚至可以说生活依然是捉襟见肘的。

说起队员们的情况，马亮超也很难过：“我们干了十多年的环保员，有的队员提出，政府能不能给我们买一份社保呢？镇上回答，现在政策还没有挂钩，这个情况我们会考虑的。”

2016年，马亮超和队员们终于得到了一份镇上为他们卖的人寿保险。

当问起对环保与发展的看法，马亮超沉思了一会儿说，“洱源贫困了太久，不发展不行了。但为了子孙后代，为了还洱海一个碧水蓝天，个人付出是应该的，值得的。”

洱源的环保之路越走越宽，马亮超逢人就讲环境变好带给人的影响，他诙谐地说：“我就是两湖的宣传部长，两湖的环境越来越朝着好的方向发展，举个例子说：以前村民都是在湖里洗衣服的，垃圾也随便往湖边倒。现在，垃圾有了专门的清运车搜集处理，从水质来说，消失多年的弓鱼又出现了，这种珍贵鱼类是水质的晴雨表，水质不好是绝对不可能活下去的。这些翻天覆地的变化，就是应该大力宣传。”

在马亮超眼里，环保队不仅是先锋队，更是宣传队，他说：“宣传的力量是巨大的，可以带动更多的人参与环保，爱护环境。单凭我们几个人毕竟能力有限，是远远不够的。如果全社会都重视环保，参与环保，我们的明天会更加美好。”

马亮超的话，让我看到了一条充满生机的环保之路，沃土之上，环保的种子已经开始生根发芽，那是孕育春天的福祉和希望。

二十、洱海之源

洱源，顾名思义，即洱海的源头，事实也确实如此，境内的海西海、茈碧湖、西湖、东湖、绿玉池五个湖泊，弥茨河、凤羽河、海尾河、弥苴河、罗时江、永安江六条河流，地跨洱海、澜沧江、金沙江三个流域，560条大小支流，径流总量达7亿立方米，占到了洱海平均径流量的70%。

从生态的角度说，隔弥苴河遥相对望的西湖和东湖被誉为洱海的“双肾”，不仅提供着约2/3的洱海入湖总水量，而且对洱海水质有着重要净化作用。

循着环保的轨迹，我在一个澄明的早晨抵达了西湖。

这是一个草木繁盛的地方，森林和植被环绕着周边，村庄阡陌，湖心几块大大小小的湿地，是鸟儿们的乐园。

弥漫的绿，毛茸茸的暖，都指向了人内心里那片最柔软的地方。极目之处，尽是明亮的水色天光，天人合一，淡远融洽。深苔绿，静默咖，穗芽绿，青岩灰，能够邂逅那么多的绿色，我想，我是奢侈的。

庆幸自己能够拥抱西湖的宁静和秀美，庆幸自己能够在这样一个安静的清晨，捧出心底的快乐和温暖，给自己、给他人。

岸边褐色的土壤，弥苴河水，金色的秋天，果实们爬满枝头，美好而快乐。大片的庄稼地，荡漾的绿色令人眼花缭乱。

我把手伸进清冽的湖水里，岸边芦苇摇荡，觉得自己似乎变成了一条在水里摇曳的鱼儿，心里充盈着洁净的气息。湖里的水顺着河道流向几十千米以外的洱海，河流两岸，集镇、人流、车流、庄稼、土地，山冈，在时间中迎来了一场又一场惊心动魄的嬗变。

西湖位于苍山十九峰之一的云弄峰北麓，右所镇境内，属于断陷湖泊，湖面南北长约3千米，东西宽约2.5千米，湖岸线全长13千米，其中湿地面积352.7公顷。

2009年12月23日，国家林业局批准西湖开展国家湿地公园试点建设工作，成为云南省第二个国家湿地公园。也就是在这一年，紫水鸡首次在这里被发现。2010年，洱源被授予首批国家绿色能源示范县称号。

2015年4月，被列为首批全生态保护与建设示范区。同年8月，洱源县被列为云南省12个首批脱贫摘帽县之一，其中，生态扶贫在这里显示出了不同寻常的意义。

2015年12月，通过国家验收成为正式国家湿地公园。

西湖的水穿越地下溶洞而来，深邃清幽，经久不息。

村庄，农田，湖滨沼泽湿地，湖泊水面，岛屿村庄，如水墨点染，碧水蓝天，交相辉映，美丽而宁静。紫水鸡、虎纹蛙、大壁虎，灰雁、凤头鹰、白尾鹞、燕隼，大眼鲤、灰裂腹鱼、大理裂腹鱼，野菱、海菜花、芦苇，这里是一片生机勃勃的珍稀动植物王国。

我看见了世界上最美丽的高原湖泊。西湖的美，是那种另类的美，妩媚、大气、粗犷。阳光欢喜着，湖水充盈，白云朵朵，几只白鹭的影子一动不动地叠印在水里。在西湖，我度过一整天松弛散漫的时光。

在众多的栖息越冬鸟类中，最引人瞩目的当属紫水鸡，西湖是中国最大的紫水鸡种群分布栖息地。

紫水鸡属世界级濒危鸟类，属于鹤形目秧鸡科的鸟类，被誉为“世界上最美丽的水鸟”。在中国，由于生存环境的恶化，紫水鸡消失得无影无踪，曾一度被认为已经灭绝，以至于濒危鸟类目录中都没记载。

蓝紫色的羽毛，红唇、红腿，这些美丽的精灵们一天中大部分时间隐蔽在芦苇湿地草丛之中，清晨和黄昏才出来觅食，随着周边环境越来越好，紫水鸡的胆子也越来越大，即使是白天也悠然于水面。

关于紫水鸡的身世，在过往的时光中，只有西湖能够说得清它们之间的秘密，我们所能知道的是，在白族人眼里，紫水鸡是西湖的吉祥鸟，紫水鸡的出现，让人们欣喜地看见了西湖曾经远去的生机。

在西湖，湿地与湖水连成一片，5平方千米的水面，有7个小岛，6个小村。张家登、清水塘、东登、中登、南登、海塘，900多户4000多人，青山环翠，舟楫往来，村里的垃圾由专门的车辆搜集外运。

这些村庄崇尚白族的本主文化，每年农历七月初一，都要在西湖隆重举行当地白族特色的水上火把节。妇女们染红指甲，以表示对本主白洁夫人的纪念与崇敬。

关于白洁夫人，有一个凄婉的故事，唐王朝的南诏时期，势力最强大的蒙舍诏为吞并其他的五诏，强占美貌贤淑的邓赕诏王妃白洁夫人，设计谋害了邓赕诏王。噩耗传来，刚烈的白洁夫人当即带兵骑马，点着火把，星夜直抵丈夫遇害之地。纤纤十指，鲜血淋漓，终于用双手将戴有铁钏的丈夫遗体挖了出来，在弹尽粮绝之际，跳入西湖随夫而去。

白族人民为纪念白洁夫人，在西湖边为她修庙奉为本主祭祀。祭祀的内容中很大一部分是祭海，表达对水的崇敬和朴素的生态观。

可以说，西湖是白族文化的荟萃之地。

就连徐霞客面对美丽的西湖，也禁不住写下了这样的诗句："汀港相间，曲折成趣，深处则旷然展镜，夹处则窅然罨画，翛翛然有江南风景而外有四山环翠，觉西子湖又反出其下也。"

有些地方是会反反复复去的，比如与西湖相邻的东湖。

东湖位于洱源县右所乡的东部，是著名的高原荷花之乡，湖水经弥苴河流入洱海。

一直喜欢莲花。拂去时光中的烟尘，淡妆素裹，浅笑嫣然，走过很多地方，莲池荷塘是我真正喜欢驻足的地方。在东湖，十里荷乡，万朵荷花竞相绽放。我以为，盈盈清澈水，总是可以盛下整个宇宙的。

2016年11月，云南省政府常务会议上，省委书记陈豪对洱海保护治理提出了"采取断然措施，开启抢救模式，保护治理好洱海"的要求。

然而，冰冻三尺非一日之寒，治理洱海，也面临着巨大的挑战。《洱海流域水环境保护治理"十三五"规划》中的数据显示，近50年的污染沉积导致洱海全湖污染层累计为27厘米左右，总磷含量均值甚至高于太湖、巢湖等富营养化湖泊。

在世界范围环境日益恶化的今天，如何在保护中发展，不仅是洱源的问题，也是人类面临的共同难题和挑战。为此，各国都根据自身的情况不断探索与解决。然而，探索与解决不但需要勇气，更需要智慧与担当，甚至是放弃和牺牲。

洱海流域污染主要来源于工业、城镇生活、农村生活、养殖业、农业面源、服务业、水土流失、干湿沉降等。2015年，央视数据表明，40%来自禽畜粪便，35%来自生活垃圾，20%来自农业，5%是其他污染。

水体更新是一个缓慢而艰难的疗愈过程，在治理污染、保护生态环境的道路上，不仅需要全民努力，政府主导的力量无疑是强大的。如何斩断进入洱海源头的污染源，洱源县委、县政府进行了长期的不懈努力。

洱源是著名的水乡，水利资源极为丰富，高原湖泊，河流纵横，丰富的地热温泉资源，传统的奶牛养殖业，被简称为洱源著名的“三水”，即冷水、热水、奶水。治理这“三水”的污染问题，无一不牵动着农民脱贫致富的路子。

奶牛养殖是洱源的一项传统产业和特色产业，尤其是洱海源头的几个乡镇，养殖奶牛是农民脱贫增收的主要途径。然而，传统的养殖方式导致奶牛粪便未经处理就还田，粪便中的污染物将渗透进入水体，污染入湖河流，给洱海水体带来严重污染。资料显示，洱海流域每年产生250万吨的畜禽粪便，如果得不到及时有效的处理，将对洱海保护造成巨大的压力。

2015年6月17日，紧邻西湖的右所镇，实施了环境综合整治措施，严控畜禽粪便对水体的污染，将西湖六村七岛区域内奶牛进行迁养，被农民戏称为“托牛所”的集中规模养殖，按照能繁母牛每头1000

元、后备母牛每头500元标准给予养殖户迁养补助。

面对日益严峻的生态问题，洱源县以壮士断臂的姿态，对传统的养殖业进行了重新定位管理，积极推广运用新技术。以云南顺丰洱海环保科技股份有限公司为代表的新型环保企业，将畜禽粪便收集后，经过氨化处理、发酵、高温干燥精制配料、增氧熟化等15道工序后，最终成为有机肥，变废为宝帮助农民创收，很好地实现了循环经济可持续发展，解决有效养殖业的面源污染难题，极大改善了生态环境。

2016年，洱源县境内建成了3座有机肥料加工厂，12座畜禽粪便收集站，每年有80万吨的畜禽粪便等废弃物得到有效处理。公司车间里，“牛粪也能变黄金”的标语格外醒目。

2017年，洱源县新建了3座禽粪便收集站，实现畜禽粪便收集在洱源县洱海流域范围内的全覆盖，做到所有禽畜粪便都能得到及时有效的处理。

在绿色扶贫的道路上，洱源坚持走规模化、品牌化、绿色发展之路，建立“公司+基地+农户”的绿色食品原料生产模式，实行订单农业。以水稻为例，收购价格在当地当年市场价格上浮15%，公司销售则上浮20%。这些绿色生态水稻不施农药，由政府部门提供有机肥，长出来的稻谷饱满、颗粒大，味道香醇，目前已经发展了绿色水稻标准化生产基地红3.5万亩。经过中国绿色食品发展中心认证为国家A级绿色大米，卖出去的价格也比普通稻米要高，农民从生态农业中得到了实实在在的好处。

2017年3月10日，大理州委书记陈坚在大理州加快实施洱海保护治理“七大行动”推进会上指出，保持洱海水质稳定已经到了最危急的关头，洱海保护治理工作已经到了没有退路的悬崖边上，必须拼死一战。

洱源县与全州同步启动七项洱海源头保护治理应急工程，即加快污水处理应急设施建设、加快洱海源头万公顷湿地建设、加快生态隔离带建设、加快规模化畜禽养殖场搬迁、加快实施节水灌溉设施建设、加快实施敏感区域生态修复，以及开展流域客栈餐饮服务业专项整治。

同时采取七大行动保护洱海水源，实施洱海流域“两违”整治行动、村镇“两污”治理行动、面源污染减量行动、节水治水生态修复行动、截污治污工程提速行动、流域综合执法监管行动、全民保护洱海行动。

2017年3月31日，洱源县发布了开展洱海流域水生态保护区核心区餐饮客栈服务业专项整治的通告，自4月1日起，至洱源县洱海流域集镇及村落污水处理PPP工程投入使用为止。

2017年4月5日，洱源县政府在西湖村张贴了拟征收土地的通告，拟征收右所镇右所、西湖、幸福三个村委会部分集体土地作为搬迁安置用地和环湖公路建设用地。此举标志着洱源生态环境治理与洱海治理同步，全面开启了抢救性模式。痛定思痛，史上最严厉的洱源生态整治行动和保护措施就此拉开了序幕。

全县围绕改善和提升主要入洱海河流水质的目标，全力推进各项工作，投入资金近6亿元，改善入洱海河流水质，退耕还林1.43万公顷，兑付补助金630万元；发放国家和省级公益林补偿金940万元，建成生态湿地0.21万公顷。

湿地建设中，通过土地流转、租赁土地等方式每年增加群众收入2000多万元。同时，从建档立卡户中吸纳的天保员、护林员、环保员、河道协管员、垃圾收集员、保洁员等705人给予工资性收入，让贫困人口从生态保护中收益。

在保护洱海水源，处理好保护与发展的问题上，洱源县采取了果断措施，效果很快显现出来：在流域“两违”整治行动中，6个乡镇共排查出“两违”建筑面积10.5万平方米，依法拆除违建户156户，拆除面积3.77万平方米，其中核心区拆除63户，拆除面积4267.61平方米。

凤羽河、弥茨河、永安江、罗时江、弥苴河等主要入湖河流周边重点村落， 采取污水罐装收集，用吸粪车运到就近的污水处理厂进行集中处理，购买并安装污水收集罐1354个，订购的15辆污水收集车已全部配发到乡镇。

加快生态隔离带建设，在永安江、罗时江、弥苴河下段3条主要入湖河流两侧100米，以及弥茨河、凤羽河等其他支流两侧50米范围内建立以木瓜树种植为主的生态隔离带、配建串珠式多塘系统和生态截污沟，解决周围种植大蒜和农田尾水直接进入河流问题。

诚然，生态要完全恢复还有很长的路要走，大自然的循环有着自己的铁律，环境的承载能力也有自己的极限。“生态环境优美、生存环境优良”是理想，也是标杆，它代表了洱源人对脱贫与环境关系的重新审视和认识，治理不是目标，而是通往天地人和的新起点。

人创造了环境，反过来环境又影响了人。如今的洱源人，维护环境已成为一种自觉的行为，历史将不会忘记，一条绿色脱贫之路对洱源产生的深远影响和意义。

第三章　浩荡长歌

2016年10月16日，在北京召开的全国脱贫攻坚奖表彰大会上，从未受过音乐专业训练的拉祜族农家歌手李娜倮荣获全国脱贫攻坚奋进奖。

从13岁时学会了吉他弹唱，16岁开始作词作曲，以一曲自编自创自弹自唱的《快乐拉祜》走上央视的大舞台，到带领乡亲们组建演艺公司，走上了“民族文化+乡村旅游”的脱贫之路，李娜倮获奖的意义在于奋进奖项的背后，站着整整一个奋进的民族，这个民族的华丽转身，见证了文化的力量，这正是人类摆脱贫困的希望之所在。

在中国56个民族的大家庭里，拉祜族属于直过民族，主要居住在云南澜沧县以及周边广袤的大山里。中华人民共和国成立前，这个古老的民族一直延续着刀耕火种的生活方式，生产力极度低下，社会发育程度低。就在十年前，李娜倮的族人们人均受教育年限也仅为1.4年，受教育程度低，生产生活方式原始，使拉祜族贫困人口占澜沧县贫困人口的90%以上。历史给这个民族留下了太多的沉重和悲怆，追赶时代的步履尤显蹒跚和滞后。

然而，经济的落后与文化的落后并不成正比，换言之，没有城市与乡村、内地与边疆哪种文化孰占优势的定论，每个民族，每种文化都平等地站在时代里，地理的屏障让古老的文化得以完整保留。绿色、生态、民族、边境是澜沧县的特征，今天，在党和政府以及社会各界的帮扶下，澜沧高山峡谷的深处，拉祜族缤纷的民族文化以蓬勃的姿态，架起了跨越历史与现实之间的桥梁，成为助推脱贫攻坚的主旋律。

老迈边境村，拉祜神鼓敲响的地方龙竹棚老寨，拉祜文化活化石南段，这些古老又年轻的新村，以蓬勃的姿态，诠释着保护与发展的深刻内涵。在脱贫攻坚的号角声中，拉祜人正以前所未有的努力和勇气，抒写着无愧于伟大时代的辉煌篇章。

拉祜族的奋起让我们相信，不同的文化和文明，不同的生活方式和宗教信仰，都是人们永不停止努力的一部分，都是大地给予人类的富矿。

拉祜山乡脱贫奔小康的另一个亮点，体现在科技帮扶的巨大成效上。

竹塘乡是澜沧县另一个以贫困为主要特征的拉祜山乡，1988年11月6日，这里发生了7.6级的大地震，经历了灾后重建的艰难岁月。2015年底，以朱有勇院士为首的中国工程院专家团队，以科技精准发力，结对帮扶竹塘乡。众擎易举，众行易趋，时间很快来到了2017年，这个历经沧桑的古老山寨发生了翻天覆地的变化，正以崭新的面貌，昭示着更加美好的未来。

一、世界拉祜文化之根

澜沧拉祜族自治县依澜沧江而得名，总面积8807平方千米，西部和西南部与缅甸接壤，国境线长80.563千米，为云南省县级面积第二大县，也是中国唯一的拉祜族自治县。

在这片山脉纵横、河流交错的土地上，沿着山转，绕着水走，生息着拉祜族、佤族、哈尼族、彝族、傣族等民族，其中拉祜族最多，有21.5万人，占全县总人口43%，是拉祜族人口最为集中的地区，聚集了全世界三分之一、全中国二分之一的拉祜族人口。在这样的地方，人不得不叹服造物主的伟大，你想得到的，他能创造出来，你想不到的，他也会以动辄几千年的历史，霍然呈现在你的眼前。

当旱季的澜沧江水像蛇一样扭动着柔软的身体在视野里越来越清晰的时候，永不衰竭的蓝天下，出现了澜沧的山和土地。

一条条的山路，往往把人引向一个个有日月笼罩的地方，有繁衍和婚姻的地方。蘑菇一样冒出来的村庄大都依山而立，少则几户，多则几十户或上百户，远远看去，朴素而安静。这些村庄，大都有一些莫名其妙，甚至于稀奇古怪的名字：左都、拉巴、班利，哪怕你去问村中最老的人，答案也永远只有一个：“打我记事起，我家老人的老人就这样叫喽！”

拉祜族认为自己是从天神厄莎种的葫芦里出来的，人和兽是同根生，是兄弟、是爱侣。在永恒的时光中，你今生是人，来世也可能是鸟、是兽、是草、是木，人万万不可以心生狂妄。为了让愚迷不悟的人明白这个道理，拉祜族有自己和神灵沟通的使者摩巴。

这些与大地肌肤相亲水乳交融的村庄周围，群山连绵，山区、半山区总面积达98.8%，这样的地形地貌决定了这里的大多数地方并不适合种植粮食。在《澜沧拉祜族自治县基本县情》里有这样一段话：

“在这样的地方发展粮食作物生产，实际上是以极其珍贵的自然环境为高昂代价，换取最低的生存条件。这些被破坏的植被如不及时恢复，极有可能因长期的水土流失而形成无法绿化的荒山。如此已经走过了五十年，再这样下去，最终散失的将不仅仅是生态，生存的基本条件也将逐渐丧失。”

然而过去很长的时间里，种粮食仍然是这里无望的指望，山里的人们始终没有找到别的生存门路。

澜沧县属于典型的民族“直过区”，2017年，仍有13.93万贫困人口，占全县总人口的28%，贫困发生率为31.05%，脱贫任务艰巨。

贫困并没有扼住人们对美好生活的期盼，在这片古老而又充满生机的大地上，各族人民始终以坚定的步伐，行走在寻找幸福的路上。

澜沧是《芦笙恋歌》唱响的地方，也是拉祜神鼓敲响的地方，色彩斑斓的文化是澜沧县的富矿。

拉祜族是跨境民族，全世界64万拉祜族一致认同澜沧拉祜族是同宗同祖同文化的正源，是拉祜族祖先扎迪娜迪的诞生地，是《牡帕密帕》保护传承的圣地。

世界拉祜文化展示中心——葫芦广场位于澜沧县城区，面积0.41平方千米，以民族风情为主基调，由扎娜惬阁、拉祜风情园、葫芦广场、民族特色休闲城市建筑群组成，能容纳5万多人。在拉祜族传统文化中，葫芦被看作是生存繁衍的母体，拉祜族把葫芦作为图腾，象征着拉祜民族从葫芦中走出，向太阳奔去的精神追求和吉祥幸福的美好心愿。

文化的力量是强大的，近年来，澜沧县在加大少数民族传统民居保护的同时，结合美丽宜居乡村建设和新一轮农村危房改造，统一规划设计，统一建筑风格，建设民族特色鲜明的安居房。先后打造了酒井老达保，惠民翁基、糯岗、糯福老迈、龙竹棚等一批特色村寨。全县161个村委会，村村都有文艺演出宣传队，自编自演，以群众喜闻乐见的形式，将党的惠民政策、法律法规贯穿其中。

2012年，在中国（国际）休闲发展论坛上，澜沧被评为中国最佳休闲小城。

2013年4月，澜沧县荣获“中国最美风景县云南10佳”榜外榜称号。

2016年澜沧被评为“中国乡村民宿发展示范县”。同年，澜沧县森林公园顺利通过国家林业局森林风景资源评价委员会专家组评审，正式申报成为国家级森林公园。

特别是脱贫攻坚战役打响以来，澜沧通过文化资源的开发，全县13.93万建档立卡贫困群众年人均增收1400元以上。民族文化的成功开发，生态系统的保护申遗，不仅让贫困群众在保护中受益，也让贫困群众在开发中实现了脱贫。

2017年5月26日，澜沧景迈机场正式通航，从昆明飞往澜沧仅需50分钟时间，交通的便捷，很容易就把澜沧与世界连在了一起。

二、拉祜山乡百灵鸟

李娜倮就要带着老达保雅厄艺术团到香港演出了，整个团里上百号人马一起忙碌起来，加紧排练，准备服装、道具、行囊。虽然不是第一次出远门演出了，团员们兴奋之余仍不免有些紧张，像以往的任何一场演出一样，他们准备得一丝不苟，希望把最美的民族歌舞奉献给观众，把自己文化的精髓传扬到更广阔的舞台。

一年前，快乐拉祜艺术团到日本演出，拉祜族原生态的演出在日本引起了轰动，上了各大媒体的头条。这次到中国香港，是日本演出轰动效应的延续，当时香港一家演艺公司负责人正在日本，看了老达保的演出后，当场就定下了到香港演出的事宜。

第二天，艺术团就要从普洱市乘飞机出发了。

下午，娜倮的父亲李石开和儿子张如达还在家中宽敞的大厅里彩排，他们全家都将参加演出。娜倮的父亲是拉祜族天才的民间舞蹈家，所跳拉祜族著名舞蹈“斑鸠捡谷子”“猴子扳苞谷”能把小鸟和猴子的动作模仿得活灵活现。小如达这么多年来，受到了外公的影响，已是小有名气了，加上与妈妈李娜倮一样天生有一副好歌喉，在读小学的时候，他唱的一支《麻栗花开幸福来》，清纯若山泉一般清亮的童音，轰动了整个校园。这次到香港演出，正好碰上学校放假，他可以跟着去，开始，他有些胆怯，外公鼓励说：“香港是我们中国的地盘，到了那里就如同在家门口演出一样，你根本用不着胆怯的。”

孩子的父亲也在一旁鼓励：“去年我和你妈带着老达保快乐拉祜

艺术团到日本东京的大舞台上演出，开始大家有些放不开，我对大家说，我们在中央电视台都演出了，东京的舞台再大，也比不上我们中国的舞台大，中国大剧院、上海大剧院、杭州大剧院我们都去演出过了，难道还不敢在日本演出？大家想想也是，有什么好怕的？紧张的心情顿时放开了，出口一唱就把那些日本人惊呆了，儿子，相信你一定能唱好跳好的。”

孩子受到全家人的鼓励，把自己要表演的舞蹈跳给外公看，请外公帮着挑毛病。

广场上，娜倮把艺术团的全体成员包括自己的丈夫在内的一百多号人召集到一起，她还要把到香港演出的节目，排练一遍，每次到外面演出前，李娜倮都要对大家强调：“排练的时候，大家都要打起精神来，所有的要求都和正式演出的一个样，裤脚不能高一只低一只的，昨天旅游局的领导打来电话说，有一个会议的一百多人的代表要到我们这里来参观，代表提出还要看演出，我答应下来了。这次演出我和旅游局张老师商量过了，不收费用，本来旅游局是要给的，我说，领导们对我们快乐拉祜艺术团这么好，一直在扶持帮助我们，现在我们是小鲤鱼跳过了大堤坝，到了一条更大更宽的河流里了，就应该对社会有所回报，这次我们就算请来了一批给予指点的专家。”

娜倮不仅是艺术团的团长，也是生活中的贴心人，她说的话大家都愿意听。

大家一起动手，刚把台下的凳子抹好，远处就响起了清亮的喇叭声，三辆旅游大巴朝着村子开来了，演出团的人员都大步跑到了门外迎接，他们每人都抱着一个吉他，大客车在门外停了下来，娜倮带着大家唱起了快乐拉祜的迎宾曲：

吉祥的日子我们走到了一起，
共同把心中的歌儿唱起来，
蜜样的幸福生活滋润着我，
拉祜人纵情歌唱，
欢乐的时候我们走到一起，
举杯把祝福歌唱，
祝福你幸福吉祥天天快乐，
拉祜人纵情歌唱，
拉祜、拉祜、拉祜哟……

刚进村庄，客人们就被这里浓烈的艺术气氛吸引住了，家家摆放着各种型号不同颜色的吉他。

一个多小时的时间，整场演出在高潮声中落下了帷幕，客人们意犹未尽，纷纷赞不绝口："想不到，一个锁在深山里的拉祜族村落竟然蕴藏着如此丰富多彩的民族文化，这样的节目，别说带到香港，就是在国家大剧院演出也毫不逊色。其中既有多声部的阳春白雪，又有民歌情调的下里巴人，真正的土洋结合。"听到这些赞美，李娜倮有说不出的甜蜜。

有客人问李娜倮："你们成立了快乐拉祜艺术团，是不是为了生活而要走出去赚点钱？"

李娜倮说："刚开始的时候，主要是为了给我们寂寞的乡村带来一些欢乐，你肯定是知道的，我们拉祜族从来都是一个能歌善舞的民族，我从小就跟着爹妈唱歌跳舞了，13岁就学会了弹吉他，老达保的年轻人十有八九都是弹唱的高手，我们全家人也一样，从我父亲到我儿子莫不是这样的人。后来，我想，我们是不是可以靠歌舞把这个村子都搞得富裕起来，走出一条靠拉祜文化脱贫的道路，把这个想法对朋友们一说，大家都积极响应，后来就成立了艺术团，当然除了经济的原因，我们更多想到的是怎么把民族文化的东西保留下来发扬光大。”

“你们这样走出去一次可以带来多少收入？”

李娜倮笑笑：“不多，一场下来三五万元，十几万元不等，有时不给钱也演，出去一次在外面的剧院里演上几场，总要带上几十万元回来。2013年我们快乐拉祜艺术团正式挂牌成立，到现在已经演出了300余场，演出收入250万元，群众分红150余万元，旅游综合收入达400余万元。我们艺术团一直都得到了政府的支持和鼓励，路子越走越宽了，我们的歌越唱越亮，大家都信心十足地带着自己的民族歌舞走向世界。”

“有今天这样的成果，以前你们想过没有？”

李娜倮摇摇头说：“老话都说，家门口是试不出担子轻重的，只有挑着走，老达保有个歌舞团，其实是从2002年就开始了，当时谁也没有想过，靠着唱唱跳跳能走出一条什么样的路子来，大家只是觉得能够凑在一起好玩，可以说说笑笑，我们澜沧本来山就大，一家一户地上山做活，大树一遮就把人给罩住了，谁也看不到谁，晚上回来各归各家，要有一个大家凑在一起说说唱唱的地方多好。后来试着到乡里县里演出，不想还受到欢迎，接着我们到了县里，现在我们越来越清楚了，文化既可以搭台也可以唱戏，尤其是我们少数民族文化。靠拉祜文化，我们老达保村正在一步一步地走出贫困，仅仅是演出收入一项，2015年，我们就有了100多万元的收入，这是个大数字，过去我们没有想过，也没有见过。”

客人们离开的时候，李娜倮带着艺术团唱起了原创歌曲《实在舍不得》：

我会唱的调子
像沙粒一样多
就是没有离别的歌
我想说的话 像茶叶满山坡
就是不把离别说
最怕就是要分开
要多难过有多难过
舍不得哟舍不得我实在舍不得

这是一首关于离别的歌，磁性的嗓音，真挚的情感，不少宾客早已在歌声中泪流满面。

第二天，娜倮率领艺术团登上了飞往省会昆明的航班，他们将从这里转机飞往香港。

从飞机上俯瞰着葱茏的大地，李娜倮的心忽然有些湿，这些年来走过的道路，胶片般在脑海里活了起来。

娜倮出生于1983年，20世纪80年代的老达保被贫困顽强地占据着，山寨里，一家一所茅草房，参差错落。蜿蜒崎岖的山路，青瓦片上搭块土砖支靠着松明便是全家唯一的光源。天光下，屋顶的颜色，有明有暗，由茅草的新旧支配。房屋周围，有着不太广阔的红壤，稀稀拉拉种着苞谷和荞麦。

红壤太贫瘠，庄稼活得艰难，但村民一年的口粮，主要还得靠村边的这些土地。

好在这里是澜沧江下游的河谷地区，热量足湿度大，雨水充沛，各种可以入药的草本植物很容易生长，能吃的野菜也不少，野面瓜、山竹笋、苦凉菜、野百合，以及各种各样的山菌，都是上好的野菜。

但快乐总还是需要的。每个需要抒发的夜晚，当夜幕降临在篝火边的时候，老达保的村民们便围着篝火拉起大圈子，当芦笙吹响的那一刻，延绵的舞蹈便开始了。当然，舞蹈在这里不仅仅是用来释放内心和躯体的激情，更是一些最为直接具体的东西，譬如神灵，真实的风，春种秋收，火塘，牲畜，小鸟，大自然，等等。在这个歌舞的传统和环境中，娜倮13岁就学会了吉他弹唱，16岁开始作词作曲，以一曲自编自创自弹自唱的《快乐拉祜》走上央视的大舞台。

当娜倮在电视上出现时，围坐在电视机前的乡亲们高兴极了，人们像过节一样奔走相告："娜倮上中央电视台了，我们拉祜人的歌舞走出大山了！"自豪感之情挂在每个人的笑脸之上。

三、猎虎的民族

拉祜族自称"拉祜"，"拉"为虎，"祜"为将肉烤香的意思，拉祜族因而被称为猎虎的民族。

拉祜族是古羌人的后代。比较普遍的说法是，拉祜人的祖先在商汤时代就活跃于甘青高原了。为了躲避战祸，更为了寻找一块适宜生存的宁静之地，他们一代又一代，从青藏高原不断南迁，到了元、明、清时期，迁徙的拉祜人已经到达澜沧江两岸广大的山地森林中，并由游猎采集向迁徙式半定居农业过渡。至于这部分人为什么没有继续迁徙，而把曾经是中国最可怕地区之一的这里作为生存的基地？对此无人敢大胆做出解释。

可以肯定的是，不要说古时候，就是新中国建立之前，他们都一直是过着游猎采集加农耕的迁徙农业生活。文字自然是没有，就连汉话都没有几个人会说。这种状况，就使得所谓历史仅靠口述和古歌世代相传。

古歌是拉祜人永生不灭的灵魂，是火塘边的生活，是苞谷洋芋，是茶罐，是木犁，是黑夜与白昼交融的味道。拉祜人世代流传，咏唱不已，这使得他们从初始就与艺术接下良缘，并发挥到日常生活中。古歌的数量多得难以置信，很多是关于初始的记忆。汉语整理了其中的一部分，《牡帕密帕》《肖代噜代》《根古》《扩根哈根》《兄妹分手》等，只有古歌印证着时间和空间的无限延伸性。

《肖代噜代》是一部宏伟的创世纪史诗，其中的《牡帕密帕》是一段非常浪漫的故事，讲的是天神厄莎种了一粒葫芦的种子，这颗种子在一个美丽的春天开始蓬勃生长，结出了一个金灿灿的葫芦，里面睡着一对天使般的小兄妹，厄莎爱如珍宝。这对兄妹长大成人后，厄莎让他们结婚，兄妹认为他们是同胞兄妹不能结婚，厄莎开导他们说，只要磨盘合在一起就可以成婚，兄妹仍然不好意思，厄莎又用簸箕与筛子可以合在一起来比喻，最后兄妹终于成婚，生下了九对最初的人类。

从这些汉译的古歌中，大致可以看出：密尼都库时期，拉祜人的先民们大约居住在今青海省东部的河湟地区，由于生态恶化，迫使他们迁徙到今天的青海湖一带，开始了“诺海厄波”时期，然而秦穆公称霸西羌，拉祜人的先民们不得不离开这个美丽的大湖，离开这个水草肥美之地，继续向西迁徙。这次开始穿越昆仑山、可可西里地区，最终来到了金沙江的上游通天河、沱沱河地区居住下来。不幸，战乱再起，先民们只有继续沿江而下，到达澜沧江后逐渐向南移动，正式进入临沧地区并定居了下来。

万里迁徙，是一种连根拔起的血泪的迁徙，是史诗，也是灾难，是一个个充满血色的故事，是一种更为悲伤的叹息。杜甫在其著名诗篇《兵车行》中写道：“车辚辚，马萧萧，行人弓箭各在腰。耶娘妻子走相送，尘埃不见咸阳桥。牵衣顿足拦道哭，哭声直上干云霄。”写的是战争凄惨的状况，至今，那些悲怆的哭号似乎还从远处隐隐传来，令人不忍卒听。边关征战，虽是生死离别，痛断肝肠，却也还有一个回首之望，而拉祜人的迁徙，是迫于天灾人祸，是秋风呜咽，是落叶飘零。漫漫迁徙路，开着花朵，也长满荆棘。

关于这种痛苦，拉祜古歌却用了一种更为平静的叙述方式：

从木洛洛往下走，从哈洛洛往下走，
走了七年又七个月，来到了红土高原，
这个红土高原啊！土壤瘦又红，
树木稀又疏，这里不是种庄稼的地方啊！

再沿着红土高原往下走，又走了三年零三个月，
来到了阿沃坝，来到了阿郭坝。
阿沃坝子的地啊平得像手掌，阿郭坝子的天啊
拱得像铁锅。
金鱼银鱼满河游啊！动物野兽满山跑。
做一天的劳动，可以吃十天，
做一年的劳动，可以吃十年。

从甘青高原到澜沧江畔，拉祜人咀嚼了无数的苦难，一颗滚烫的心已经历练得冷静而坚强，因此，即使是表达最强烈的情感，他们也都是这么朴素、单纯的叙述，绝不华丽。

吟唱古歌，使许多纤细的事物显露于阳光下，这样的吟唱一般在每年秋收到来年插秧这段时间，通常在“扩塔”节前后达到高潮。歌舞使这些古老的山寨捕捉到了一年中最美好的时光，沉醉在一种懒散的喜悦里。

需要补充的一点是，拉祜族现在已经有了文字。拉祜文最早出现在20世纪初，由当时美国基督教浸信会牧师蒂佰用罗马字母创制，并出版了用这种文字翻译的《圣经》。1910年，牧师勇伟里在缅甸传教时，又派一个叫巴妥的教士用拉丁字母对上述文字进行修改，重新创造了一套用拉丁文的拉祜文拼音符号，并培训了最早的一批拉祜族传教士，还翻译出版了《新约全书》和《赞美诗》。

当然，现在使用的拉祜文是中华人民共和国成立以后文字工作者经过多次修改以后确定的。

四、歌舞之家

1984年，通往老达保的小路上，一个年轻的拉祜小伙子背着一把吉他走在山路上。

太阳猛烈，让人睁不开眼。他感觉自己的胃仿佛被掏空了一般，他突然意识到自己已经整整一天没有吃饭了，他清楚地听见自己的喉结发出响亮的声音，身与心都体味了前所未有的疲惫与快乐。

这个当时只有21岁的拉祜小伙子，就是李娜倮的父亲李石开。

背上这把吉他是卖了家里一头猪买来的。在山地，粮食紧缺，养猪从来都不是轻松的活计，无论刮风下雨，都得找野菜做猪饲料，一家人从早忙到晚，这头养了两年的猪终于可以出栏了，成了这个家庭最大的一笔财富。

李石开12岁能吹奏芦笙、15岁学会拉祜史诗《牡帕密帕》，一次偶然的机会让他彻底迷上了吉他。县城的街头，一个英俊的流浪歌手在弹着吉他唱歌。歌声似乎在讲述着某种命运：虚弱、狼狈、停顿、沉重、坚硬、冷淡、黑暗、千孔百疮。他不像是陶醉，唱得有些忧伤。其实，他本不需要唱的，只要打开嘴唇就一切了然。

一曲唱毕，掌声响起。那一刻，极富乐感的李石开觉得自己的心被吉他牵走了。这时的李石开正处于刀锋般的年龄。

很多年后，提起这段往事，李石开依然很感慨："那头猪卖了60元钱，我花了50元买了一把吉他，来回坐拖拉机花了4元，我身上就只剩下6元钱了，虽然很心疼，但我觉得非常值得。"

这是老达保村的第一把吉他，对于酷爱唱歌的李石开来说，唱歌就是希望，就是梦想，只有歌唱才能让他的喉咙无比畅快。他甚至觉得，那些好听的拉祜民歌和音乐如果只在山里流传，实在是种浪费。

吉他另类的乐声和表达方式很快吸引了村里同样爱好音乐和歌唱的年轻人，不长时间，村里便又有了几把吉他，不断地交流与切磋，拉祜古歌与西洋乐器由于有了李石开和老达保，注定了快乐的相遇，民歌与现代音乐也开始了生生世世的相伴，并从此改变了彼此的命运。

很难说是吉他改变了李石开，还是李石开改变了吉他，毋庸置疑的是，李石开成了村里最早见过世面的人，歌舞和音乐把他和家人带出了大山，带向了世界。这些年，他弹着吉他，吹着芦笙去了北京、上海、香港及日本，让最炫民族风劲吹海内外。如今，老达保的村民，男女老少，80%都会吉他弹唱。

在李石开的吉他声中，两个儿子和女儿娜倮慢慢长大了，让李石开骄傲的是，儿女们具有优秀的音乐禀赋，青出于蓝胜于蓝，儿子成立了达保兄弟组合，女儿娜倮16岁便写出了唱红大江南北的歌曲《快乐拉祜》，民族音乐赋予了他们快乐的基因。

18岁，热恋中的李娜倮创作出了感动无数恋人的《真心爱你》。

那天，当我伫立在广场旁的寨神柱旁时，脑海里不由自主地漫过了这支熟悉的旋律。每当逢年过节，老达保全寨子的人全都聚在这里唱歌跳舞。三根寨神柱，中间最大的一根，代表至高无上的天神“厄莎”，两边稍小一些的柱子，左边的代表女寨神。右边的代表男寨神，逼真的形状暗示着生殖。

那些欢乐无比的日子，那些忧伤难忘的日子，总是围绕着神圣的图腾才能展开，鼓荡的激情也绝对是从这里开始。

热恋和分离，可以肯定，一定是从这弥漫着麦芒香味的图腾旁荡漾开来。

歌舞带来快乐，人不再感到绝望。

2012年12月29日晚9点，李娜倮一家受邀走进央视第三套《艺术人生》节目现场，一曲拉祜族歌曲《实在舍不得》，让现场很多人感动得泪流满面。

五、老达保

老达保是大山深处的一个拉祜族村庄，全村114户479人，总面积7.14平方千米，有耕地面积2354亩，山清水秀，却一直贫困。村民以种植苞谷和茶叶、甘蔗为生，人均年收入300多元，比起土地肥沃交通便利的地方，他们生存的门路要少很多。然而，不靠种地，能有什么别的指望吗?

能歌善舞的老达保人开始谋求新的可能，不约而同，他们把发展的目光投向了祖先遗留下来的拉祜文化上。他们相信，千年又千年的时光中，古老的文化一直延续着拉祜的血脉，他们有足够的理由相信，在新时代的曙光中，汩汩流淌在血管中的文化基因同样能给他们带来新的生机。老达保的芦笙舞有老鹰舞、马鹿舞、老母鸡抱蛋、风吹谷子倒等64个套路，摆舞系列99套，民间古歌100余首。

2005年，老达保雅厄艺术团成立，此后又相继成立了“达保五兄弟”组合、“达保姐妹”组合。而此时的老达保，全村人均纯收入仅有1700余元，一条通往县城坑坑洼洼的泥土路，昭示着这里基础设施的现状。在老达保最困难的时候，党和政府及时采取了有力的帮扶措施。针对历史和现状，帮助老达保挖掘和整理拉祜文化的精髓，做好文化定位。

文化是什么？文化是拉祜人心灵中的故地和希望。

2006年，勐根村老达保组被列为第一批国家级非物质文化遗产传承基地，从2007年开始，老达保按照突出民族特色的构思理念，统一规划传统的干栏式建筑，既保留传统，又适应现代审美和舒适生活的需求，村民每户得到民房改造补助10000元，两年的时间，老达保所有的旧房得到了改造提升，寨子变得整洁漂亮了。

2010年，县城直达老达保的柏油路正式修通，彻底结束了老达保行路难的历史，与公路同时出现的还有实景演出舞台和三个标准的冲水公厕，这一切，在当时的山寨中，是非常少见的。

政府的帮扶使老达保雅厄艺术团走上了顺利发展的道路，先后应邀到北京、上海、广州、广西、湖南等地演出，村民们带着芦笙和吉他走上了中央电视台，走进国家大剧院、上海大剧院、杭州大剧院演唱，参加了央视《魅力12》《星光大道》《倾国倾城》《民歌•中国》《我要上春晚》《梦想合唱团》等栏目录制，中国原生态民歌大赛、上海旅游节、中国桑植民歌节、昆明国际旅游节、中国原生态民歌展演等一系列文化活动。

2012年，老达保获“全国十佳魅力新农村”称号并入选第一批中国传统村落名录。《牡帕密帕》传承人李扎戈、李扎倮进入国家级非物质文化遗产传承人名录。

2013年9月26日，澜沧老达保快乐拉祜演艺有限公司正式挂牌成立，公司经营表演演出、民族服装、民族工艺品加工等七类，拥有400多名员工，200名演员，5名董事会成员，3名监事会成员，全村人都是股东，不管是主唱还是伴舞，来参演的村民都可以平均分得一份收入。这是普洱市第一家由农民自发自创的演艺有限公司，公司成立后，村民们开始自发编排以“快乐拉祜”为主题的实景原生态歌舞。演艺公司的成立，标志着“民族文化+乡村旅游”运营方式的正式开始。

这不仅是一种前所未有的经济运作尝试，更是一件具有划时代意义的文化盛事。古老的山寨老达保在积极探索既符合市场规律又符合文化艺术生产规律的新型经营模式，迈出了新的步伐。

2013年11月，老达保获得“云南省农村文化产业先进典型”荣誉称号。

演艺公司的成立，使演出收入成了村民的主要收入，仅演出一项，村民每年就多了5000多元的收入。

把传统文化转化为脱贫致富的新兴生产力，彻底改写了老达保的历史。每逢周末，是老达保拉祜风情实景剧固定演出的时间，平时主要是团队商演包场，每场演出5000元，篝火晚会3000元。随着游客的增加，村里陆续开起了农家乐，实现游客“来得了，留得下”，以特色民居保护和改造为重点，以文化产业培育为龙头，以保护和传承民族文化为主线，政府在道路、房屋、演出场地等方面已累计投入资金上千万元，帮助老达保探索出了一条文化扶贫的新路子。2015年全村人均纯收入达3314元，比起十年前老达保雅厄艺术团成立时翻了几乎两倍。从这些数字和荣誉中可以看出，老达保村立足实际，以保护和传承民族文化为主线，探索出了一条以特色村寨旅游推进扶贫开发的新路子。

2016年8月18日，中国旅游报发布了《国家旅游局关于公布全国旅游扶贫示范项目名单的通知》，公布了全国65个“公司+农户”旅游扶贫示范项目名单，澜沧县老达保快乐拉祜演艺有限公司被确定为全国“公司+农户”旅游扶贫示范项目。2017年春节黄金周共接待游客3500余人，收入21.5万元，其中演出收入12.4万元，带动周边其他收入9.1万元。

六、传承的力量

我多次抵达老达保，印象最深的是一次非常纯粹、干净的吟唱。

那天，他们在我房子后面的操场上敲锣打鼓地排练节目，准备代表澜沧县参加撤地设市庆典。我坐在场边看他们舞蹈。

这是一种略显笨重的舞蹈，大概四五十个拉祜男女，穿着胶鞋，有的吹芦笙，有的打象脚鼓，更多的人反复围着场子中间一个巨大神鼓翻腾转挪，舞出各种姿态。水泥地被跺得抖了起来，我感到屁股一颠一颠的。后来才知道，他们是在跳“芦笙舞”和“摆舞”，一种自娱性舞蹈。如果依内容和表现形式，可以大略分为“礼仪舞”“劳动生产舞”“生活舞”“模拟动物舞”等四类。顾名思义，舞蹈动作自然是显示了他们的日常生活。

休息的时候，我请他们中一位四十多岁的汉子唱首歌。这个汉子面黑身悍，也不推辞，喝口水就唱了起来。我一下子镇住了，他是真唱。粗糙的原声中充满了个性和经历，有一种说不出来的美。我听不懂他唱些什么，在我过去的岁月里，从来也没有出现过如此的音乐和语言。直到我走到他们中间，住着他们的房子，吃着他们的食物，我才得以触摸，触摸这些纯粹的音符和句子。

我意识到，我触摸的是一种非常舒服的东西，一种学不来的东西。随着每一个音符的战栗和节拍的陡转，歌手时而伤感，时而激越。我能跟上他的情绪，但不是从旋律里，而是从他的身体上，因为这种旋律不是靠唱出来，而是从血液里流出来的，是同他整个人连在一起的。有时候，他不停地重复一些旋律，有时候又不规则地停顿下来，有一种独特的清爽。

我问他，是不是唱他们征服了荒芜的土地，征服了暴雨，征服了河流，征服了最漂亮的女人，他一听就笑了起来。实际上，他只是在即兴唱出他想的事情，目的并不十分清晰，但绝对是把生命和身体完全放了进去。

我触摸到的东西用汉语是绝对翻译不出来的。

老达保过去最著名的歌手是新达保寨的张扎戈，他咏唱的创世纪史诗《牡帕密帕》是迄今所搜集到的最完整的一部，已整理出了拉祜文的版本。还有竹塘乡老炭山的胡石宝、大塘子村的李老五，他们都是通晓古歌的了不起的歌手，同时又是具有无限神通的摩巴。

现在老达保《牡帕密帕》的传人是77岁的李扎戈和他65岁的弟弟李扎倮，他们是“歌舞世家”的第四代传人，国家级民间艺人。

拉祜族是个歌舞的民族，随着汉文化的深入传播，现在的歌手就更多了，虽然能唱古歌的人不多，但基本上还是秉承了古歌的音乐传统和风格，它们犹如清澈纯净的水滴，慢慢浸透到灵魂，使人百听不厌。

说到拉祜歌舞，不能不说到芦笙。

芦笙是什么？

芦笙是拉祜人的生命，是贫困中的欢乐，是绝望中的发泄，是怀旧中的故地，是隔膜中的神交。

据我所知，善于演奏芦笙的民族不仅仅是拉祜族，但是，把芦笙视为生命的却只有拉祜族。在拉祜山寨，只要是男人，就会吹芦笙，普及得难以置信。这种普及甚至可以追溯到久远的年代，拉祜史诗《年歌》中唱道：

> 金竹葫芦做芦笙，吹出拉祜人的心声，男的吹芦笙，女的手拉手从早跳到晚，越跳越欢乐。学着鸭子跳，左边摇右边摆，跳肥了田和地，跳来了丰收年；学着大鹅跳，前三步后三步，跳得黄灰起，明年收成有着落。

其实，真要叙述拉祜人的芦笙，是件非常不容易的事情。

如果你问拉祜人，什么是芦笙？他会回答你：“喏，就是这种吹的东西。”

“这个我知道。我是说，比如，你们的芦笙……”你以为你是艺术家，你要挖掘。于是，你愚蠢地进一步启发。

“芦笙就是芦笙，我天天吹的东西。”他依然这么回答。

是的，拉祜人的芦笙只属于拉祜人，是从拉祜人灵魂里飘扬出来的声音，是一个民族与生俱来的东西，是一种不可抵达的遥远，我能做的，仅仅是喜爱和回味。

七、山地生活叙事者

对于拉祜女人，高原山地的生活确实是异常酷烈的。

拉祜人在深山里建起了家园，女人注定要住在山冈，云在她们头顶盘旋，山在她们身边长大，日子犹如树叶，由绿变黄。她们被自己命运的光芒所照耀，血的生殖和山茅野菜的乳水，使她们注定要做残酷的山地生活的母亲，在高原可怕的风雨中，永远以最温存、最亲切、最可知的怀抱护佑接纳着一切。她们操劳隐忍，安静自尊。家是她们唯一亲近的地方，也是固定她们一生全部精神和生活内容的地方。时光像河水一样流淌，那是一个个普通平常的日子，孩子们长大以后就离开了，而她们经受住了时光的磨砺，一切都如从前那样平静地进行着，黑发静静地坠落于荒地，那是不断生长又不断被剪断的岁月。

在澜沧，我的目光经常会不由自主地追随着一个个拉祜女人，目送着她们渐渐远去的身影，那一刻，我是如此强烈地体味了高原山地生活，我看见了属于这种生活的某种残酷和狰狞——一个农妇出现在我的眼前，她是娜约。

她正背着一坨洋芋从山地里走来。时光在她脸上雕刻出了最深沉的皱纹，那是对广阔的山地生活的呼唤与应答。她才40岁，丰润的青春早已销蚀，嘴唇已不再饱满，脸上布上了属于老年人的斑点，像经历了深秋的树木，吐露着某种疲惫。她赤脚缓缓地走着。我看见了她裸露的双脚，阳光和泥土在上面留下了细腻的褐色，她早已习惯了赤脚在草丛山路上行走，她的脚已经不会疼痛。她正向我走来，她的手刚从泥土里伸出来，还沾着泥。在她无意识伸出的手的引导下，我看见了她的原形：鲜嫩的嘴唇，洁白的牙齿，尖尖的下巴，刚刚发育的小小的乳房，修长的臂，漆黑的长发。我惊讶地看着她从芦笙歌舞中走来，满身的露水，满身的芬芳。

此刻，她就站在我的眼前，她在微笑。显然，她沉浸在美丽的回忆中，那些往事里飞舞着花瓣，摇曳着芬芳。她以她的皱纹从容地叙述着她的故事。她笑的时候，我被震动了。

我观察过大多数拉祜女人的生活，其实最为基本的元素只有四种：山冈、火塘、婚姻、劳作。这四种元素搭配组合就形成了具体的拉祜女人。而这种悄无声息的高原山地生活，拉祜女人往往从十三四岁就开始了。过早从事孤单劳动的伤害，使得拉祜女人更多了一些责任，也赢得了敬重。

这是一种母性的责任。这种责任不仅仅从劳作中体现出来，实际上在拉祜人的社会生活中，女人一直是作为支柱出现的。母亲是拉祜家庭的主事者，她们的操劳强有力地补充着单纯的迁徙农业经济，使整个拉祜社会的生产和生活有条不紊地维持着。上至婚丧嫁娶、交易互换，下至耕田种地、烧火做饭，一针一线全离不开母亲的一双手。我注意过这样的手，手背通常是麦子那种熟透的黄色，手指就苍黑得多了，指甲缝里注定溢满了黑色，关节粗大、青筋毕露。

每一个清晨，这双手用葫芦瓢，将寒冷清澈的水舀进漆黑的茶壶，支在火塘上，再用竹棍扒拉一下火塘里的灰，嘴对着那星星点点的火苗吹去，火便燃了起来。跳动的火光使屋子荡漾着暖意，茶的香味从冒着水泡的壶里逃逸出来，熏暖的屋子便有了些恍惚。一天朴素的日子就开始了。

娜约的命运在2014年出现了转折，随着老达保拉祜文化乡村旅游的开发，到老达保旅游休闲的人越来越多，娜约家成了民俗展示点，心灵手巧的娜约做起了民族服装和拉祜包，娜约家成了游客们喜欢驻足的地方。

在那个阳光即将消失的黄昏，她照例坐在了织机旁。

绷紧的经线像密密匝匝的渴望，在她灵巧的手指间发芽绽放。她用的是最简单的那种织机，只需将几根木杆插于地上，再装上用黄牛皮制成的腰机带、梭板，一台简单的织机就组装起来了。织布时，梭子随着她灵巧的双手推上推下，发出了一种不易察觉的声响。

此刻的山寨已经安静下来，有着水一样的风，也有着水一样华贵的月色。

这是娜约寻常生活中的一天。这种纺织持续好长时间了，有几位昆明游客非常喜欢娜约做的拉祜包，一次就订了10只。

刺绣穿越千年的时光和烟尘而来。

我几乎注意过所有山地妇女的纺织和刺绣。那粗糙厚实的土布，那磨得穷白返本的木梭子，以及那一双双沾花点叶的女性之手，无一不是那种经过时光磨砺和淘洗的颜色。

在老达保，会做拉祜包的不只娜约一个，不少妇女平时不论在哪里，做什么，只要双手闲着就纺线，一坐下来就开始挑花刺绣，她们所心仪的，便是为自己制作一套美丽的衣妆。

如今，古老的技艺成了她们的致富经。

在老达保，我忽然渴望穿着一件撒满了花瓣的绣衣，宽宽松松的那种，像村民们一样，悠闲地坐下来，慢慢地烤上一罐茶，让我的唇齿弥漫着烤茶的香味。

八、快乐拉祜

作为以文化走出大山的拉祜女子，以歌的方式，让拉祜族的山水和文化保存流动，娜倮无疑是成功的。她遵从着自己的感觉和阅历，尽管缓慢，却依然坚持着。

2007年，娜倮荣获神州大舞台“魅力家庭秀”月冠军。

2008年，娜倮被评为普洱市“十大杰出青年”。颁奖大会上，娜倮激动和紧张得只说了一句话：“真的很感谢！我要继续努力，把我们民族的传统传承下去。”

2009年6月光荣地加入中国共产党。成为一名光荣的共产党员，让她有了更多的责任感和紧迫感，除了演出，她还担任着酒井乡勐根村完小1至5年级开设的少数民族文化特长班的辅导员，为孩子们讲授拉祜族历史和文化，教孩子们跳芦笙舞、摆舞，学习吹奏芦笙、弹吉他。

老达保的村民们虽然“会说话就会唱歌，会走路就会跳舞”，但耕种农事、维持生计占据了他们生命中的大部分时间，因此，艺术团成立之初，很多人担心耽误农活，参加排练并不是很积极。

娜倮就挨家挨户地去动员，与其他村民一样，娜倮白天参加劳动，操持家务，晚上抽出时间教队员弹吉他、唱歌、跳舞，在她的努力下，不断有村民加入进来。功夫不负有心人，不懈的努力，终于换来了喜人的结果，寨子里的100多人逐渐学会了吉他弹唱，音乐让这个贫困但平静的小山村逐渐走进了外界的视野。

2010年，娜倮获全国青年歌手普洱市片区原生态唱法一等奖，2011年参加央视梦想合唱团并获得一等奖。

无论走得多远，她都会回过头来，从远方仔细端详生养自己的这片土地。

2012年11月，李娜倮当选为党的十八大代表，她是带着吉他到北京参加盛会的，聆听党的声音，让娜倮对民族文化有了更深的认识。她说："我最大的心愿是，把拉祜族的歌声用专集的形式保存下来，打造成像《云南映象》这样的成功作品，把拉祜族文化宣传出去，让更多的人了解拉祜文化。发挥我们村乡亲能歌善舞的专长，将拉祜族文化与旅游产业发展相结合，用民族文化改变家乡的贫困面貌，让父老乡亲过上幸福富裕的生活。"

在去往北京的飞机上，在代表团驻地，在记者采访的时候，她一遍遍用拉祜语唱着一首深情的歌《感谢共产党》："路通了，水通了，电通了，好日子来了，党的恩情一直在我们心底。感谢共产党，拉祜人民永远跟党走。"

早在十多天前，她就带着拉祜人民的心愿，专门为党的盛会创作了这首拉祜语歌曲，她说："我既是拉祜族党代表，也是一个农民，我代表的是寨子里的老乡，对党的恩情，用拉祜歌来表达是最好的方式。"

2013年，娜倮家盖起了漂亮宽敞的新房，典型的拉祜族传统建筑风格，二楼的大平台正对着演出的舞台，那里正是娜倮和乡亲们梦想放飞的地方。屋子里挂满了娜倮这些年获得的各种荣誉奖状，门口挂着农家乐招牌："达保娜倮家"，屋子侧边停放着娜倮家新买的轿车。娜倮家的变化，见证着老达保寨的变迁。

成了"名人"，面对外面精彩的世界和众多的邀请，娜倮却做出了一个义无反顾的决定，留在生养自己的山寨，同时逐渐减少了外出的时间。面对纷繁的世界，她依然保持着一份难能可贵的清醒。她说："我们的演艺公司亟待发展，家乡的父老乡亲正在为摆脱贫困而努力，这里才是我最大的舞台和发展之地。"

在娜倮看来，是故乡的山水和拉祜文化的滋养，才有了自己的成长。开阔眼界，赚更多的钱让自己和家人过上有尊严的日子虽然是好事，但如果离开了自己民族的文化，自己的歌声和创作，必将会成为无源之水，最终干涸。

娜倮的经历如同一段历史，如同一个世界，映照出拉祜山那些普通人和事物的不同形状和生命。穿透生活坚硬的外壳再回到事物本身，于是，她选择了回到质朴、自然、本初状态的拉祜山，从那些简单而基本的人类活动中来考察生命的意义，我喜欢娜倮直面生活与苦难的力量。

我的感动也由此产生，女人的自信源自于自尊和尊重，就像她的歌声，没有扭曲和浮躁的东西，离人很近。

因此，我要说，娜倮的歌声是从内心唱出来的，她的美丽也是从内心散发出来的。

九、边境之乡

糯福是澜沧一个以拉祜族为主的乡镇，拉祜族占总人口的73%，此外还有哈尼族、佤族、彝族、傣族、布朗族、汉族等，少数民族占总人口的96%，位于澜沧县南部，国境线长达56.843千米，是云南通往东南亚各国的重要通道之一，全乡 9个村民委员会，93个村民小组，其中5个村委会16个村民小组与缅甸接壤。有出入境通道2条，人行便道8条，境内境外村民相互通婚，形成错综的邻里亲戚关系。

糯福虽然有51433亩耕地，但大部分都是靠天吃饭的“雷响田”，只有极少部分水田，这样的地理地貌决定了这里以经济林果为主的产业格局。糯福的森林是大地上的珍品，覆盖率达到了77.8%，走在去糯福乡的路上，任何人都会被茫茫的原始森林所吸引。

冒着油的绿色像一大桶水劈头盖脸泼下来，一种无法言喻的快感油然而生。

特别惊异于这里随处可见的土蜂箱，每只用整截树干挖空而成，两头用木片堵住，留几个小孔供蜜蜂出入，把它放在房屋的院墙外面，或挂在树上即可。土蜜蜂是当地一种身子格外纤小的品种，以耐寒抗病著称。糯福乡植物繁茂，常年野花盛开，整个乡年产蜂蜜十多吨，是当地居民收入的重要来源。

事实上糯福传统农业以种植茶叶、采集加工松香为主，种有少量甘蔗、咖啡。较为单一的产业结构和交通制约，使得这里一直是澜沧县最为贫困的乡镇之一。

十、找准产业摘穷帽

延绵的山。一路上，不时会碰见几个正在干活或走路的山里人，一两个，三四个，很少会超过六个的，像土地里突然滚出了几颗质地密实的洋芋。他们无一例外总是一门心思地盯着脚下的土地，从容不迫，不停歇，但也并不着急。很多人是赤脚的，缺少鞋子或是舍不得穿鞋子。深山里，江岸边，那些蚯蚓一样的小路，全是这些被太阳晒黑了的脚板踩出来的。

这样的山路让我哑口无言。山路的历史太漫长了，你往前翻一百年是这个样子，翻一千年还是这个样子，今后呢，也许还是这样。山太大，大到失去了修路的可能性。

山里的行走本身就是一个漫长的过程，漫长到让人的思维失去感觉。

同所有山里人一样，我的身体本能地模仿着蛇、蜥蜴、穿山甲之类爬行动物，勾着头移动，以减少体能的消耗。在一个叫老鹰嘴的垭口上，我不得不歇了下来，以缓解一下难耐的渴与累。

还好，有风吹来了，一阵一阵的，混合着阳光、灰尘和草根树木的气息。

我的目光中不可避免地又跳进了低处几个缓慢移动的黑点，当然还是那些不知从哪里来又将到哪里去的山里人。一会儿，黑点移到了我的眼前，是4个年纪相仿的中年妇女，每人背一个竹篓，里面有一些根状的植物，其中一位还手拿一团棉线，边走边捻。大概是挖药材的吧，我想，没问。

侧身相让的一刹那，我看见她们的额头潮湿而温润，眼睛却是平静的。我和她们都没有说话，相视笑笑，便各自向相反的方向走去。

到达马岭时，艳红的太阳不知什么时候已经摆脱浓雾的纠缠，荡出一种懒洋洋的温暖。泥土的气息。树木浆液的气息。稻草的气息。牛屎马粪的气息。胸口好像被“哗”地一下子掏空，无比爽快。

我看见了一大片沐浴着阳光的柠檬树，绿色的叶片在阳光下泛着好看的光。

刚进村口，遇上一群出村的黄牛，牛铃叮咚，它们正胸有成竹地奔向草场。在山里，人一出现，畜群就会簇拥在周围。在马岭，我见过世界上最自信的牛倌。

一问才知，村里的人果然天不亮就出门到地里干活去了。想啥缺啥，心里不免遗憾。

每一个历史的节点，都有其要解决的根本任务，边境之乡的脱贫，事关民族的团结和边疆的稳定。

深入分析糯福乡的贫困，历年来一直缺少产业支撑是主要原因。柠檬性喜温暖湿润的气候条件，耐阴，怕热，对栽培条件要求严格。糯福乡以其特有的自然和气候条件，被中科院、省农科院专家及种植业相关学者评定为最适宜柠檬生长的地区。

为尽快帮助村民脱贫致富，糯福乡决定加快柠檬、林业等特色资源的开发，资源优势开始转变为经济优势。

2011年，澜沧县寸金农业科技开发有限公司在糯福乡阿里村委会开发出620亩柠檬试验示范基地，当年开花结果，一举获得成功。

2012年，阿里村委会书记黄章学带头试种了30亩柠檬，当年柠檬价格好，除去成本收入8万多元。黄章学是哈尼族，老家在中缅边境的洛勐村，1984年从学校分配到糯福乡工作，任糯福村委会文书，先后辗转了四个村委会任村主任、支书。

34年了，他始终没有离开过糯福乡。

尽管拼命努力，始终没有摆脱一个“穷”字。这样颇具悲剧色彩的结果，并没有让黄章学气馁。作为中国农村最基层的村干部，他觉得自己都没有脱贫，何谈群众的脱贫。

榜样的力量是无穷的，黄章学的成功很快带动了群众的积极性。

马岭村民小组的佤族群众郭云川出生于20世纪70年代，是村里脑子最灵活的人之一，为了让自己和家人过上好日子，他伐过木，采过松脂，尽管一直很努力，贫困依然如影相随，怎么甩也甩不掉。

2012年，乡里引进柠檬试种，与顾虑重重的村民不同，他大胆地拿出9000元，把自己靠近河滩的三公顷甘蔗地全部种上了柠檬，成为全村第一个种柠檬的人。

柠檬如期开花了，果园里淡淡飘香，枝头弥漫的白色小花，让郭云川喜不自禁，庆幸自己终于找到了致富的门路。

然而，种柠檬毕竟是技术活，光有热情是远远不够的。一个平常的早晨，郭云川照例来到地里巡视，忽然发现，仅仅一个晚上，地上就落满了一层白色的花朵，他吃了一惊，再顺着地上的落花把眼睛移到树上，他居然发现原本碧绿的叶子中，夹杂着不少黄叶。他的心剧烈地疼痛起来，以往失败的经验告诉他，这可不是什么好兆头。就在他茫然无措的时候，乡里及时组织农科人员来到了他的柠檬地里，为他诊断和查找原因，同时手把手地教他柠檬种植技术。

柠檬属于高度碱性食药两用水果，具有止咳、化痰、生津健脾、洁肤增白、美容减肥的作用，深受市场欢迎。当年，郭云川的柠檬获得了丰收，他有了4万多元的纯收入。

2013年，马岭村有5户村民投入柠檬种植。

2014年，村里60户人家全部种上了柠檬。2017年，马岭村民小组的柠檬种植面积达到300亩，照郭云川的话说："脱贫根本不是问题！"

穿过延绵的树林，眼前出现了正在建设的异地搬迁房。

一位老人蹲在地上，用刀刮着一些植物的根茎。这是夏天，药材生长的季节。人们靠它换取一些生活必需品。

太阳刚露脸，流云就从山谷里蒸腾而起。千年的阳光依旧，浑黄的屋顶在白云的辉映下宁静、单纯。村边有树林，溪水。清凉的山谷里回荡着我熟悉的那种寂静。

我是凭空出现的吗？眼前的景象无疑只存在于远古。记得初次和这样的场景相遇，突兀的纯色使我的记忆瞬间没有了声音。

在南段的时候就与黄章学约好了去看他的柠檬果园。2017年8月18日，当我站在黄章学的柠檬地里时，缀满枝头的黄澄澄的果实，让我体味到了一种久违的松弛，体味到了果们爬满枝头的美好和快乐。

这是一个草木繁盛的地方，森林和植被环绕着果园周边，滇紫草、石斛、龙胆草、滇青冈、清香木、水冬瓜，错落有致地排列着。

一条小河蜿蜒流过。

弥漫的绿，毛茸茸的暖，都指向了人内心里那片最柔软的地方。马岭人在体味贫困的同时，以滴水穿石的韧性改变了它的残酷，让生活有了长远的盼头。

2017年，糯福全乡柠檬种植面积达到4300亩，实现柠檬产值325万元，4家企业进驻澜沧县糯福乡，以公司+合作社+农户+基地“四位一体”的发展模式种植柠檬，推动柠檬庄园经济的发展。小小的柠檬成了群众脱贫致富的大产业。

十一、拉祜神鼓敲响的地方

到达糯福乡南段村公所的时候，已是下午4点钟。

一阵溟溟的雨后，太阳又老练地露了脸。绿闪闪的树林里出现了村落，依山而建的掌楼房参差错落，斑驳的木质在阳光下显露出一种原始的质感，并构成了简单的风景。不远处，可以看见翻修一新的南段小学。五星红旗在蓝天白云下高高飘扬。

隐约中，一条水泥路面延伸进村。

如果把眼光放得稍远一点，还可以看见一座座白墙青瓦的安居新房在绿色的群山中分外显眼。

肆无忌惮的浓绿和裸露荒芜的土地，榫头连接的木房子和楼房、瓷砖，热闹的农贸市场，这些元素奇妙地组合在一起，自有一种朴素而宽厚的力量。

有着强健肌肉和原始生殖力的汉子，不吃伟哥，照样生出熊崽般健壮的孩子，而女人最大的愿望是找到一条真汉子。

衰老的头颅，总藏着一些我不知道也没有必要知道的秘密。如果时间是“作为物质存在的一种客观形式”，那么，这里只有白昼和黑夜交融的味道。

那天，我们特意来到一户村民家的火塘边。这家的老人已经85岁了，跌宕了一生的经历，使他的眼光已经能够超越崇山峻岭而散发出一股奇异的药味。他迟疑了一下，最终还是放弃正在吸着的水烟筒，有点拘束地让我拍了张照片。我忽然从心底生出了无限的歉意：我是个入侵者。

老人握着一支水烟筒，经年累月把弄，已经油亮蜡黄。我以为，通晓大地秘密的老人，回味的一定是芦笙、打猎、酒等拉祜人的日常生活场景。不料，老人只和我聊了几句，就反复给我讲起了扶贫工作队的干部如何教他们做豆腐、盖房子的事情。

在另一家吊脚楼的阴凉里，一个男子在编织着篾箩。他编织了一辈子，这是他的生活。

男子的上方，是他的住房，门不用上锁，因为无须防范盗贼。男子专注于他的手艺，古老的手艺充满着令人回味的绝色。

南段是著名的拉祜神鼓敲响的地方，同时也是拉祜文化的重要发源地和传承地之一。2011年列入第一批国家级非物质文化遗产保护名录《牡帕密帕》和《拉祜族芦笙舞》的保护传承基地之一。

沿着村中的主要道路，我们往村后的树林走去，看来，这条路是专门为这片树林而开的。事实上也是如此，这片树林是这个村的竜林，也就是神林，因而，葱茏的树木把整座山都覆盖住了。村子的尽头，出现了一处高出屋顶的平台，特别是平台前边的那两棵大树，比其他的树木高出许多，浓密的树冠把天空遮得严严实实，树下，用木头扎了一道门，门上挂着一些篾制的物件，极为神秘。平台下面，居然还有一架木梯子。就那么两截圆木，砍了几道口子，几乎不能算是梯子，就称它为梯子吧。

顺着木梯上了平台，眼前出现三座落地式茅草房，中间的最大，后边是两小间，像跟着的两只小鸡。这是“贺叶”，神和佛住的地方。房前是一块空地，空地的左边栽有三棵削尖的木桩“卡尼玛”寨神柱，旁边矗立着一棵大约十米的竹竿，竿顶挂着纸制的帐罩，虽然已经很破了，依然不会影响厄莎的保护。大概是不做佛事时来的人少，绿茵茵的青苔铺满了地面，除了偶尔传来一两声黑头公的鸣叫，再不会有什么打扰你的心了。说真的，也许正是你打扰了神的午睡。

太阳不知不觉地爬上了树梢，风里荡漾着炊烟的草香，绘满图案的布幅随风缓缓地舞动，像缥缈的梵音。“贺叶”是长方形的竹笆房，屋顶的茅草长及地面，久远的风雨剥蚀了它金黄的色彩，更有了一种亘古的时间感和沧桑感，直到今天仍在延续。

推开虚掩的竹门，我进入了神的世界。房子中间靠墙处是一个祭祀厄莎的神龛，周围插满了没有燃尽的蜡烛以及一些神秘的剪纸图案和布幅画。神龛左边的木架上放着一条木鱼，木鱼背上有个水槽，里边盛了一些水，一只线条粗犷的生命鸟正在饮水，这该是“木鱼水缸”吧。上面刻满了神秘的花纹。外面天还很亮，“贺叶”被夕照的逆光染成了酒红色。但在“贺叶”里，月亮和星星已经升起来了，我面对的已是皎洁灿烂的夜空，月华从白色的剪纸和布幅画上弥漫开来，那是怎样的一种光辉？是拉祜人无比久远的光辉，也是人类本初的光辉。

南段村委会是拉祜族支系拉祜西的主要居住地，南部西南部与缅甸接壤，全村536户1903人。寨子里完整保留着“达门”“寨神柱”“散拉页”“贺叶”“厄萨帽”等拉祜族传统宗教仪轨和用具。村寨管理沿用传统的“卡些”制度。“卡些”是寨子头人，处理本寨和寨外的重大问题，既是村寨头人也是宗教活动的组织者，卡些之外，还有“佛爷”“着八”“章利”，分别负责宗教、本寨事物、农具生产等。

整个村子房屋的建筑，完全保留了母系制大家庭的掌楼房式样，这样的掌楼房在南段被称为“长房”。南段人至今还保留着一个古老的习俗，建长房时，当房屋柱子竖好后，房主人当晚就要迁入新房睡觉，如家人暂时不想去睡，就编两小块篾笆绑在左右两棵中柱上，左柱代表丈夫，右柱代表妻子，不这样做是会招来不顺的。长房完全用木头建造，不用钉子，全靠榫接，散发着一种森林与山谷的自然气息。这样的建筑已经成了孤版绝本。

南段在拉祜语中是“缺少水的地方”，事实也确实如此。这里水田很少，大部分是旱地，经济作物主要以种茶叶为主，得天独厚的森林资源也使得采松香（松脂）成了村民收入的主要来源之一。木犁、木耙、木橛，不但没有从土地上消失，现在依然是这里的主要农具。南段的拉祜人同大多数山地民族一样，信万物有灵，也信奉南传佛教，只是，厄莎神灵崇拜、佛祖崇拜、祖先崇拜是融为一体的。宗教在这里不是仪式，而是日常生活。你随便靠着的那棵树，也许就是能够消灾免祸的神树，你随便掬一捧水的那条小溪，也许就是水神神秘的宫殿，那块石头，说不定就依附着某个灵魂，众神无处不在。

当天晚上，我们拜访了寨主扎都。

扎都家是一幢新盖的吊脚式掌楼房，楼下堆放着柴火杂物，楼上隔为五个房间，外面是长长的走廊。站在走廊上看，远处是望不到头的贫瘠的山梁。中间最大的一间用于安置火塘和经堂。我们被邀至火塘边坐下，火塘正旺，火塘的上方吊着一床炕笆，上面铺着一层黑乎乎的烟叶。扎都的一家正在吃晚饭，竹架子上摆了一个簸箕，算是饭桌，上边摆着一盆青菜和一碗舂辣椒，火塘边烤着一锣锅饭，大家各自盛一碗围着火塘边吃。

火塘的左上方正对着门处供奉着佛龛，每次吃饭前都要恭恭敬敬地先盛一份献给天神厄莎。这里没有哪家人不设有佛龛，哪怕生活再困难的人家都有，家家如此。扎都家也不例外，不仅大，还格外整洁。佛龛被用木板隔出一米多宽，高及屋顶的罩子，里面摆着米饭、蜡烛、长明灯。虽然木板还很新，但纯正的木香仍让人感到那种古老的温馨。摇曳的神灯照着神龛，使人恍恍惚惚。

寨主扎都脸色黑红，双目如炬，裹着一块大黑包头，穿一身黑布大裆衣裤，赤着脚，说话嗓音很大，大高个子，是一个天生隆重的男人。扎都今年65岁，年轻时候去过缅甸，就再也没有离开过南段。扎都的妻子是一个典型的拉祜妇女，勤劳、安静，不会说汉话，我们说话的时候，她只是默默地忙进忙出。

大家坐定后，扎都搬出一个脖子像蛇一样，肚子却有水桶般大的造型奇特的陶罐说，喝这个才过瘾。每人面前已倒了一大土碗。扎都首先端起碗来，脖子一扬，一口干尽，又把碗底朝上展示了一下，接着再倒一碗，“干！”众人端起碗，齐刷刷地干了下去，连平时不会喝酒的我胆子也大了起来，一口气干掉了半碗。“哒！哒！哒！”（好）男人们欢呼起来。

酒，对于拉祜人来说，是必不可少的饮料。据清道光《云南通志》记载：“古葱……性嗜酒，男女负薪野蔬入市，必易一醉而归。”清云贵总督鄂尔泰《恩乐县歌》中说：“一种古棕性格殊，不耕水田种山谷。崖栖嗜酒访街期，扶醉归来喜可掬。”我更愿意相信这样的事实，酒似乎来源于拉祜人漫长的迁徙和古老的狩猎场，是拉祜人山地生活的一种风格，承载了拉祜人所有的日常生活。讨媳妇生娃娃要喝酒，过节跳舞要喝酒，祭神拜佛要喝酒，平时餐餐顿顿要喝酒，客人来了更要喝酒。

不一会儿，火塘边的人已经半醉，一位健壮的汉子晃晃悠悠地端着酒碗唱了起来，酒丝毫不会影响他的判断力和歌喉，相反，酒使他摆脱了某种重负和羁绊，袒露出质朴的本性。

他唱的是酒歌，火一般热烈的调子，让人觉得格外温暖。

同样是在扎都家，一个红牛易拉罐和一套运动衫吸引了我的目光。易拉罐蜷缩在墙角，上面已经蒙了一层厚厚的灰垢，运动衫被随意扔在一架尚未织完布的纺车上。

运动衫是扎都孙子穿的，款式尚显新潮时尚。我虽然没有见到那个孩子，却分明已经看到了一种不同于以往的生活呈现在了拉祜人的面前：运动衫让几百年很快成为过去，那孩子满脸顽强的表情似乎在说，即使不可能生活在城里，也要尽量穿戴得跟城里人一样。

十二、拉祜文化活化石

在南段的时候还是阳光灿烂，去龙竹棚村老寨的路上却刚下了一场暴雨。

好不容易翻过几道山，我们进入了一小片绿色的谷地。雨水戳在滚烫的地上，形成飘荡的云，我们在云中行走。我看到了绿树，茅草房，挂墙房，浑黄的村落，屋宇上飘扬的炊烟。如果不是炊烟，村落就很不容易看见，炊烟表明了人真实的存在，同时也表明一切与延续有关的东西。

云海里若隐若现地浮动着几块礁石，不一会儿，礁石慢慢地滚动了起来，不错，云海里的礁石也是会动的。直到眼前出现了一个灰头土脸的放牛娃和四五头水牛，我才吃了一惊，孩子和水牛的颜色与山峰浑然一体。

龙竹棚四面环山，大山为它挡住了外面的习俗和语言。

拉祜人的村子，大多数是落地式茅草房，这种茅草房有两种形式，一种是四周用竹笆和木板围栅做墙，称为“竹笆房”，另一种就是“挂墙房”，先用小树干围成墙体，再用稻草加茅草合着泥巴糊挂在墙体上，稍加光滑即成。也有的人家盖成吊脚楼。进到村口，悄然静寂。再往里走，满地的烂泥。几条水牛，横卧当中。几只毛色不一的狗，围着我们一阵乱吠乱跳，像是拦截路口，要收取买路钱的江湖盗贼。据以往经验，我原地站着不动，狗也就停止了围攻，有一只甚至还摇了几下尾巴。旁边的屋里，不知不觉已摸出一位老妇人，穿一身粗糙的黑布衣服，嘴上含着一个旱烟斗，手扶在门边上，身子微微向前倾斜，含着胸，一双灰蒙蒙的眼睛幽幽地看着我，一闪身让我进了屋。

屋里一片纯黑。我的眼前好像被蒙了一块黑布，黑乎乎的，什么也看不见。“咣当”一声，脚下不知跘倒了什么东西，我赶紧伸出手来摸行。一双铁板一样硬的手接住了我，扶我坐下。

好一阵子眼睛才适应过来，看清了屋子中间有一个火塘，一根独柴忽明忽暗地燃着，满屋烟雾缭绕。火塘边围坐着一圈人，也是黑乎乎的，有男有女。见我进来，并不搭理，进进出出，该干啥干啥。有一种天生的沉默。

让我进来的那位老妇人，伸手从屋角摸出几根柴添进火塘，用嘴对着吹了一阵，火灰四散，“呼”地一下，火燃了起来。老人顺手从火塘灰上取了一个冒着热气的小口缸递给我。置身其间，好像是一家人，没有客套。

借着突然跳起来的火光，我打量着这间屋子，墙黑得冒油，梁黑得冒油，顶上的茅草黑得冒油，就连挂在墙上的物件也黑得冒油。我不知道它始于何年，但它一直就活着，就像这群拉祜人，在大山的褶皱中，默默地生，默默地活。

老妇人静静地坐在火塘的上首，手里不紧不慢地搓着一个线团。火光淅淅沥沥映在她的脸上，一刹那，我看清了那是一双银灰色的患有白内障的眼睛。她的脸粗糙得像一张揉皱的树皮，不过，那上面写满了安详，那是一种不可思议又无法言喻的安详，一种人类之母才有的安详。

年轻时，她一定很美丽吧。

62岁的龙竹棚佛爷李老大已经是第7代传人，掌管着10个寨子的宗教事务，其中包括6个缅甸村寨。平日里，不时有跨国信众前来祭拜，让龙竹棚佛房成为名声在外的国际佛房。

到龙竹棚的第二天正好遇上佛房举行佛事活动，来到佛爷家时，佛爷早已换上了白色法袍，头戴白色法冠，风骨傲然。他双目微闭，手持蜡烛正在低声诵经，见我们到来，并不停止吟诵，只是一抬手，引领我们径直向村后昨天我独自进去过的“贺叶”走去。微风轻拂，佛爷白色的袍袂如一缕轻云，飘然若仙。

我至今想不起这只神鼓的年代，李老大说过。紧张使我失忆。我不可能在神界，掏出纸，拿出笔，记点什么。

我想，年代不过是无数日子的累加，并不重要。重要的是神鼓具有永恒的神性。不需要时间证明，便可见的那种无与伦比的辉煌。

从暗无天日的暴雨中走进供奉神鼓的佛房，令人不安的气息扑面而来。我甚至觉得自己那双跟在李老大身后移动的脚都像是碰着某种不明之物。

佛房里光线暗淡，调子阴沉。直到点燃了角落的一堆火和神龛上的蜡烛，我才看清了神鼓以及李老大的皮肤、额头、眼睛和嘴的形状。无数白色的经幡。

神鼓用整棵原木截取一段做成，直径一米多。四周雕刻出稻谷、鱼、鸟等图案，还有一些神秘的花纹。雕刻手法之粗糙，似乎出自太初之手。

被火光照着的部位突然亮起来，使其他部位更加莫测，似有无数潜藏的精灵飘浮其间。整个祭祀过程，李老大始终以一种娓娓的调子在诵念。

古老传统的魅力就在于这种无须证明的精神远景。

现今没有哪一个民族能够像拉祜人一样将原始信仰和宗教如此和谐地统一在一起。佛教传入中国最早见于史籍的是西汉元寿元年（公元前2年），此后，佛教用几百年时间在中国传播。

明末清初，佛教传入拉祜族地区，并逐渐形成了拉祜史诗中的“五佛五经”，即孟连土司领地上的五个佛教中心。不同的是，佛教传入拉祜地区以后，与拉祜族的“卡些卡列”制合为一体，成为“政教合一”的社会组织。

现在的佛房，早已没有供奉佛像，除了龙竹棚的佛房供奉着神鼓，其他的佛房大都只有神龛和经幡，更多的显示出一种原始信仰的特征。

祭祀时的吟诵，击鼓碰铃，在我们看来是艺术的行为，只不过是他们与神的沟通交流。

眼前的佛房是2014年重新修缮过的，踏步路、挡墙、公共舞台、文化活动室、宣传长廊、广播设备一应俱全，使这个藏在深山里的民族文化传承示范村多了一些现代的元素。

2015年3月，被誉为拉祜文化活化石的龙竹棚老寨成立了拉祜神鼓演艺有限公司，致力于文艺表演，民族服装、民族工艺品加工、销售，农副产品购销，休闲旅游开发。这是继老达保快乐拉祜演艺有限公司、南岭野阔拉祜演艺有限公司成立后普洱市第三家农民自发、自创的演艺有限公司。

十三、国境线上的旗帜

2015年8月16日，对于云南省公安厅交警总队驻村帮扶书记李超来说，是生命中一个极为重要的日子，就在这一天，他来到了南段，这个距离省城800多千米的村庄。李超18岁走进交警队伍，19年的警龄让他有了丰富的阅历，即便如此，说起驻村帮扶两年的时光，沉稳而诚挚的李超连连说："感恩这片土地，让我亲历了一场伟大的巨变，南段村从贫困到走上脱贫之路，是多部门联动精准扶贫带来的喜人结果，更是因为赶上了伟大的时代。"

南段11个村民小组中建档立卡在册的贫困户有191户共628人，占全村总人数的31.78%，2017年内全村要实现脱贫，没有坚忍的意志和超常规的措施是难以实现的。为此，省交警总队连环进攻，组合出拳，围绕脱贫、摘帽、增收3个主要目标采取了一系列有效措施。

加强基层党组织建设，改善基础设施，翻新重盖村委会。刚到南段的时候，李超发现，村委会办公条件的简陋超乎想象，破旧的房屋里多数漏雨，这样的环境，严重制约着村委会各项工作的开展。党员文化程度偏低，40岁以上的群众基本不会说汉话，扶贫工作队入户精准识别都得有翻译，工作量成倍增加。有5个村民小组没有党支部。

针对这种情况，交警总队12个党支部与南段村党总支及6个党支部结对共建，实现基层党建与脱贫攻坚双促进，投入28万元党建工作资金，修缮村委会办公楼、党员活动室，购置电视机、桌椅板凳等一批设施，同时从总队机关党费中捐赠6万元，给予南段村6个基层党组织各1万元的活动经费，帮助解决了党员活动室建设、党员活动经费缺乏的实际困难，办公条件的改善，极大地提升了办公的效率。2016年，在工作队的帮扶下，5个村民小组成立了党支部。

红旗飘飘工程，投资18万，在所有村公所和村民小组竖起旗杆，在群众中树立国门意识，爱国意识，让庄严的国旗在边境线飘起来，工程虽小，意义却非常重大。

组织开展教育技能培训。脱贫必须标本兼治，总队就先期筹集了5万元资金，在南段村设立了教育扶持基金，对南段籍初中毕业生每人奖励2000元，完成高中学业的每人奖励3000元，考上大学专科的每人奖励6000元，考上大学本科的每人奖励10000元。投入3.357万元资金，为南段村小学214名师生购置校服。此外，积极动员爱心企业家投入24万元捐助教学设备及帮助综合楼和操场改建，改善学校的教学条件。

2016年出现了一个新情况，有20名学生考上了初中，拿到奖励金以后，不少孩子买了手机，针对这个情况，扶贫工作队及时调整了帮扶方略，把发奖金改为帮助孩子们支付在校期间的生活费。也就在这一年，8个孩子考上了高中。

拉祜女孩李二妹考上了西南林业大学。二妹一家祖孙三代共有六个人，与其他村民一样，卖茶叶鲜叶是主要的经济来源，生活一直捉襟见肘。二妹考上大学，高兴之余，全家更多的是担忧，每年几千元的学费，对于这个贫困家庭来说，无疑是个难以承担的大数字。交警总队政委郭长青专程去学校看望并送上了10000元的奖学金，交警总队还每月补助生活费600元，圆了二妹的大学梦。

南段小学学校现有267个孩子，全部来自附近的山寨。刚来的时候，很多孩子不会说汉话，普遍不换衣服不洗澡，学校不仅要采用双语教学，还要从扫地、擦玻璃、烧水烫虱子这样的小事教起。

学生的粮食靠从家里带来，有的是苞谷，有的是洋芋，也有带大米和荞面的。

驻村扶贫工作队进驻后，总队先后5次投入17万余元，为南段村小学学生、教师购置了被子和学习体育用品。总计投入学校基础设施建设66.48万元，改善全校教师的居住条件，为学校建设电教室。

2017年，4名孩子考上了高中，每人得到了5000元的奖励。

要脱贫，教育帮扶素质能力提升非常关键，资金帮扶的同时，工作队在南段村委会驻地开办了云南省公安厅交警总队南段夜校，向村民宣传党对贫困地区和贫困群众的关心爱护和利好政策，提升贫困村民的劳动知识和技能素质，启发贫困村民脱贫致富的热情和紧迫意识。开展“两学一做”学习教育，教授养殖、种植技能，进行交通安全宣传，解决扶贫点的边疆少数民族文化、理念滞后的问题。通过培训，让群众掌握一两门种养殖技术，逐渐转化群众的“等、靠、要”思想，主动投入正常的生产和生活当中。

产业帮扶斩断贫穷根源。南段村年平均气温17℃，气候温和，雨量充沛，云雾缭绕，是出产好茶的地方，无论台地茶还是乔木茶，其叶、芽都比较肥厚，持嫩性好，茶性醇和，茶气香高，回味甘甜，无苦涩味。茶叶历来是村民谋生的主要经济作物，但粗放的加工方式却让好茶难卖上好价钱。

好茶叶还需好功夫。制茶看似简单，其实不然，从选料到加工都有精细严格的标准和工艺，鲜叶一定要一芽一叶的春茶，只有芽没有叶茶味不足，只用叶，形不成针状，用锅杀青，一定要杀到火候，要透又不能过，然后开始揉制，一直到揉成针状，再定形，烘干。杀青、初揉、做形、晾干、筛剔、补火六道工序，每道工序都是对茶人技艺的考量。

南段村人均茶园5.6公顷，是村民增收的主要经济作物。交警总队从省城请制茶专家来给村民授课，让村民掌握先进的制茶工艺从而做好茶，培训起到了很好的效果，2016年，南段村仅茶叶一项就增收200多万元，人均增收1000多元。2017年，总队又筹资300余万元，建设了22个茶叶晒棚，助推南段村茶叶产业升级。

为有效解决南段村经济作物单一，冬季田地荒芜，农民收益较低的现状，交警总队投入资金3.5万元，组织村民到景谷县开展特色种养殖及冬季作物种植的参观考察和学习培训。买了小麦、蚕豆、油菜种子，免费发给群众学习种植，请县里的农科人员教授打塘、行距、主距、化肥的使用等，手把手教种。脱贫，挖掘群众的内生动力非常重要。

山谷里第一次飘起了蚕豆花香，漫起了小片小片金灿灿的油菜花海。

然而，小帮考村民小组第一次试种收获的600公斤油菜籽，出售时却让村民很伤脑筋，长期封闭的生活方式，让他们对商品经济无从适应，销售无门。为鼓励群众，工作队收购了油菜籽，拉出去榨了油，用于村公所的公共食堂。

这个小插曲的意义在于，让群众学会种植，学会接受新生事物，对于直过民族来说，需要有个循序渐进的过程。

2017年，南段村实现了小麦种植约150.5亩、油菜种植267.6亩、蚕豆种植110亩、豌豆种植120亩，收获粮食103890斤。这些数字，若放在内地，也许只是一个种粮大户的收成，对于山寨而言，却是历史性的突破。

劳务输出。2016年，帮扶工作队组织了16名拉祜青年到交警培训中心、高速公路支队工作，遗憾的是，有8名青年还是返回了家乡，原因是散漫惯了，一时难以适应单位制度和纪律的约束。

2017年政府和帮扶工作队加大了输出力度，尽管挨家挨户动员，依然只有两名青年报名参加劳务输出，这样的状况让李超心情异常沉重。李超说，对贫困户而言，只要出去一个人，每月收入3000元左右的工资，对脱贫将起到很大的作用。

加强交通安全宣传，每个村民小组、学校都设置了交通安全、法规宣传栏。南段村有机动车（摩托车、小型客车、货车）600余辆，其中摩托车占绝大多数，村民交通意识淡薄，交通事故时有发生。在山地，摩托车是村民出行的主要交通工具，由于驾驶人普遍存在无证驾驶、酒后驾驶、驾乘摩托车不戴安全头盔等交通违法行为，摩托车造成的交通事故和损失都是最高的。交通事故猛如虎，不少家庭就因为一场交通事故，彻底被拖进了贫困的深坑，不少青年因为一时疏忽造成了终身伤残。

扶贫工作队及时协调澜沧县交警大队，在南段村委会组织交通法规学习，设考场，125名无证人员通过考试并领取了驾驶执照。

有了安居，才能乐业。2015年6月5日，南段村莫谷村民小组发生火灾，20户村民的房屋化成灰烬。虽经多方筹措，但每户村民灾后重建的资金缺口依然有3万元。为了尽快让群众安居，总队一次性解决了莫谷村的60万元资金缺口。

2016年，在帮扶各方的积极努力下，南段村125户纳入易地搬迁的贫困户彻底告别低矮破旧的木板房，全部搬进了新居。

几个妇女走在去南段交易的路上，她们半夜就已经起床，一直沿着那些凸凹的山路走来，下了好几场雨的大地上，飘荡着潮湿的气息。一钩弯月镂空了她们的住址，能够看见的只是时间的幽暗。在这个偏僻的乡街子上，没有物质的华丽，却有她们熟悉的生活，以及她们的男人和孩子。

南段不久前建盖了新的农贸市场，到街子上交易，成了边地村民的盛宴。

一个青年，刚刚在市场里卖完了芭蕉和蜂蜜，才出市场大门，便吹起了一支轻快的曲子，听起来犹如一只可爱的小白兔，蹦蹦跳跳地奔跑在大地上。回到昆明，我不时会想起这个青年，或许他们就是在火塘边吹着芦笙的男人，或者站在太阳下翻着红土？

市场的中段，一位母亲很自然地喂着孩子。她若无其事地掀开衣襟，用手托住那硕大丰沛的乳房，把鼓满新鲜乳汁的乳头塞向啼哭的孩子，小小的生命由于贴向母亲破涕为笑。这样的场景是我看到的最温柔的一个瞬间。哺乳的动作使孩子和母亲洋溢着一种湿润的温情。

这位母亲手上沾着泥土，显然刚刚来自土地。她的面前摆着一只鸡笼，里面圈着三只花羽毛的母鸡，旁边放着一篮用草拴着的鸡蛋。滞后农业环境中的艰难人生并没有使她丧失那与生俱来的生活激情，她以一种礼赞生活的姿势坐在集市上，这是她生活的细节。

我无从知道她灵魂游走的全部过程，但她的目光分明汩汩流淌着一种迷醉与柔情，一种繁衍后代的无比幸福的光芒。

整个街子，她没有卖掉一只鸡蛋。正因为如此，这位母亲才那么长久地打动着我。我想，是那种消化苦难，朴素平静的生命状态打动了我。

两年来，南段村的变化让人应接不暇：道路硬化，安居房搬迁，亮化工程，技能培训，扎妥见到我们就说："现在忙得聊天的时间都没有了。"

扎妥从思想观念到行动的变化，何尝不是南段变化的缩影。

2017年8月19日，当我在午后的阳光中站在南段村时，宽敞的水泥进村大道，崭新的村委会办公楼，传统的干栏式建筑不远处，矗立着一幢幢舒适明亮的安居房，十年里曾经多次来过的山寨忽然变得既熟悉又陌生。

十四、满身的银饰叮当作响

阿里。天上下着细雨，地上肮脏泥泞。

这是一位奇异的哈尼族奶奶。在阿里的街子上，我惊讶地看着她女王般的走来，带着安详，带着自信。她径直向我走了过来，满身的露水，满身的芬芳，满身神秘美丽的饰器叮当作响。她不会讲汉话，我无从知道她生命中曾经占据着什么、憧憬着什么和拥有着什么。不过我敢肯定，她一定是从火塘边走来，刚刚咀嚼完苞谷。

她背着一只空竹箩，并不是来交易的。事实上，像所有山里人一样，她并不熟悉交易，也不屑于买卖。她是来展示一种美，一种细致的美，一种智慧与勤劳缔结的美，因此，她以一种优雅的姿态，骄傲地面对着我的镜头。

生命不仅在于存在，更在于表达，这是以前我没有想到的美学入口。对于这位盛装的老人而言，这不过是她日常生活的一部分。

阿里是糯福乡一个以哈尼族为主的村委会，南端与缅甸相连，国境线长达22.374千米。全村有12个村民小组，分别属于哈尼、拉祜、佤、布朗、傣、彝、汉等七个民族。便捷的交通使这里洋溢着一种热闹中的斑斓。

娜波家盖起了不错的水泥砖头瓦房，并围起了小院。这个家是乡村的一部分，小院不大，但干净整洁，厨房和住处是分开的，还单独在院子的一个角用石棉瓦盖了一间小屋，用来安放火塘。猪厩后面建有沼气池，除此之外，有瓜果、自来水管及咸菜，有晾晒衣服的竹竿，有农具，有挂种子的墙壁。

我们进去的时候，娜波的母亲不在家，娜波的父亲正在院子的水泥地上翻晒苞谷，见我们进来，连忙吹燃火塘烧开水。火焰金黄灼亮，木柴的香味随着腾起的烟雾四处弥漫。

这样的乡村图像让人感到诱惑。

娜波的父亲是个朴实的拉祜汉子，话不多。除了种有十多亩山地，还会建筑手艺，每年有四五千块的收入，是他家主要经济来源之一，也使他家的生活有了很大的改善。房子一共四间，地面铺着素洁的地砖，门前放着拖鞋和拖把，客厅里，电视、沙发、组合柜一应俱全，看得出，一切依了城里的规矩。只是门头上用以驱邪的竹神符和火塘无时不在提醒你，这里依然是拉祜人家。

娜波44岁的母亲读过初中，使她比别的女人有了更多的本领和梦想，对拉祜女人的命运也有了更为深切的感受。因此，她从小灌输给娜波的思想就是读书改变命运。娜波考上初中的时候，她并没有像其他母亲那样喜极泪流，她有更大的梦想，要让女儿上高中、上大学。

娜波的父亲也说，娜波是个聪明刻苦的孩子，她能考上大学，尽管家里还有其他两个孩子，生活依然艰难，但无论如何我们都不会放弃。

从娜波家后面转过几户人家，很容易就找到了罗娜家。同娜波家一样，罗娜家也住上了砖头水泥房。罗娜的父亲不在家，爷爷和母亲在厨房的火塘边接待了我们。

罗娜的母亲娜袜是个安静的拉祜女子，原来的丈夫去世后从外村嫁到阿里村，这与拉祜族特殊的婚俗“从妻居制”相比，已经有了根本的改变。

娜袜会说一些汉话，但从不好意思开口，在一个多小时的谈话中，娜袜只红着脸说了一句：“希望女儿好好读书。”便羞涩地低着头，再也不肯开口了。

十五、美丽乡村样板

在山寨跑多了，我的脑海里一个挥之不去的问题是，如何在保护传统文化中寻求发展？保留古老山村的意义是什么？难道就是为了给理想主义当诗和画用的吗？

那些男人、女人、老人和孩子，他们有没有权力在耕牛和机器之间做出选择？

也许，面对那些斑驳古老的村庄，诗人们会说：我喜欢那里的青苔。我喜欢那里的沧桑感。我喜欢那里的气味。我觉得这仅仅是一种不负责任的浪漫。

老迈新村的建立，给现实提供了一种解决的模式。

老迈新村是糯福乡阿里村公所的一个拉祜族村民小组，通往缅甸佤邦、掸邦的国道跨境而过，森林覆盖率达98%以上，一条蜿蜒的小河从寨边流过。

老迈原来的村址坐落在距离这里5千米以外的半山坡上。2001年7月18日，山体突然出现了可怕的滑坡和裂缝，搬迁成了唯一的选择。

说起过去的岁月，老迈村人记忆犹新。

老迈那段时间天气异乎寻常地晴好，太阳天衣无缝地灿烂着。

开始，小草和庄稼都就着阳光伸直了腰，拼命长，朝死里长，仿佛要把一个冬天的憋屈都长回来似的。渐渐地，就有些撑不住了，因为地里的水分越来越少，土地开始出现一道道蚯蚓似的裂缝，不出几天，更大的缝隙争相显现。几条小河都断了流，那些可怜的鱼儿在泥沙和水草的纠缠中张大嘴拼命挣扎、呼吸，小黑河倒是还淌着麻绳粗的一股水，勉强维系着全村人和牲口的性命。然而，那些断了流的鱼儿们是不可能抵达这生命之源的，除非，它们像一直在岸边觑视着的鸟儿一样，也长有一对能够飞翔的翅膀。

大地和村子都瘦了一圈，并且还在不断地萎缩下去。

庄稼、人、牲口、土地都在焦渴中等待、叹息。对于生存于这片土地上的所有生命来说，缺水是最严峻的问题。

其实，无须太多的水，就能够把所有生命的快乐溶化进去，然而，没有水。

不过，上天虽然很少恩赐这片几乎被遗忘的土地，却赋予了人们足够的面对现实的生存智慧，在他们看来，下雨和干旱，全是由天神厄莎根据人的善因和恶果来决定的，惊慌和抱怨是不必要而且也无济于事的。

人们甚至比平时睡得更早，因为每天唯一可以做的事情，就是到小黑河里担水来维持最基本的生命所需，既烦琐，又劳累。

犹如过去无数个干旱的日子，一切都一如既往地进行，显得是那样的平静。

那天下半夜，终于下起了雨。所有来自云层的水都仿佛补偿似的，统统向着老迈倾泻。

人们还来不及高兴，就听得“轰隆”一声巨响，整个山村都被震得颤抖起来。

村子里的人们显然被巨大的响声吓坏了，纷纷夺门而逃，站在雨水中怔怔地望着电闪雷鸣的天空。

2002年1月，政府为老迈修建了新村，全寨人搬进了新的房子。新村统一规划，建筑全部采用传统的干栏式建筑，完整地保留了拉祜族的古老习俗，远远看去，那些整齐的线条非常洁净。

“议事楼”是老迈新村最醒目的建筑，在议事楼的墙壁上，挂满了各种规章制度和村规民约，《老迈小组管理制度》《会议制度》

《财务公开制度》《公共卫生制度》《村规民约》和《评选文明农户、“五好家庭”标准》等9项制度，用村规民约管人，村民自己处理自己的问题。实施治安中心户长制，以每15至20户为中心，推选德高望重人员为中心户长，中心户长不定期与负责片区的农户交心谈心，随时掌握其行踪，遇有情况，如可疑人员、不正当男女交往等，及时向小组长汇报。

村子中央有大块的水泥地，统一处理垃圾；实行牲畜圈养、狗拴养等等。这个新村，除了更加适合人居住以外，一切都没有改变。

2004年老迈新村被命名为“安居温饱工程示范村”。

2005年成为“白玉兰火红青春建小康示范村”。

2007年成为云南省级文明村，爱民固边示范村。

2014年列入了第三批国家级传统村落名录。

2015年荣获中央文明办“第四届全国文明村”称号。

走进村里，村民体育场，图书馆电教室，干净整洁的村道，议事楼，直达每家农户的水泥路面，旅游公厕。文化带来了老迈村的改变。

全村82户278人，因循着拉祜族能歌善舞的传统，歌舞成了老迈最亮丽的名片。

对于拉祜族来说，罗扎阿绝对是本民族的大明星。

那天，在老迈新村，当帅气的扎阿怀抱吉他，唱起原创歌曲《神鼓之乡》的时候，我心底忽然涌起了一片湿润的东西。

扎阿从小在古歌、山歌、儿歌中长大，把拉祜文化传承下去一直是他的梦想。为此，扎阿师从拉祜老艺人，学习搜集了不少古歌，甚至学会了摩巴的叫魂歌、送鬼歌等。

1998年，扎阿与自己的两个亲弟弟成立了“猎虎组合”，带着梦想，他们来到了云南民族村，成为拉祜寨的歌舞演员，一唱就是十六年。

十六年间，他们参加过全国青歌赛，全国巡演，澳门展演，在收获荣誉与掌声的同时，扎阿也收获了淡淡的忧伤和迷茫。随着现代化的进程，寨子里的青年人大都外出务工，传统的文化受到了前所未有的冲击，除了寨子里的老人，会唱原汁原味拉祜调的人越来越少了。他不敢想象，如果有一天，这些传承了千年的声音消失了，那将是多么可怕的事情啊。

2011年，扎阿毅然辞职回到了山寨里，重新当起了农民的扎阿，虽然每天得为生计奔波，但他生活的重心依然离不开自己的民族文化和音乐歌舞。

扎阿成了村文艺演出队的骨干，除了代表村、乡、县参加各种演出，他把主要精力放在了培训民族文化人才上，在扎阿的主持下，文艺演出队每周用四个晚上培训传统民歌、舞蹈、古歌、器乐。对于自己所做的一切，扎阿说：“党和政府尽了最大的努力来改善我们的生活和保护我们的文化，作为拉祜人，我们更当自强不息。”

一路传递着歌声与文化，2017年扎阿的原创专辑《神鼓之乡》一经出版，仅澜沧县就卖出了2万张的好成绩。

回顾老迈新村的发展变化，党的基层组织起到了不可忽视的作用。老迈小组设有1个党支部、1个团支部，共有党员5名，团员44名，妇女、民兵、治保一应俱全。

在党组织的带领下，老迈村民遵纪守法、自爱自尊，多年来没有偷盗、酗酒闹事、打架斗殴，邻里和睦、团结友善，成为环境美、风尚美、秩序美的全国文明新农村。

2017年4月，国家民委发布《关于命名第二批中国少数民族特色村寨的通知》，全国共有717个村寨被作为第二批“中国少数民族特色村寨”予以命名挂牌。其中，老迈新村榜上有名。

十六、科技发力，精准扶贫

竹塘乡是中国工程院的结对帮扶乡镇。

在蒿枝坝，一座整洁的广场和一座两层小楼格外显眼，这就是为村民们津津乐道的“专家楼”，坐落在蒿枝坝的科技小院——院士专家扶贫工作站，帮扶竹塘乡的日子，朱有勇院士一直住在这里。

朱有勇院士30多年来一直从事生态农业研究，从2016年开始，一年多的时间里，朱院士平均每个月来一次蒿枝坝村。

随朱院士一起到来的，还有云南农业大学的教授、博士、硕士。

2013年，朱有勇的团队在云南种植冬季马铃薯始获成功。经过几年的推广，冬季马铃薯成为山区农民的致富大产业。

竹塘乡云山村蒿枝坝示范基地，有3个村民小组183户655人。2016年冬天，蒿枝坝的村民在专家们的帮助下，种下了100亩冬季马铃薯和50亩冬季蔬菜，渴望能有一个好的收成。竹塘乡的种植史上，从来没有出现过马铃薯这个词，拉祜族的村民们历来不太有种蔬菜的习惯。马铃薯、林下中药材三七的种植，不仅仅是让群众的腰包鼓了起来，更是思想观念的一次大转变、大提升。

2017年4月，收获的季节到了。

蒿枝坝的村民们怀着喜悦的心情走向地头。扎倮第一个举起锄头挖下去，一串串质地密实的马铃薯便滚到了脚前，另一个村民李娜朵则挖出了一个硕大的马铃薯，被村民们从一只手传递到另一只手，沉甸甸的分量让村民喜不自禁。

村民被眼前的景象激励着，这是他们从来没有想过，也不敢想的事情。

经测算，平均亩产3.3吨，最高公顷产4.7吨。如果按每公斤3元的订单价格，每亩可以增收9000多元。村民们欢呼起来，土地以自己特有的方式，给予了他们丰厚的回报。

其实，这只是朱院士和专家们带给村民的惊喜之一。

针对竹塘乡丰富的森林资源，朱有勇团队还在蒿枝坝松林中试种中药材三七获得成功，成为全国第一块林下三七基地。

如果每亩马铃薯9000元的收入让村民们有了前所未有的满足感，林下三七每亩可收入5万~10万元的前景则更为喜人。而对于朱院士的团队来说，不仅给老百姓带来了实实在在的收益，同时也是一项三七种植史上可以载入史册的成功。

冬季马铃薯、冬早蔬菜、林下三七、早熟葡萄种植，禽畜养殖，不懈的努力，产业逐渐壮大，村民的精神面貌和生活正发生着巨大的变化。

蒿枝坝村民朱永情开在路边的农家乐在澜沧县城已经小有名气，“桂林山水甲天下，不如竹塘蒿枝坝”，每到周末，不断有城里人慕名来到这里休闲踏青，品尝原生态的拉祜风味饭菜。

三年前，朱永情准备开办农家乐的时候，村民们并不看好。也难怪，那时候，村里大部分人家还是叉叉房、茅草房、土坯房，寨子里的道路则是“晴天一身灰，雨天一身泥”。依村民的话说：“穷得一块石头冲进家，任何阻拦都没有”，这样的穷乡僻壤，谁会愿意大老远跑来吃顿饭呢?

朱永情却凭着机敏的头脑，敏锐地从政府新一轮的脱贫攻坚政策中看到了希望，与妻子商量后便不顾众议，拿出全部积蓄，又贷了款，18万元盖起了水泥结构的农家乐。随着脱贫攻坚的推进，安全饮用水、安居房、农田水利、特色经济产业等帮扶，蒿枝坝基础设施、村容村貌一天一个样地发生着变化，朱永情的农家乐也渐渐火起来。

所有的努力，都会得到回报，朱永情的成功在于两个字：勤奋。

朱永情的吃苦耐劳在蒿枝坝是出了名的，就拿开农家乐来说，每天朱永情买菜回来的时候，寨子里的人们还在睡觉。2017年，朱永情扩大了经营范围，不仅经营农家乐，还经营起了民族服装和工艺品。提起当初的选择，朱永情说：“通过自己劳动致富是光荣的，国家政策那么好，我们不能坐等帮扶，自己也要尽最大的努力。”

朱永情的话，道出了扶贫的意义，扶贫先扶智，小康路上，内生动力决定了成败和方向。

2017年4月8日至9日，“中国工程院云南澜沧院士专家服务站”正式挂牌成立，此举标志着澜沧县科技兴农、产业扶贫再次迈上了新的台阶。在中国工程院的帮扶下，竹塘乡正稳步推进林业、矿业、茶叶、蔗糖、畜牧、蚕桑及文化旅游七大产业的发展。可以预见，拉祜山乡的明天，必然更加美好。

十七、群众要脱贫，干部要脱皮

第一次见到苏毅是2003年，当时他在澜沧县政协工作，不但是创办拉祜女子班的倡导者之一，也是挂钩帮扶竹塘乡的责任人之一。

14年过去了，2017年8月18日，当我再次来到战马坡村的时候，苏毅依然是战马坡村扶贫工作的主力，只不过这次他换了个头衔：澜沧县政协扶贫工作队驻战马坡村第一书记。

战马坡村委会是纯拉祜族村庄，全村21个村民小组，1205户人口中，建档立卡户占到了400多户。1988年澜沧大地震给这里造成了毁灭性的灾难，贫困发生率达到了31.05%。2016年，经历了沧桑岁月的战马坡村，终于步入了快速发展的轨道。按照脱贫攻坚进度，2017年，全村建档立卡户将按时脱贫出列。

高兴之余，苏毅思考得最多的问题是：脱贫出列之后，如何保持和巩固扶贫成果，做到脱贫不反弹？

苏毅的思索来自于20年的扶贫经历。

苏毅本身是拉祜族，1997年澜沧县政协挂钩帮扶战马坡村，苏毅同时来到了战马坡村。那时候，群众完全没有时间观念，大部分时间都在边喝酒，边聊天，聊到深夜一两点钟，仍然意犹未尽。

有一次入户走访，火塘边坐着这户的女主人。

“苞谷长得咋个样了？” 苏毅关切地问。

“种都没种，有哪样苞谷？”这个神色有些木然的女子动了动嘴唇。

“不种以后吃什么呢？”苏毅提高了声音，显得有些生气。

“没有吃的就让肚子饿着嘛。” 这个妇女回答得有些赌气，又有些漫不经心。

苏毅环顾了一下火塘上方，那里吊着两小袋用作种子的苞谷。

“你家男人呢？”苏毅问。

“喝酒去了。”这个妇女忽然提高了声音。

这样的现状让苏毅开始思索：自己的民族为什么贫穷？为什么落后？

驻村时间长了，苏毅的思索也渐渐有了答案，劳动技能缺乏、内生动力不足是拉祜族贫困的主要原因。没有目标，就没有计划，当天有酒当天喝，不注意积累，导致抗风险能力低下。

社会在不断向前发展，而作为“直过民族”，拉祜族的思想观念和生活方式依然停留在过去，要改变这种现状，唯一的办法就是不间断地做工作，不间断地派干部进村入户对群众进行宣传引导。

“自己要动起来，才有可能脱贫。要教会族人会做梦，做美好的中国梦。”是苏毅常挂在嘴边的一句话。

行为影响思维，思维反过来又支配行为。扶贫工作队从日常生活习惯开始，教打扫卫生，教洗澡刷牙。左谷村民小组60多岁的罗小罗，妻子去世，有一个儿子，两个孙子。苏毅感叹：“他家卫生差到什么情况呢？现在的人恐怕很难想象，工作队去到他家，都要帮他扫地，不然就无法坐下来。”

罗小罗是老党员，同时也是村民小组长，他的状况很能说明村里的状况，这让苏毅倍感沉重。

工作队长期驻扎在村里，耳濡目染，群众渐渐地受到感染，变化慢慢开始出现。

竹塘乡海拔1500米左右，雨量充沛，阳光充足，常年云雾缭绕，所产茶叶质量上乘。2005年，扶贫工作想方设法凑了4万元钱在只有16户村民的左谷小组开始开挖茶地，没有资金卖茶苗，就自己采来茶树枝条进行育苗。建厂时候得到了政府10万元的扶持资金，不足部分由村民自己投工投劳，终于建好了厂房。

茶厂的运营，把周边的群众带动起来了，产值从当初的20多万元增加到了现在的900多万元，群众增收效果非常明显。不少村民开始盖砖房，有的还买了大货车。

走出去，请进来。苏毅说，组织外出参观打开视野非常有必要。通过组织群众到勐滨、孟连参观，这些都是发展很快的地方，同那里的拉祜族进行交流。同样是拉祜族，看看人家是怎么发展，找出差距，我们为什么被甩在了后面？

请进来，请老达保和东回的拉祜族来传授发展致富经验。渐渐地，村民开始有了发展和进步的意识。随着生活条件的好转，广播和电视大量进入了农村，群众很容易就看到了外面的世界，大家开始意识到，世界正发生着翻天覆地的变化，我们为什么还停留在千年以前的样子呢？

学会努力，知道奋发，这是一个令人振奋的变化。

观念的转变，促进了产业的发展。以前村民多年来几乎没有吃饱过肚子，通过推广杂交稻解决，没有票子，通过种植甘蔗增加了收入。自古拉祜族没有种菜的习惯，当地话叫“吃懒菜”。也就是说，以采食野菜为主，过了季节就只有吃盐巴辣椒，饮食结构单一，造成身体素质明显低于其他民族。

扶贫工作队把农科部门请进来，种子由帮扶队提供。青菜、萝卜、蚕豆、小香蒜，手把手教村民种植。尽管如此，依然有村民随手抓起化肥就撒在作物根部，有的图快图省事，干脆提着口袋直接倾倒。就拿摘茶来说，一芽新叶茶可以卖到10元一斤。开始两年，群众能够按要求采摘，到了第三年，很大一部分人便不顾要求，凭自己的感觉采摘，两芽、三芽的也摘了，只求数量。导致质量下降，难以卖到个好价钱。

进两步，退一步，现实让苏毅看到了扶贫工作的艰巨性和长期性。

一村一策，一户一品，根据群众的具体情况和意愿发展产业，劳动力素质达不到的产业，不能增收的项目，再好的项目也不能干。群众要养牛的，工作队就帮助种植皇竹草，作为牛的牧草；群众要养猪的，就帮助选育良种，每上一个项目之前都先做试种，成功以后再推广。以前失误的事情太多了，老百姓再也经不起折腾。

观念转变，激发了内生的动力。村民小组长李扎丕有兄妹四人，一个弟弟和两个妹妹，作为家里的老大，1988年澜沧大地震以后，李扎丕在学校读了一年书就辍学回家放牛。扎丕边放牛边自学，三年后终于考取了竹塘乡完小的五年级。重新回到校园的扎丕非常勤奋，以优异的成绩考上了初中。毕业后，扎丕开始自学兽医。

扶贫工作队帮扶一头杜洛克猪，善于思考的李扎丕想，原来老品种养殖效能很低，群众缺乏技术，猪瘦得皮包骨头，效益低下。而引进的这头猪长得快，如果大家都养这样的猪，效益一定会呈几倍的增长。于是，李扎丕开始自己用杜洛克种猪与当地土猪杂交，培育出新一代适宜当地的品种，并开始在当地推广。

2013年，经选举李扎丕当上了村民小组长。对于观念的转变，扎丕感受同样深刻，他说："以前做完全村21个村民小组2000多头猪的防疫，需要一个月时间。因为每天只能做完5户，现在村民已经能自己给猪牛打针了。搞养殖，预防和消毒非常重要，以前群众嫌麻烦不愿意，现在群众已经主动要求预防了，卖种猪也是如此，以前是等、靠、要，现在是群众自己主动筹钱买种猪。"

苏毅接过话题说："以前养猪不计时间，不计成本，只是为了过年吃年猪饭，现在村民养猪是为了增收。以前养牛为耕田，随着机械化程度的提高，耕牛失去了用武之地。现在养牛是为了赚钱脱贫。比如，华能集团每户扶助6000元卖一头150千克左右小牛，很多人自愿再凑2000元买大一些的母牛，很快就可以配种，17个月就可以见效，就有了5000多元的收入。群众账算得很清楚，养殖超过7个月，成本必然增加。上面安排800多亩的牧草种植，群众主动种植了1700多亩，从不愿种植，到争相种植，转变的轨迹清晰可见。"

观念变了，一切都发生了转变。现在全乡生猪存栏5000多头，达到了人均一头还多。养猪大户也相继出现，每户养10多头的情况很普遍。仅养殖一项，户均增加收入5000元。一年出栏100多头的农户正在增加，养殖业成为支撑村民增收的一项重要产业。

再以盖房子来说，以前都是挂墙房、叉叉房、茅草房，大家相互帮忙，砍来竹子就建起了新房。作为曾经的游牧民族，拉祜族并不重视盖房子。就在2016年，大部分村民都不愿盖砖房，担心还不起贷款。

2017年，随着扶贫产业的开花结果，村民的观念再度发生了变化，全乡除了因病极度贫困的两户外，全部盖起了漂亮的砖房。

没有压力就没有动力。关于压力问题，有人曾提出，让建档立卡户贷款盖房子，贷款发展产业会不会给群众带来过大的压力。

对此，苏毅的认识恰恰相反，他认为，有点压力是好事，现实生活中，每个人都不可能没有压力。只要这种压力在可控范围内，压力就会坏事变好事，促使一个人真正动起来、站起来。

如今的战马坡村，河谷地带，以种植坚果、咖啡为主；海拔1500米左右的地带，以种植西番莲为主；海拔1500米以上，以茶叶为主。山地立体种植业粗具规模，人均至少有了3亩经济林果，群众脱贫有了产业支撑的底气。

面对战马坡村的巨大变化，苏毅依然非常清醒："群众要脱贫，干部要脱皮。扶贫贵在坚持，我们拉祜族地方，启动容易巩固难。很多时候，只要一转身，就前功尽弃，反弹接踵而至。这样的教训不能再出现了。"

苏毅的话不无道理，整整二十年，才有了今天的可喜变化。为此，苏毅和帮扶工作队员们几乎付出了所有的业余时间。

第四章　世界的后花园

彩云之南素有“植物王国”“动物王国”的美誉，森林覆盖率达55.7%，林地面积达3.75亿公顷，居全国第二位。多样性的气候与地貌特征蕴藏着巨大的发展潜力，良好的生态环境是云南最宝贵的财富。河流，因为人们的敬畏而奔腾；植被，因为人们的唇齿相依而常绿。各民族用自己的方式与大自然和睦相处，善于自理而又顺应自然，敬畏大自然的朴素是生存理念，客观上对生态的保护起到了良好的作用，使云南成为大人文、大风景、大地貌的荟萃之地。

2015年1月，习近平总书记在考察云南时，希望云南“主动服务和融入国家发展战略，闯出一条跨越式发展的路子来，努力成为我国民族团结进步示范区、生态文明建设排头兵、面向南亚东南亚辐射中心，谱写好中国梦的云南篇章”。

2016年10月，国家推出《乡村旅游扶贫工程行动方案》，方案提出，要使乡村旅游扶贫重点村年旅游经营收入达到100万元，贫困人口年人均旅游收入达到1万元以上。云南的1619个乡村入选，盈江犀鸟谷、诗蜜娃底，红河哈尼梯田，维西塔城国家滇金丝猴保护区，昭通大山包黑颈鹤保护区，越来越多的云南乡村以独具魅力的民族文化和雄奇壮阔的自然景观加入“美丽乡村”“民族特色村”的行列。

云南各族人民牢记总书记的嘱托，把保护环境与生态脱贫放在重中之重，在保住绿水青山的同时，发挥自身优势，努力探索出了一条具有云南特色的生态文化、生态旅游脱贫之路。保护生态带来了美好的环境，美好的环境又助推了小康之梦。

一、大地上的雕塑

连着天的山，连着天的水，连着天的梯田，森林，哈尼人的村庄，男人、女人、老人和村庄。

哈尼族是一个大山铸就的民族，至今依山而居，靠林为伴，以水为邻，古老的生活习俗使他们的生态环境得到了很好的保护。山有多高，水就有多高，被誉为“大地的雕塑”的哈尼梯田，更是哈尼人诠释自然万物的不朽之作，也构成了他们生存环境中必不可少的生态景观。时至今日，哈尼人依然顽强地保持着自己的语言、服饰、风俗习惯。

2013年6月22日，红河哈尼梯田成功入选联合国教科文组织世界遗产名录，成为第一个以民族名称命名、以农耕文明为主题的活态的世界文化遗产。

2014年，红河哈尼梯田成功申报为国家AAAA级旅游景区。

2015年，获批“全国哈尼梯田文化旅游知名品牌创建示范区”。

红河县宝华大羊街乡是哈尼梯田最为集中的地方，也是世界自然遗产的核心区域。然而，绝美的风光并没有给这里的人们带来更多的财富，栽种水稻每亩收入仅四五百元难以维持家用。由于梯田种粮食产量比较低，人们不划算种传统的水稻，有放弃的打算，有人干脆改种其他收益更好的经济作物。如此一来，上千年的哈尼农耕文化的遗产将不复存在。

龙玛，哈尼语意为大田。龙玛村位于红河县撒玛坝万亩梯田顶端，是观望万亩梯田的绝佳去处。距今已有1300余年的开垦史，经过历代哈尼人的开垦耕耘，总面积达到了16000亩，4300多层梯田，是全世界集中连片最大的梯田。

宝华乡龙玛村村民李威，当了多年的村民小组长。因为很多时间照顾不了家庭，引来了父亲和妻子的抱怨，死活不让他再继续当这个整天顾不上家的小组长。

在重新选举小组长之际，李威提出了不再干村民小组长了。

献祭神林的日子到了，早上起来，李威从鸡舍里抓了一只黑毛大母鸡，用一条事先准备好了的红绸子拴了翅膀和脚，抱着朝寨子后面的神林走去。今天是祭祀的日子，寨子里的男人都要到那里去，参加老贝玛主持的一年一度的祭祀活动。阳光很好，收获过的梯田闪耀着粼粼波光，有一群白鹭在田里漫步，不远处有两只喜鹊在喳喳地叫着，李威不由自主地唱起了经常挂在嘴上的那支哈尼民歌：

白娴鸟的激情点燃了红毛树梢，
梯田里的青蛙醒过来了，
叽叽呱呱地欢叫，
漂亮的姑娘坐在木楼窗前，
抽出了五彩的丝线，
要绣个漂亮如意的荷包，
把阿哥的心儿缠牢……

不知不觉，李威来到了走进神林的小路口，可是他被挡住了，抬头一看，站在面前的是隔壁的大叔，不待开口，大叔先发话了：

“李威啊，今天是什么日子，难道你忘了，嘴巴里还哼什么哥哥妹妹的，没有一点正经样，山神听了会生气的。”

李威红着脸说：“阿叔，一高兴，山歌就自己飞了出来。”

大叔冷冷地说：“是啊，高兴就唱情歌，唱也要分个场合、分个地点，你以为现在姑娘们的一只绣花荷包就能拴牢小伙子的心，就连姑娘自己的心都拴不住的东西，还要来拴别人。要是能够拴住，我们的龙玛村怎么只剩下些守家的老人和小孩，村子里除了过年热闹一阵外，已经没有什么人气了。小伙子小姑娘到外面去，还能说得过去，就连那些结了婚的小婆娘也丢下孩子不管，屁颠屁颠地跟着自家的男人走了。一个个都像只管把蛋生在其他鸟窝里不管孵蛋的杜鹃鸟一样，要是还继续这样下去，龙玛人的心都要起青苔了。”

李威笑笑说：“大叔你说的真是事实，可是，这样的事不仅仅是我们龙玛一个寨，附近那些大大小小的村寨子都一个样。”

大叔说：“今天就不和你扯这些了，我守在这里的意思，就是要守住你，因为大家都不愿让你到神林里去了。”

李威非常诧异，不解地问：“为什么？”

大叔说：“为什么，难道你不记得了？前两天村里选小组长的时候，几个老人不是都对你说过了，要是你被大家选上了，自己不干，就没有资格参加寨子里的一切祭祀活动，包括哈尼族的十月年也没有你的一份。”

李威不服气地说：“大叔，我不当组长也是龙玛寨的哈尼人呀。”

大叔认了真：“你是哈尼人不假，可是从前天起，你已经不是龙玛寨的哈尼人了。因为你没有把心放到龙玛寨里来，一个没有把心思放到寨子里的人，是根本没有资格参加祭祀活动的。”

李威有些委屈地说：“大叔，你是知道的，我都干了十年的小组长了，我都是在尽力做了。当然我还没有把寨子里的事做好，让大家都满意。可是，在我不当小组长这一件事上，确实不能怪我。这些年来，因为顾不上照料家里的老小，爹有意见，老婆也整天嘟着嘴，要是我还继续当着这个小组长，就总是三天两头吵吵嚷嚷的。”

大叔说：“你说的大家都知道，今天我要问你，你的这颗脑袋，是长在你的脖子上，还是长在你老婆的脖子上？”

李威有些不好意思：“这还用说吗？”

大叔又说：“你呀，都是说，牛不知角弯，马不知脸长，自己有什么毛病，自己并不清楚。你就是一个耙耳朵猪，爹有意见你就不干了，老人家并不是一头不听人话的犟牛啊，你把话说到了，他难道还不听。其实，你爹的话是替你老婆说的，农忙时节，我们龙玛寨的人大家都不是相互帮忙的，一人伸出一只手来，多难的事不都办了。李威啊，大家都看中你，要你做村里的组长，就是看中你有一颗愿意为大家办事的心，有了好处不是往自己的背篓里装。你这一撂担子，不是扫大家的脸嘛。多大的一个龙玛寨，居然缺一个为大家做事的小组长，都说一座山上一尊神，一个寨子一个人，椽子再多，要是没有梁柱也建不起大房子啊，这个道理你肯定是懂的。”

李威说：“大叔这个道理我李威是懂的，今天你们不让我到神林里去，那你们就收下我家的鸡。”

大叔摆摆手：“山神只收龙玛寨人的，要是你现在就能答应愿意做小组长，这只鸡我就收下了，还让你到神林里去。要不答应，你就仍然把这只鸡抱回去吧。”

李威说：“不收我的，替我爹收总行吧。”

阿里：“你爹更不行了，不是你爹阻拦不让你做村民小组长的吗？我说，要是你有心不做小组长，就把鸡抱回去，让你爹和老婆都看看，寨子里所有的人都铁了心，要开除你村民资格了。”

李威第一次遇到这样的事，无奈地摇摇头，只好抱着鸡气嘟嘟地往回走了。

回到家，李威的爹看着儿子垂头丧气地回来了，老婆也看到李威黑着一块脸，顿时惊呆了，她小声问：“怎么一回事？”

李威说：“怎么一回事，问问你自己吧，寨子里把我的村民资格都开除了。”

对自己的爹李威当然不好发火，对老婆，李威就乘机把一肚子的闷气喷了出来。说实话，在做好龙玛寨的村民小组长，做个建设新农村的带头人，逐步改变龙玛的面貌这件事上，李威早有一些谋划，要不是家里极力阻挡，他已经答应下来了。

老婆问：“他们凭什么开除你的村民资格？谁有这么大的权力。”

李威把鸡放到了地上：“凭什么，就凭着你们不让我去做这个村民小组长。”

李威的老婆有些生气地说：“不就是个村民小组长嘛，多大的一顶帽子，能遮风还是能避雨，神林又不是哪一家的，他们凭什么拦着不让你进去。”

李威："是的，小组长不是一顶多大的帽子，也没有人得到了，以为有多光彩。不过，也别小看了这个小组长，确实能为大家办事。大叔说了，神林是属于龙玛人的，一个不愿意为龙玛人办事的人，是没有资格到神林里去的。"

站在身边的爹把李威放在地上的鸡抱起，对儿媳妇说："见到了吧，身为龙玛人，连到神林的资格都没有了，是一件多么没有面子的事。"

李威的老婆说："爹，你也别去了，我去，我倒要看看，大叔还让不让我到神林里去。"

李威的爹朝着地上一跺脚说："女人不能进神林，难道这规矩你也要带头破了不成？"

李威的老婆一看老人家生了气，顿时不再言语，非常扫兴地转过了身。

一直守在山门前的大叔，看到李威的爹抱着鸡返回来了，知道谋划的事已经成功了，兀自嘿嘿一笑，转身朝山上走去。这时候，寨子里的两个年轻人扛了一头已经刮好的猪来到了神林里。

第二天，李威来到文化活动室，打开了广播通知村民到活动室来参加选举小组长的事。因为没有选出新一任组长来，他要主持选举大会。听到广播，李威的爹和老婆也来了。老婆不放心，坐到了李威的身边，全家都还给李威投了票，计票结果，李威全票通过。

意想不到的是，大叔这天却向李威开出了继续做小组长的条件。他站起来，指着山下的那些梯田说："李威，今天你既然继续做小组长，大叔要给你开出一个条件，为了保住老祖宗留下的这些梯田，让它不要荒废了，世世代代地传下去，你什么时候，能让那些在外打工的人高高兴兴地回到寨子里来？”

大叔刚说完，一个近四十岁的光棍汉就接着站起来说：“李威大哥，你还要给我们几个老伙子都能找上媳妇。”

李威说：“大叔说的我答应下了，三年后实现大家的要求，一定让龙玛村热热闹闹，穿过寨子让大家能够听到小姑娘的笑声、小娃娃的哭声、小伙子的摩托声。”

刚才说话的汉子说：“李威大哥，刚才我开出的条件呢？”

李威坐下，刚想站起来回答，他的脚杆上被老婆狠狠地拧了一下。李威转过头盯了老婆一眼，想不到，这一细节被汉子看到了。他大声地说：“李威嫂子，你不要自家的被窝是热的，就不顾小弟家的火塘是凉的了。”

李威的老婆扑哧一声笑了：“兄弟啊，你李威大哥本事再大，也不能到月亮上叫个仙女下来呀。”

李威却一脸认真地说：“兄弟，只要你家的院场里有鸡鸭在跑，出门的时候骑上摩托唱着歌，你的媳妇我包着给你找到。”

李威的话没有说完，他的脚上又被老婆踩了一下。

以往要是开完会后，李威的老婆总是一个人朝前冲回家了，她总担心家里圈里的猪相互打架，咬伤了耳朵什么的。反正，家里大大小小的事总有她牵挂的。可是，这天她破例地没有走，李威在屋里说话，她一直在门外等候着。直到过了大半天，李威和几个老人从里面出来，她的心才放了下来。

回家的路上，李威的老婆嘀咕着：“你李威大组长的口气真是大啊，嘴巴里能跑出大象来。说三年内把那些寨子在外打工的叫回来，我都为你急得心里淌汗，大华说给他找媳妇你也敢答应下来。要是你满足不了，大华可是个厚脸皮，到时蹲到火塘边找你要，你能给呀。”

李威打趣一笑说：“到时找不到，我不是还有个小姨妹吗？”

老婆一听，气得在他的身上拍了一巴掌：“大华也不撒泡尿照照，我妹子是多好的人才呀。”

李威说：“我对大华是有条件的呀，满足了，我肯定会为他出力。人靠衣服马靠鞍，人家大华兄弟也不是拉不出门的蹩脚毛驴，只要口袋里有了钱，平常少喝五吆六地喝烂酒，到城里买上几身好衣服，再买上一辆摩托，就是天上的仙女也会下来的。”

2015年8月，李威听说上面来了扶贫项目，一大早便赶往县里，直接找到了扶贫办咨询。

扶贫办主任说，红河县搞了6个大的培育中心，有水果种苗培养、有禽苗中心，其中一个就是在稻田养鱼和养泥鳅的项目。

扶贫办的主任说：“龙玛寨我们已经列入了扶助对象，除了稻田养鱼和养泥鳅，还可以发展养鸭子。”李威越听越高兴，因为稻田养鱼和养泥鳅，只要栽秧的时候放下去，三个月后，谷子一收，就可以捕捉投放市场了。还有一个优势，这些泥鳅都是台湾来的新品种，都是些不钻泥巴的。只要把梯田里的水放干，就可以直接用竹箩来捕捉了。一年下来，一亩田就可以有8000多元的收入。

李威回到寨子后，把村民都召集起来，给大家算了一盘经济账：如果仅仅是种稻谷，红河元阳一带的高山梯田，适应的都是老品种，一亩田也就是400多公斤的谷子，收入不到1000元。要是养了鱼和泥鳅，增加了肥力，每亩又可以增收50公斤。村民听了，都很振奋。

大华跟着李威进了一次城，参观了鱼苗繁殖基地，眼界大开，自动当起了走村串户的宣传员。他自己家里的五亩田两亩养了泥鳅，三亩养上了鱼，门前的一块空地上用篱笆围了起来，开挖出了一个水潭，养上了30只鸭子。一年下来，大华一家就有了4万多元的收入。

2013年5月，红河州委、州政府便启动了“美丽家园”行动，提出要“做特民居、做美村庄”。采用“房入户，田入股，文化入景，农特产品入市”的方式，着力打造“特色旅游小镇”，突出农耕文化展示、生态居住、生态休闲度假、文化休闲娱乐、农耕文化体验等特色，拓宽增收脱贫渠道，带动了当地经济的发展。

大华到城里学习驾驶，回来的时候，开着一辆崭新的面包车，副驾驶位上，多了一个漂亮的哈尼姑娘。据说是在学习驾驶时认识的，姑娘是同车的师妹。

走进龙玛村，全村71户人家已有41户建起新楼房。2014年11月，李威牵头，村里7户人家成立了旅游合作社。

2015年2月，龙玛村被列为省级旅游特色村，红河县投资250万元对龙玛村进行规划建设，出台了“建成2个标间以上的农家客栈，无偿扶持1万元；建成6个标间以上的农家客栈，无偿扶持2万元”的扶持政策，并鼓励农户们积极组建乡村旅游合作社。

就在这一年，李威家搬进新房，开起了旅游客栈和饭店，一年纯收3万多元。红火的气象带动了村民，2016年5月，龙玛村注册了以餐饮、住宿为主的“悠然旅游开发专业合作社”，采取“房入会”的方式，把社员的客房集中按标准折资分红，小餐饮服务自收自支，大型团队餐饮采取统一采购、统一开伙、利益均沾。2017年，已有5户农户参与其中，旅游合作社人数发展到了13户。

十月年、苦扎扎、昂玛突，每逢传统节日，龙玛村村民们都会举办各类民俗活动。既丰富了乡村旅游内容，群众也获得了实实在在的收益。2016年，悠然旅游开发专业合作社共接待国内外游客5408余人次，实现旅游收入56万余元。

远处有炊烟袅袅，天空有白云飘飘，山上的花开了，其间流淌出欢笑的清泉。大地万物生发，开始了真正的春天。在劳动者的心里，春天永远有着足够的温暖和灿烂，生命得以纵情绽放。

夏天，大地结实饱满、欣欣向荣。所有的农人都在热切的期盼中等待，等待收获季节的来临。

田里，稻子正在抽穗灌浆，饱满的绿色在阳光下闪闪发光。

伴随着万物生长，哈尼山寨不期然进入了收割的季节。

火塘边，有人在唱着辽远的歌，歌声中有饱满的灵魂和宁静的心灵。劳动的人们，在他们栖息的大地上，跳着古老的众神之舞。这种快乐，源自心底。

二、诗蜜娃底的故事

“诗蜜娃底”是傈僳语，意为美丽的黄草坝，位于盈江县苏典傈僳族乡下勐劈村。

在宽敞明亮的下勐劈村会议室，下勐劈寨正在召开全寨70多人参加的群众大会。这是村里遭遇“5·30”大地震后，经过一年多的努力，恢复重建后的第一个村民大会。乡里的领导，村委会全体成员几乎都来了，会议的主题是：下勐劈村怎么摆脱贫困，走出一条乡村旅游的路子来。其实，在恢复重建的时候，县乡领导就是按乡村旅游的标准来设计的。乡村旅游在这样一个远离县城的山区来进行，大家都有些好奇。

下勐劈村支书栋兴强说：“这是一个民主大会，大家心里有什么就说什么，有什么疑惑统统说出来，乡村旅游，对我们村干部来说也是一件新鲜事。”

有人提问说：“旅游，不就是看稀奇、看热闹吗？我们下勐劈有什么好看的？”

说话的人叫栋家良，他的儿子在深圳的一家工厂打工，儿子带着他和老伴出去过，算是个见过世面的。

栋兴强说：“家良大哥的提问很好，是的，旅游就是看热闹、看稀奇。我们就是要通过旅游，使大家富裕起来。”

在地震恢复重建中，盈江县修通了县城至村庄长52000米、宽6米的水泥大道，整合各方面资金，投资2800万元，修建了文化大广场，建盖了民俗博物馆。为充分展现傈僳族文化，下勐劈村人把过去老祖宗用过的石磨、犁耙家私、织机、风柜都搬进了博物馆。

栋兴强接着说：“我们寨子最适合种的只有苦荞、苞谷，这些作物产量上不去，要靠这些来脱贫，根本是不可能的。种药材么，我们周围的迪庆、大理、丽江、普洱都在种了，不外乎当归、附子、重楼、黄精，适合种植的山区都铺开了。如果我们现在还跟在人家的屁股后面，销路肯定是个大问题。再说了，市场总有饱和的时候。大家想一想，我们寨子到底适合走一条什么样的脱贫路子。”

栋兴强的一番话，在村民中间引起了不小的反响，大家讨论热烈起来。有村民说，我们下勐劈青山绿水，空气新鲜；有的说，诗蜜娃迪的高山牧场，大家都看到了，牧场包围在森林中，一年四季都是小河淌水清悠悠的，加上牧场上放牧着的那些牛马和羊群，城里人肯定喜欢来看看。

栋兴强见大家都看到了家乡的优势和亮点，兴奋地说：“说到我们寨子，家家户户的屋前屋后都是绿树迎风、翠竹成林。文化呢，我们傈僳族从来都是一个能歌善舞的民族，人家迪庆州维西县叶枝镇的同乐村就是利用他们的大寨子的阿尺木刮这样一台山羊舞，乡村旅游搞得红红火火；远的还有澜沧的老达保快乐拉祜艺术团，靠我们最近的石梯村，那里也是我们傈僳族同胞，就是靠着护鸟爱鸟，带着游客参观鸟，加上农家乐就把一个贫穷落后的山村变成了富裕的山村了。和他们比起来，我们有着更多的优势。”

栋兴强的一番话，把大家的兴趣提了起来。

有老人不敢相信：“难道森林空气蓝天白云也是旅游的资源？”

栋兴强很肯定地说：“当然是，金山银山不如绿水青山，城里人来这里吸一吸新鲜空气也是一种享受呀。”

有人又问：“你说的肯定有道理，可是，我们要搞旅游，村子里大都是些老倌老奶，脚勤手快的伙子姑娘都到城里去了。人家游客一到寨子，看到的都是些皱巴巴的老树皮，眼里跳不出一点鲜亮，来了也待不住呀。”

下勐劈寨是德宏州盈江县苏典乡诗蜜娃迪村委会的一个小村子，距县城52千米。这里生活着57户243人傈僳族同胞，27户为建档立卡户。加上山地里所产的粮食不多，仅能填饱肚子。他们的生活极为贫困，年轻人待不住，大量涌到外地打工去了。青山绿水枉自多，寨子变得空旷冷寂，了无生气。

栋兴强沉稳地说：“你说得对，这就要靠你们这些做家长的把外出打工的姑娘儿子孙子们召回来，给他们说一说，我们下勐劈的变化，先把他们的心收回来，给他们讲讲脱贫攻坚的道理。现在我们最好的路就是走乡村旅游这一条，要是他们都不回来凑上一把火，这个项目推起来肯定就有些慢了。就像老话说的，家雀都不愿意做窝的屋檐，山雀就不会到门前来唱歌。”

事实上，苏典重建得到了县委、县政府的高度重视，按照“生态、文化、安居、乐业”的理念打造“傈僳村”，坚持美丽乡村建设与旅游文化产业融和发展，真正意义上实现“人人有就业、家家有房住、户户有商铺”的美好生活。2015年，扶贫办投入100万元推动诗蜜娃底旅游产业，投入20万元扶持中、下勐劈村民小组种植杨酸茄，投入72万元扶持下勐劈村民小组建设卫生户厕，县文体广电旅游局投入50万元支持下勐劈特色村寨建设项目，县财政局支持120万元实施村内基础设施建设，县民宗局安排100万元特色村寨项目资金用于下勐劈村基础设施建设，县发改局投资260万元实施至下勐劈通村道路建设，县交通局投资450万元实施下勐劈村至勐弄乡楂子岭通村公路建设。汇集各方的力量，化作了扎扎实实建设美丽乡村的行动。

栋兴强看大家越说越兴奋，便接着前面的话题说：“当然了，一切还要靠他们心甘情愿。他们与老板的合同不到期的也不能回来，到时人手不够，我们还可以把外面的人招进来嘛。你们这些老年人，只要还能下地的也没有一个是多余的，可以种上生态菜，养土鸡、冬瓜猪供给游客们。现在，人们图的不就是一个生态。那些城里来的，到这里住上一两晚，走的时候，带走一只鸡，几棵青白小菜，不是很高兴的事么？为儿子姑娘带孩子的老人，我们统一把幼儿园办起来，请老师来教他们规矩，脚手不就腾出来了么。”

栋兴强最后总结说：“现在我们下勐劈，家家户户都有了能洗澡的新客房，窗子一开，风景就自己走进来了，还有画眉鸟、山呼鸟的歌声。到了晚上，把广场上的篝火烧起来，跳舞的地方也有了，前两天县里的孙老师，他是个大画家，在博物馆把他的画都挂起来了，还在每一家人的门口，写了一个小牌子，清风小院、绿竹宅……把我们下勐劈提升得有文化了，变得诗情画意了。这么一个美丽的地方，游客们能不来么？”

2014年5月30日，盈江发生了6.1级的地震，勐劈寨的房屋被严重毁坏，县里对这里进行了重点规划，重修了乡村公路，充分利用这里拥有的高山牧场、草甸子、大森林和民族文化资源丰富等条件，投资2800万元，打造了一个占地几十亩的大广场，建起了傈僳族民俗文化博物馆。党中央发出了脱贫攻坚的号召后，县委、县政府重新梳理了下勐劈的发展思路。根据实际，进一步完善了生态旅游扶贫措施，在严格保留傈僳族传统建筑的基础上，对内部进行了改造，每家每户都设置了具有现代卫浴设备的客房，开展了乡村旅游，走上了一条生态脱贫、弘扬民族文化的新路子。

2015年12月，苏典下勐劈傈僳民族部落村正式对外开放，古老的山寨展开宽阔的胸膛，迎接着八方的宾客。

村子里外出打工的伙子姑娘陆陆续续地回来了，汽车开到了广场上，他们提着箱子、背着旅游大包下来。把这些箱包交给了家里人，他们就沿着村子里新修的石板小路，像一个游客一样慢慢地走回家去。一路的风景使他们大吃一惊，山还是这些山，水还是这些水，稍加打扮就变得更美了。走到各自家门口的时候，一个个站在那里的小木牌面前拿出手机自拍起来，村子里弥漫着传统和现代结合的浓烈气息，一种旅游文化悄无声息地走进了人们的心里。

2016年到下勐劈的游客首次突破10万余人次，人均可支配收入从2013年的890元提高到了2017年的4300元。

2016年2月12日至14日，德宏盈江傈僳族阔时节暨诗蜜娃底乡村旅游音乐会在盈江美丽的诗蜜娃底隆重举行。村民早兴梅家的农家客栈在几天前就被预订一空，其他村民的客栈也一度爆满，从县城到诗蜜娃底的公路上，汽车排起了长长的队伍，对于世世代代生活在山里的下勐劈村民来说，是福祉、是希望，更是一种崭新生活的开始。

三、雪山精灵的世界

在森林公园管理处负责人的亲自陪同下，一辆电瓶车把几个从北京和省城来的志愿者送到了余金明家。

负责人指着一位女子对余金明说："金明，我带来的五位志愿者，除了这位北京来的女士是搞摄影的外，其他几位都是从昆明西南林业大学来的。他们都是搞动物研究的，要在我们响古箐待上三个月。他们的吃住本来我们的公园招待所也可以安排的，正好来了几个研究灵长类的专家住在那里，几个志愿者也提出，要到一个和滇金丝猴有亲密接触的地方，我就把他们带到你家来了。他们的住宿费用由我们管理处来结账，吃的由他们自己交费用。”

余金明说：“这样吧，吃住都不用管理处负责了，伙食也不用交了，大老远地来，为的也是滇金丝猴的事。我们家有15个床位，每天都有游客来，老婆都要留在家里做饭的，将就点就是了，游客吃什么就吃什么。”

几个志愿者说：“大叔，住在你们家本来就添麻烦了，吃的我们肯定是要交钱的。”

余金明说：“这样说就见外了，要是十年前，吃上三两天可以，要招待你们十天半月的，还不敢开这个口。因为家里除了苦荞洋芋，其它就没有什么了。现在可不一样了，我们响古箐的三个傈僳族村子都包括在了森林公园景区，有条件的人家都搞起了家庭旅馆，一个月下来几千元的收入还是有的。加上所有的农户家每月都可以从森林公园那里得到一些分红，大富大贵说不上，招待客人已经没有问题了。”

最后，还是森林公园的负责人说：“好吧，住的就算金明家招待了，吃的你们每人一天出20元吧，算个成本价吧。”

志愿者说：“这样交肯定少了。”

余金明说：“已经足够了，这里没有大鱼大肉的，都是香菇木耳松茸的，这些东西到森林里采摘就是，山神不要我们出钱。”

最后大家只好同意这样做了。

余金明每天8点都要从家里出发，他背上一个鼓鼓囊囊的大蛇皮口袋，里面装满了头天从森林里采来的松萝。他要带着去喂金丝猴，到8点半，那些住在塔城镇上的游客和分散在各家的游客都会乘上电瓶车到他们喂食的几个点去参观。

五个志愿者跟着余金明步行上山了，因为是第一次观猴，上山前余金明交代的还是那句话，见到了金丝猴不要大声叫，衣服不要穿颜色鲜亮的，手机设置为震动。

余金明带着志愿者到了他负责的食物投放点，村子里的其他两个人也扛着两袋松萝来了。这时候，大批游客还没有到来，余金明抬头看了看天说：“今天天气好，到这里来的肯定是金丝猴的两个族群。”余金明告诉志愿者说：“这一带活动着的有八个族群，这些年来族群的人员都在不断增加，由原来的几百只已经到了两千多只。”

正说着，几辆载着游客的电瓶车先后到了，时间正好是9点，余金明拿出了哨子，朝着森林一吹，一棵棵冷杉云杉发出了哗啦啦的响动声，仿佛刮起了一阵大风。不一会儿，几十只活蹦乱跳的金丝猴就出现在附近的几棵大树上，余金明和两个伙伴朝大树的地上投下了松萝，金丝猴立即扑了下来，观猴的游客都拿出了手机和相机在拍照。

下午，五个志愿者跟着余金明去巡山，有志愿者问：“金明大叔，大山林子里的金丝猴和这里的傈僳族同胞从来都是这样和睦相处吗？”

余金明说：“过去不是这样的，这一带除了金丝猴还有猕猴群，可是，那些年大家都没有保护意识，我们响古箐的傈僳族男人从来都有打猎的习惯，有的人也打森林里的猴子特别是金丝猴。因为它的皮毛很好看，毛绒有亮色，能卖高价，所以就常常遭到人们的追捕射杀。结果，金丝猴的数量一天天在减少。有老人说，白马雪山要是没有了金丝猴，山神一定会发怒的，到时大家都要跟着遭殃。但是，老人们的劝告没有人听得进去。也难怪，那时村子里所有人家都太穷了，越穷越想钱，到了森林里别说见到一只猴子，就是看见一只小鸟都不会放过的。要是捕猎金丝猴的行为得不到制止，不用三两年，所有的金丝猴肯定就要绝迹了。还好，这个世界上总有些明白人，离这里的巴珠村有个叫和勋的村委会书记是藏族，他就带着大家保护森林，保护金丝猴。这一带剩下不多的几百只，有的藏到了白马雪山深处，有的就跑到了巴珠附近的大森林里。”

有人问：“大叔，响古箐的人们什么时候起有了保护金丝猴的意识呢？”

余金明说：“’99世博会后，金丝猴作为世博会的标志，名气大增，政府加大了宣传，惩罚了几个偷猎者，金丝猴才有了大森林这个安乐窝。随着金丝猴增多，老人们都笑了，他们说山神又回来了，响古箐的日子肯定就会一天天变好。响古箐，应该改为响鼓箐了，或许原来就是这样的，后来被人们写错了。现在你们都看到了，现在就是金丝猴到村子里摘苹果，人们看到了根本不会去驱赶，谁家的苹果被滇金丝猴吃了，还挺得意的。你们来得正好，到了10月，我们响古箐村子周围的那些野果成熟了，比如鸡嗉子果就是金丝猴最爱吃的野果。过去村子里还有人摘来吃，现在大家都留给金丝猴了。每次滇金丝猴下山，村子里的人就如同迎接贵宾般的，大家甚至能够分辨出这些猴子属于哪一个家庭的成员。”

有人问：“现在村子里的日子呢？”

余金明说：“这个就不用问了，滇金丝猴多了，响古箐一天就有成百上千的游客到这里来，要吃要住，还能不富吗？村子里老老小小都明白了这个道理，我们的滇金丝猴，不仅仅是响古箐的，它们是中国的，是山神的，更是世界的。有人甚至说，这些金丝猴是山神派来的，它们的身上都带着财富，所以大家都相信老人的话，每个人心里一定要装着大自然。”

几个志愿者点点头说：“金明大叔，到这里走上短短几天，我们真学到了不少东西。”

余金明笑笑说：“我只是把想到的做了的给你们说说，有些话你们听来好像是迷信。”

有一个志愿者说：“其实每个人心中一定要有神灵的，这个世界上就应该多一些敬畏的，多一些温暖和善良，我们也感谢归来的山神，是他给我们认识了金明大叔的机会。”

滇金丝猴是中国特有物种，终年生活在冰川雪线附近的原始森林中，有着一张白里透红的可爱面孔和美丽红唇，是地球上海拔分布最高的灵长类动物，生态行为极为特殊，至今还有很多生物特性没有解开。全部种群只有2300多只，比大熊猫还少。被列入《世界自然保护联盟》（IUCN）2008年濒危物种红色名录，以及《华盛顿公约》（CITES）附录Ⅰ级保护动物。

滇金丝猴第一次被发现是1892年，法国传教士比尔特与他的狩猎队，在云南白马雪山的深处猎获了滇金丝猴。此后，这种美丽神秘的动物便销声匿迹了，没有人能够说得出它们的任何消息。1962年，中科院昆明动物研究所的彭鸿绶教授在云南德钦收集到8张滇金丝猴皮，这才证实了它的存在。

白马雪山省级自然保护区成立于1983年，1988年批准为国家级自然保护区，总面积281640公顷。

1997年3月，响古箐巡护队成立，巡护员由最早的5人发展到了现在的26人。

2009年，投资4800多万元建成的迪庆香格里拉维西滇金丝猴国家公园正式开园迎客。

维西县塔城响古箐由上社、中社、下社三个傈僳族村子组成，三个小村属于一个自然村，有30多户。这里相距巴珠村只有十多千米，走出村子，不到200米就是苍苍茫茫的原始森林，森林里生活着滇金丝猴、猕猴、黑熊、野猪等各种野生动物。过去，虽然政府一再宣传保护野生动物的重要。然而，因为贫穷，偷猎野生动物，包括国家一级保护动物滇金丝猴在内的事件时有发生。近些年随着保护生态的宣传以及巴珠村保护森林，得到了大森林恩赐的事实，教育了这里的人们，使他们意识到，保护生态，就是保护人类自己。人们收起了捕猎工具，自觉加入了保护自然生态的行列。

随着乡村旅游的开展，这里的村民，充分享受到了保护自然生态带来的好处。这里有条件的人家都打理出了接待游客的房间，村民们从大山里采摘来的木耳、山菇成了游客们的美味佳肴。村里的男人到森林里不忘观察野生动物的生存状况，一旦发现有金丝猴生病就立即找药为它们治疗。金丝猴得到了人们的精心呵护，山村里的傈僳族把俨然成了自己的家庭成员，每天早晨，就有村里的人背着从山里采集来的松萝到山里去投食。金丝猴在这一带活动的8个族群数量在不断增加，它们已经不再惧怕人，经常到村子周围的野果树上来觅食。

良好的生态，吸引了越来越多的人到这里来观光摄影，呼吸新鲜空气，村民们的日子一天比一天好，家家户户建盖了新房，不少人家有了汽车，走上了富裕文明之路。

四、黑颈鹤的故乡

昭通大山包镇大海子村民刘朝海一早披上羊毛毡，准备上山放羊，出门的时候，老伴从屋子里拿出几个灰秃秃的洋芋放到他随身挂着的袋子里。老伴嘀咕说，大山上的风凉，随着羊群在山上跑，肚子饿得快。

所以每到冬季，在他出门的时候老伴总忘不了给他准备几个洋芋，或是两个苦荞大饼，这些食物方便又经饿。

刘朝海赶着羊群在大山上跑了两个小时，肚子还真的有些饿了，他坐到了山坡上，从随身的袋子里拿出一把小铲子，把面前一块枯黄的草坪铲起来，把它翻了个底朝天，把洋芋捂到里面，燃起了枯死的绒草，青色的火烟，袅袅升起。刘朝海在火堆面前的地上坐下来，拿出旱烟袋把它凑到火上点燃了，慢慢地抽着，看着不远处的羊群，一副非常惬意的样子。

不远处的鸡公山，山巅上已经铺上了一层雪花，他脸上露出了一种不经意的微笑。这时候，天空传来了几声鸣叫声。他收回目光，抬起头来，有十几只黑颈鹤从头顶飞过，刘朝海对着黑颈鹤招招手，大声叫着："老朋友，你们回来了，飞累了吧，快下来歇歇脚呀。"

这天，刘朝海放着的羊群好像挺善解人意的，一只只鼓凸着大肚子，一起拢到了主人的身边。刘朝海站起来，打了一声口哨，提前下山了。回到家，老伴满面笑容地站到了门口，没等刘朝海开口，她就问："见到神鸟了吗？"

刘朝海说："当然见到了，我还以为你没有看到，所以才提前回来告诉你。"

老伴说："看你说的，这些年来，哪一年神鸟来了，它们都不是从我们家的头上飞过的。"

老伴有些浮肿的脸上，露出高兴的神色。刘朝海的老伴患有严重的肺心病，经常说话都是气喘吁吁的。

刘朝海说："对，这鸟也和人一样，只要你对它好，它们都是知恩图报的，所以到了我们家的上空就要嘎嘎地叫上几声，它们是在和我们打招呼呢。从祖上就留下了话，说能经常听到仙鹤鸣叫，就能够长命百岁，我们也要对黑颈鹤好一些，积德行善。"

第二天，刘朝海在自己的袋子里放上了些苞谷籽，准备到山上，遇上黑颈鹤到身边来觅食，可以随时给它们投放。一连三天都很平静，没有任何事情发生。

这天，天气突然变化，小北风呜呜地刮着，刘朝海的老伴想，老头子肯定是虚惊一场，国家也在大力宣传要保护黑颈鹤，要是有人伤害黑颈鹤，是要受到法律制裁的。她想这样一来，谁也不会有那样大的胆子，就对刘朝海说：“这种鬼天气，冷得骨头都冻裂了，你岁数也不小了，不去一天也不会有事的。”

刘朝海看了老伴一眼说：“大意不得，越是这种天气越要小心。”说着，披起羊毛毡子便出了门。

大山包的天气从来都这样的，一变天，就奇冷无比，有时少不了大雾弥漫。

中午的时候，刘朝海看到了几个大小伙子手里拿着什么，一步步靠近了有二十只黑颈鹤低头觅食的水塘。他感觉有些不对劲，大叫一声，把黑颈鹤吓飞了，他小跑着到了这几个小伙子面前。果然，他们手里都拿住一个黑色的小家伙，他走上去问：“你们到这里来干什么？”

一个小伙子爱理不理地说：“干什么？我们来看黑颈鹤。老倌，你为什么要大声叫唤，把它们吓飞了。”

“你们来看黑颈鹤，为什么手里还拿着个黑黢黢的家伙，你们肯定没安好心。”

其中一个小伙子说：“我们安不安好心，和你这个老倌有什么关系？”

“我只是给你们提个醒，要是有谁伤害了黑颈鹤，是要受到法律制裁的。”

小伙子有些不屑地说：“你这个老倌，黑颈鹤又不是你家养着的，何必多管闲事。”

刘朝海笑笑说：“黑颈鹤就是我家养的，这不是闲事，是家里的事，我肯定要管的。小伙子们，把你们的心收起来吧，到别人家门口骂人是没有道理的，要是伤害了神鸟要遭报应的。”

有一个小伙子哼着鼻子说：“遭什么报应？不就是几只伸长脖子，朝着天空嘎嘎乱叫的鸟么。”

唇枪舌剑，僵持了半个多小时，这几个小伙子才骂咧咧地走了。刘朝海一直看着他们过了拐弯处，直到传来一阵摩托的轰鸣声，才轻松地吐了一口气，把一颗悬着的心放了下来。到了家里，他把事情的经过对老伴一讲，老伴顿觉有些惭愧：“幸亏你还是去了，不然还真要出事的，这些黑颈鹤中肯定有的就要遭殃了。”

有了这次教训，刘朝海警惕性更高了，老伴却有些担心这几个家伙还会再来，便不顾患病的身子，与刘朝海一起去巡视。一天，当刘朝海与老伴回家的时候，他们都惊呆了，家里的院子里躺着十几只鸡，刘朝海跑过去，捡起来，扒开毛一看，每只鸡身上都插着一颗钉子模样的东西。他想起来了，这就是人们说的气钉枪，是城里人用来做装修用的。

事发后，刘朝海打电话到乡派出所报了案。两天后公安就破了案，原来这几个家伙就是近两年偷猎黑颈鹤的作案团伙。

刘朝海是大山包黑颈鹤保护区护鹤员，1990年就开始保护黑颈鹤。刚开始的时候，完全是尽义务，大山包黑颈鹤国家级自然保护区管理局成立后，他才有了几十元的补贴。近几年，他每月可以领到500元补贴，同样护鹤的老伴却完全是尽义务。

这天，刘朝海又披着毛毡在山坡上放羊了，有几个挎着相机的人向他走来，看样子是从城里来的。这时候，他手机响了，给他打来电话的是村委会主任。主任告诉他，来了几个电视台的记者，要来采访，刘朝海有些不解：“采访什么？”

主任说：“就是想让你说说你们老两口怎样保护黑颈鹤的事。”

刘朝海一听说：“黑颈鹤是神鸟，保护它不是应该的吗？芝麻绿豆大的一小点小事就值得人家大老远地跑来。”

主任说：“大哥，别说事小，这可是通天的大事了，现在国家不是正在抓人与自然和谐的大事。再说了现在我们大山包的黑颈鹤已经成了吸引全国和世界眼球的神鸟，要是它们被害了，我们可要被人家吐吐沫的。大山包旅游小镇的打造，最重要的不就是这些黑颈鹤吗？要是黑颈鹤吓飞了，谁还到这里来旅游。所以说，你们老两口是立大功了。”

刘朝海说：“采访就免了吧，要是把我这个披着毛毡的放羊老倌播出来，村子里的人不是要笑掉大牙吗？有人会说，刘朝海家老两口，都这么大把年纪的人了，还神抖抖的，喜欢出个风头。”

冬日的太阳暖暖地照着，刘朝海神色严肃地对老伴和儿子说：“哪天我死了，你们一定要把我葬在山顶上，让我每天都能够看见这些雁鹅。”当地群众一直习惯把黑颈鹤叫作雁鹅，这是从老一辈就传下来的亲切称呼。

大山包镇，一辆旅游大巴开进来了，在一家客栈面前停下，旅客陆续下车，有些寒冷的小镇顿时热闹起来。

大山包乡黑颈鹤国家级自然保护区，总面积19200公顷，位于昭通市昭阳区大山包镇境内，最高海拔合兴村独石包3364米，最低海拔老林村小海子2500米。这是一个汉族、彝族、苗族居住的高寒山区，粮食作物主要种植洋芋、燕麦、荞子，由于土地贫瘠，海拔高，自然灾害频繁，“十年九灾，无灾不成年”是这里的真实写照。一亩地仅能收获几十斤粮食，人均年收入1100多元，群众的生活极为艰苦，90%都为贫困户，是云南省的重点扶贫攻坚乡镇之一。

大山包镇有着大气磅礴的鸡公山，每到冬季，有上千只黑颈鹤飞到这里来越冬。一直以来，当地的农户都把黑颈鹤当神鸟来对待，从不伤害，默默地呵护它们。遇上大雪纷飞，黑颈鹤无法觅食的时候，不少人会拿出家里不多的苞谷站到山坡上雪地里投食，形成了一道人与鹤和睦相处的自然景观。然而，除了少数的摄影爱好者外，很少有人光顾这里，大山包仿佛是一个隐藏在深山之中的神话。

早在1988年，世界野生动物基金会预言10年后黑颈鹤将会消失。当时到大山包越冬的黑颈鹤只有300多只。2017年，到大山包越冬的黑颈鹤达到了1300多只。

大山包是世界著名的摄影天堂，“国际重要湿地”“国家级自然保护区”“翼装飞行亚洲训练基地”“中国国家公园”“中国最美湿地”“中国黑颈鹤之乡”的头衔，使这个偏僻的高原山乡得到越来越多的旅游者的青睐。

黑颈鹤又名“藏鹤”，大山包当地人称为“雁鹅”，是世界上15种鹤类中最晚发现、中国独有的鹤类，也是唯一生活在高原湖泊的鹤类，属于世界濒危动物、国家一级保护动物。

近年来，昭阳区把开发大山包列入了工作的重点，改善了交通条件，把大山包镇作为脱贫攻坚的旅游小镇来开发，加快了大山包的发展进程。经过几年的努力，呈现在人们面前的已是一片朝气蓬勃的新面貌。每到黑颈鹤到来的冬季，国内外游客就蜂拥而至，当地的各族群众，笑逐颜开地开门迎客。大山包的名声越来越大，他们爱鸟护鸟的行为既保护了生态和环境，也为自身摆脱贫困带来了实实际际的效果和机遇。

2017年6月18日，在北京“2017中国优秀旅游品牌推广峰会”上，云南昭通大山包再获两项殊荣：“亚洲最受欢迎旅游目的地”和“中国最佳运动休闲旅游目的地”。

五、人与鸟的守望

清晨，小村笼罩在迷迷蒙蒙的雾气中，公鸡此起彼伏地叫着，几家农户的大门开了，六个傈僳族妇女打着手电筒，身上挎着一个自制傈僳族小挂包走出了家门。

村口，六个身背小背篓的妇女凑在一起，她们手里都扶着一根探路用的木杆。

彩肆打开手机看后，小声地对大家说：“现在是5点半，不到一个小时，天就要亮了，今天不下雨，小鸟准会按时到鸟塘来觅食。姐妹们的手脚一定要快，天一亮，就把你们各自负责的鸟塘的食撒好，量一定不能多，够吃了就行。到下午3点，大量的游客到来的时候，小鸟才会再次飞来。”

一女子小声说：“这个我们都知道了。”

另一个小媳妇说：“彩肆大嫂，一个人钻到雾气蒙蒙的大树林中，还真有些害怕。”

彩肆安慰说：“嗨，胆子不都是练出来的，你要是天天都怕，一辈子就别想钻到林子里去。再说了，要是碰上什么野兽，只要大吼几声，举起木杆在身边的大树上敲打敲打，发出声音，什么野兽都会被吓跑的。”

大家默默地点了点头。

延绵的森林里，一束手电筒的光亮照亮着枝叶，彩肆挎着小背篓，沿着林中小路缓缓行进，她不断地用木杆轻轻地敲着拦在面前草叶上的露水。

突然，她前面的林子里发出几声惊叫，她立即停了下来，几条黑影从前面的林中跑过。

彩肆拍拍胸口，自言自语地说：“嗨，几只小野猪。”

天亮了，森林里飘荡着雾气。

彩肆站在搭着伪装网的小棚子外的地上，从小背篓拿出苞谷粒和面包虫投撒在地上。接着，又拿出一只小桶到附近接来了山泉水，倒在地上的一个小池塘里。

彩肆转身走进小棚子隐藏起来。

一群五彩缤纷的小鸟落了下来，低头在地上觅食，有几只，站在树枝上警惕地朝四周张望。

彩肆和姐妹们撒完鸟食回到村里的时候，时间已经到了中午。

一辆云南乡村常见的草绿色的长安小客车，行进在弯弯曲曲的山间公路上，两个游客出神地朝外张望。其中一个游客对身后的小伙子说：“小余兄弟，你们这里充分利用自己独有的生态资源小鸟，开发出一个新的旅游项目，还真是非常了不起的事情。”

鸟导小余笑笑说：“是啊，点子新，一切都新，还得感谢宣传部的一位领导、是他为我们出了生态旅游、打造犀鸟谷这个金点子，让我们石梯村的人不出家门，就享受到了保护小鸟和森林带来的好处。”

另一位游客来了兴致：“这么说来，傈僳族同胞从来就有爱鸟护鸟的习惯？”

小余沉默片刻说：“不，射杀飞禽走兽，一直是我们傈僳族汉子的一种传统行为。都说，我们傈僳族的菜园子是在森林里的，上山捕鸟打猎，从来都是天经地义的事。有人说过，胆子再大的老鹰，也要绕开傈僳人寨子的上空。正因为这种毫无节制的射杀，前些年，这一带森林里的小鸟一天天减少。”

游客说：“我们也听说过，傈僳族同胞大部分都是射弩的高手。”

小余说：“对，不瞒你说，我也是石梯村里的人，我爹就是一个远近闻名的捕鸟高手。”

游客说：“这么说，你们是不是把捕鸟也当作一种生财之道？”

小余说：“其实，也不是我们傈僳人不善良，而是生存条件太艰难了，我们辛辛苦苦地在山地里红汗白流地劳作了一年，吃饭是不成问题了，就是没有钱，不得不在小鸟和野生动物的身上打主意。钻到森林深处用弩弓偷偷地打，一个人一天少不了射杀几十只，把它弄到外面的小馆子里去卖。所以，这些年我们村别说没有大学生，就是中专生都没有走出去一个，多数孩子读完小学就回家来了。寨子已经留不住人了，伙子姑娘们都像鸟一样飞走了，小伙子多数出去干苦力，漂亮的姑娘们进了歌厅酒吧，留下些上了年纪的老人，盘田种地。”

游客诧异："那村子里就没有种植经济作物？"

小余说："当然种着的，过了这段林子路，就可以看见了。"

大家都不说话了，微型车继续沿着山路盘旋而行。就在大家瞪大眼睛往林子里寻找鸟影的时候，茂密的林子却戛然而止了，眼前出现了一片较为开阔的山地。

小余要驾驶员停车，他指着山坡上的一片香茅草地对两名游客说："你们看，那就是我们的经济作物香茅草。"

一阵山风吹来，香茅草发出一阵摇荡的声音。

游客说："种这种草也能养活自己？"

余江说："香茅在我们这里算是经济作物了，老板收购了用于提炼精油，我们赚不了什么钱。幸亏政府帮扶我们搞起了旅游，不然，苦死累死连吃饭都经常成问题。"

游客说："是什么促使你们彻底改变了打鸟和捕杀野生动物这种习惯的？"

小余沉默了一会儿说："这跟发生在我爹身上的一件事有很大关系。"

傈僳男人都酷爱打猎，捕鸟。以前农闲时，大部分男子都要结伴上山打猎，有的则一年四季蹲守在山上，置家中的春播秋收于不顾。这种爱好一直可以追溯到遥远的游猎时代。那时候，男人一生的财富、梦想、荣耀、乐趣都寄托在打猎上面，每家都有火药枪，即使穷得揭不开锅，但枪总还是有的，是不是男人，就看出门扛不扛枪。

如今实行禁猎，打猎属于违法，虽然有些无所适从，但大多数山地的男人还是不得不放下祖祖辈辈扛惯的猎枪，放弃打猎。但也有人旧习难改，打猎对于他们而言，就像中了毒，只有扛着猎枪出去才是唯一的解药，小余的父亲余兆清就是这样的人。就在上面层层收缴猎枪的时候，他依然大着胆子偷偷藏起了一支祖传的猎枪。只要活着，猎枪就是他的命根子。

山地的日子，大部分时间没有活干，他每天做得最仔细的事情就是悄悄擦拭猎枪。乌黑的枪管已经被他擦得镜面一般照得见人影。尽管不能使用猎枪，他一年中的大部分时间还是在深山老林中度过的，偷偷打一些鸟、松鼠、野兔什么的。不但可以改善一下生活，还可以拿去换酒喝。酒，也是他无法割舍的伙伴。

一天，余兆清身背弩弓和熊皮箭袋，走上了搭在小河上的一座摇摇晃晃的小竹桥，桥下是咆哮的洪水。突然，他的身子一歪，掉到了小河里，余兆清的身子在小河里起伏飘落，随波逐流，他大喊救命。

余兆清拼命往岸边游，可是，混浊的激流一直把他冲着往下走。一个混浊的大浪压了下去，露出头的时候，已经往下游漂了数十米了。他又恐惧又绝望，这时候，一只大鸟突然出现在他头顶前方，以优雅的姿势，徐徐飞翔。这只大鸟，就是犀鸟。

余兆清忽然觉得身上涌起了一股奇异的力量，脑子也变得异常清醒，顺着水势，竟意外地被一根伸进水里的大树根挡住了。他拼尽全身力气抱住树根，慢慢地爬上了岸边。

在余兆清看来，危机时刻，是大鸟给了他力量，救了他的命。余兆清暗自在心里发誓再也不打鸟了 。

六、金点子

2015年8月7日，盈江县在太平镇雪梨村召开了石梯边境民族特色村寨——“中国犀鸟第一村”建设启动大会。此举是盈江县保护好生态环境，发展生态经济，加快民族贫困地区脱贫致富，示范和带动周边民族地区共同繁荣发展，睦邻固边，到2020年如期实现全面建成小康社会的目标所作的又一个重大举措。

大会刚一结束，村主任蔡五便匆匆赶回了村里，他要第一时间，把这个好消息带给寨子里的乡亲。

蔡五：“今天把大家召集在一起，就是要说说保护小鸟和野生动物的事情。”

有人站起来说：“保护小鸟？难道以后就不准我们打鸟了？”

扶贫工作队员接过蔡五的话说：“应该这样说吧，森林里的动物小鸟都有自己的生存权利，它们都是我们的好邻居、好伙伴。”

有人笑起来说：“你们住在城里什么话都好说的，要是你们到我们石梯来当农民，顶风冒雨种出的庄稼和果实被鸟儿、野猪、老熊给糟蹋了，这样的话就怕说不出口了。”

这时余兆清站了起来说：“你们都知道，在寨子里我算得上是个捕鸟高手。我家门前的地上常常落满了一两寸厚的鸟毛，死在我手里的各种鸟大大小小的总有上千只，想来都害怕。那些县城边的小馆子，哪一家没有我送去的小鸟干巴，要不是有一只大鸟救了我的命，我现在肯定不可能和你们在一起了。可以这样说，我的命是鸟给的，刚才工作队的同志讲要我们保护鸟，这话我听进去了。从今天起，我再也不打鸟了。为了表示诚意，我把这支从祖上传下来的岩桑树弩弓当众销毁。”

有工作队员立即站起来制止说：“大叔，你不用销毁，弩弓既然是老祖上传下来的宝贝，就把它留下来吧。它也是我们傈僳族文化的一部分，我们可以用它来进行射弩比赛呀。”

有群众说：“兆清大叔，你有被大鸟救命的事情，我们毫不怀疑，对这样的大鸟感恩也是应该的，只是保护鸟与我们脱贫致富有什么关系？”

蔡五说：“我们是这样想的，过去，我们虽然提出要保护鸟爱护鸟，可是，就没有一个具体行动。前两天，在县里召开的扶贫会议上，宣传部长提出了要把我们石梯一带的山谷打造成犀鸟谷，并把它宣传出去，让全世界爱鸟人士都到这里来参观。”

有群众说：“为了看几只鸟，就让人家从大老远地来，有这样的可能吗？”

工作队员看出了大家的担忧：“既然有人不远千里地到西双版纳看大象，肯定也有人来我们犀鸟谷观小鸟。只要大家放下弩弓，让我们林子里的小鸟有个安定美丽的家园，我相信，一定会有很多国内的、国外的客人到这里来。”

村民普遍认为，这个主意好是好，只是一时半会儿的，也难以见到效果，大家七嘴八舌地议论起来。

蔡五说：“只要有游客，大家就不愁没有赚钱的机会，办个农家乐、乡村旅馆，钱不是都有了吗？再说了，游客到犀鸟谷来参观，是要收取一定门票的。到时，大家要做的只有一件事，就是把游客带到森林里看鸟就行了。”

村民有些顾虑：“带人看几只小鸟就要收人家的钱，我们是不是显得太小气了，还真有些说不出口。”

见过世面的蔡五有些急了：“这有什么说不出口的，你们保护小鸟，到树林里寻找一些鸟类经常来活动的塘子，已经付出劳动了。为了让游客能够看到这些鸟儿，你们还要带路到森林子里去。以后，你们就是鸟导了，带人看鸟的导游。”

村民：“是啊，我们到小河里钓鱼，不是也要投下一些酒糟、蚯蚓的，让鱼来抢食，对小鸟我们也可以带些苞谷、豌豆去投放。”

余兆清：“我带头先做试验。反正，这样做丝毫不影响我家的生产生活。”

七、活着的鸟类博物馆

盈江是中国鸟类资源第一县，是观鸟人最为理想的观鸟地。这里森林资源丰富，森林覆盖率达到73.9%，林木绿化率达76.2 %。目前发现了550多种鸟类，是国内拥有鸟类密度最大的观鸟线路。在国内分布的五种犀鸟：双角犀鸟、花冠皱盔犀鸟、冠斑犀鸟、棕颈犀鸟、白喉犀鸟，在盈江都有过记录，其中双角犀鸟、花冠皱盔犀鸟和冠斑犀鸟目前分布数量稳定，盈江是最容易观测到犀鸟的地方。

这里森林茂密，物种丰富，是野生动物和各种鸟类栖息的天堂，犀鸟、纹背捕蛛鸟、赤尾噪鹛、红翅薮鹛、黑头穗鹛、灰奇鹛、秀额斑翅鹛、橙翅噪鹛、灰蓝姬鹟、银耳相思鸟、金色林鸲、棕颈犀鸟和白喉犀鸟都有过目击记录。其中，花冠皱盔犀鸟是最早在盈江县记录到的中国鸟类，盈江因此也有了一个响亮的名字：“中国犀鸟谷”。

2016年5月22日，云南省环境保护厅和中科院昆明分院联合发布《云南省生物物种名录》（2016版）（以下简称《名录》），标志着云南成为我国首个公布生物物种名录的省份，为今后开展物种研究、保护、利用和管理提供了科学依据，对保护生物多样性具有重要意义。

此次《名录》涵盖了大型真菌、地衣、苔藓、蕨类、裸子植物、被子植物、鱼类、两栖类、爬行类、鸟类、哺乳类共11个生物类群，共收录了25434个物种。其中，大型真菌2729种，地衣1067种，高等植物19365种，脊椎动物2273种。

八、鸟　塘

盈江县太平镇雪梨村委会石梯村是一个典型的傈僳族村寨，有两个村民小组，石梯小组和大谷地小组，水、电、路三不通，全村以种植香茅草、少量坚果为生。

2015年2月，在政府广泛宣传推动下，全国各地观鸟协会在村主任蔡五的带领下，开始走进这片神秘的原始森林，探寻鸟类生存在这里的秘密。

在与爱鸟环保人士的接触中，蔡五逐渐学到了不少鸟类知识，学到了观鸟拍鸟的要领。在盈江观鸟协会帮助下，蔡五在大谷地开设了村民第一个盈江犀鸟的拍摄地。

走进石梯村，一户户傈僳人家，都把弩弓用绳索或钉子钉挂在墙上。村民开始带着碾碎的苞谷，捕捉到的小昆虫到森林里投放。

谁知，鸟们并不领情，一个星期过去了，撒在地上的食物原封不动地留在地上，潮湿的地方，食物开始发霉腐烂。村民们觉得很失望，有村民说，鸟是警觉的生灵，餐风饮露沾着仙气的，咋个可能随便就吃人们投放的食物。也有的村民说，这些年来一直都在打鸟，鸟与人早结下仇了，只要有人的气味，鸟就不敢来。

失望在蔓延，有村民干脆不再去投放食物了，认为那是白白浪费时间和粮食。有的甚至说：不要拿着粮食糟蹋了，祖祖辈辈也没有听说过喂鸟这种事情，人有人的世界，鸟有鸟的天堂，互不干扰就行了。

村文化室，有人在商量工作，村民三三两两地走了进来。

蔡五站起来说："大家有什么事？"

一个村民从随身带的挎包里捧出些长芽的豌豆说："你们看，我投下的豌豆五天了，一颗颗都长芽了，那些小鸟连眼都不斜一下就飞走了，你们说的护鸟养鸟发财致富，那肯定是放屁不粘胯的事。"

工作队长站起来说："大家都不要着急，说来道理非常简单，这小鸟对人一直处于紧张的防范状态。原来打鸟过多了，人身上还有它们同伴受害的气息，小鸟们看到了地上的食物肯定不敢轻易落地了，大家只有耐下心来，一天天、一点点地接近吧。总有一天，小鸟会下地来到我们身边的。"

村民依然疑虑："护鸟爱鸟是一件大好事，可是要靠它们带来什么好处只是做梦吧。”

蔡五说：“大家说的都没有错，我想，小鸟和我们也有个熟悉过程，只要大家天天坚持，到森林里去，给小鸟投食，总有一天，它们会一点点接近我们的。”

有村民说：“你们领导都这样说了，就再试试吧，反正工作队也说了，要是小鸟还不下地，他们用自己的工资来开我们的误工补贴。”

工作队长说：“是，是这样的，我们说话算数，大家放心吧，我们几个人把工资都凑在了一起，都有几千元了。”

由于鸟类是高度警觉的物种，注定了村民们的养鸟之路并不顺利。开头半个月，尽管村民们以极大的耐心，每天悄无声息地给鸟们投放食物，可鸟们并不领情，不是远远地站在枝头观望，就是干脆不见踪影。不少人由失望到怀疑，有的干脆不去喂鸟了，懊悔喂鸟耽误了活计，于是重新操起了旧业。喂鸟行动一度陷入僵局。

面对困难，扶贫工作队调整了思路，除了苦口婆心做群众的工作，决定分头入户，与村民一起喂鸟，找准了鸟不来的原因，是人与鸟历来结下的怨太深，鸟自然不敢轻易相信人类。鸟不要说来吃人们投放的食物，就是看见人的影子也要惊飞。

解铃还须系铃人，化解人鸟之间的矛盾需要的是诚心、耐心、恒心。

为了打消村民的顾虑，工作队员向村民承诺，如果喂鸟不成反而耽误了活计，损失由队员用自己的工资补偿。

看着熬得双眼通红与自己同吃同住的工作队员，淳朴的村民们露出了羞愧之色。大家觉得，既然工作队员为给我们找条脱贫的路子都豁出去了，我们也没有理由不与他们一起坚持下去。

为了感化鸟，大家想出了各种办法，尽量寻找鸟们爱吃的食物。

大部分人始终坚持着没有放弃，彩肆就是其中的一个，她依然每天都到林子里去。善良的天性使她相信，只要心诚，只要坚持，人与鸟这个结，肯定是可以解开的。为了能够长期观察，也为了让鸟儿适应，她在鸟儿经常出现的林子里，用绿色帐篷搭建了一个隐蔽的棚子，建成了自己家的鸟塘。

功夫不负有心人，一个多月后，终于有一只小鸟站在枝头上观望了。

但只要稍微有一点动静，哪怕是呼吸声大了一些，小鸟都会惊叫着飞走。

彩肆依然坚持着，随着时间的流逝，彩肆的心也慢慢平静下来，她开始改变方法。把食物投放在森林中的空地上，她模仿着小鸟的叫声叫了起来，不一会真的有鸟儿飞来了。

彩肆大喜，退步到身后的小棚子里。

一群小鸟落到了地上。

为了让鸟儿适应人类，彩肆逐渐用矿泉水瓶弄出响声，让鸟儿不再害怕拍摄的快门声音。

彩肆如今有了两个鸟塘，成了专业“鸟导”，每天早上5点30分去到鸟塘喂鸟，然后回来做饭，中午给观鸟者送饭。下午4点30分左右再去鸟塘观察，每天的生活过得充实而平静。

现在的石梯有鸟塘36个，村民人人都俨然成了鸟类专家，说起鸟类习性如数家珍。哪个林子里有什么鸟，哪个鸟塘有几只鸟，他们都一清二楚，仿佛家庭成员一般，发现新的鸟类，总会在第一时间报告乡里。

如果想去观鸟，他们会告诉你，不同的鸟类，有不同的最佳时机。想看犀鸟，就四五月份来，这个时节是犀鸟做窝繁育后代的季节，最容易观察拍摄；七八月份雨季，来鸟塘的鸟就很不稳定，需要耐心等待。贴心的服务，让观鸟者省去了不少麻烦。

富裕起来的石梯村人观念发生了根本性的转变。以前因为穷，人们普遍不愿让孩子读书，尤其是对女孩子，认为迟早是要嫁出去成为别人的媳妇，花钱供读书完全是赔钱事。只要有劳动力，会收割香茅草就行了。以至于全村能够顺利读完小学的都只有2名，40岁以上的人，会说汉话的都很少。

随着观鸟旅游人数的快速增加，村民开始意识到了没有文化带来的障碍，村民开始学习普通话，督促子女上学读书。2015年，彩肆的女儿考上了大学，送孩子走出家门的那一刻，彩肆感觉到了前所未有的幸福，不知不觉，激动的眼泪漫了上来。

山坡荔枝地里的果实成熟了，红彤彤的果实缀满了树枝，发出一阵阵诱惑的果香。

犀鸟降临了，它们被丰收的果实所吸引。与几年前不同，它们可以大大方方地随意采食甘美的荔枝了，再也不用担心暗处射来致命的弩箭。

村民早已算过一笔账，以前种植香茅草，熬制香茅油，整天从早干到晚，年均收入也不过四五百元。现在建起鸟塘，旅游带来的收入远远高于传统的产业。只要有人来观鸟，就每天都有进项，收入是实实在在看得见、摸得着的。

彩肆说："只要鸟儿愿意，只要鸟儿多来一些，吃几颗荔枝算什么呢？这些大自然的精灵啊，有时真是请都请不来呢。"

另一位说："彩肆大嫂，你家的荔枝加上我们家的，足够那些大犀鸟吃上些天了。"

彩肆笑着说："有我们种出的荔枝，把一只只犀鸟喂养好了，它们一定会邀约着对面缅甸森林里的那些大大小小的犀鸟到这里来安家落户的。"

对于石梯村民来说，保护好森林和小鸟能够给他们带来的好日子，是以前做梦都没有想到的。

通过为各地观鸟爱好者、旅游者提供吃、住、行一条龙服务，村民的收入也大幅增加。2016年，大谷地村民小组靠做"鸟导"，第一次有了10多万元的经济收入。

整洁宽敞的道路，一盏盏具有犀鸟标志的节能路灯，掩映在青山绿水间的特色民居。

在犀鸟谷大门口，鸟导小余带领的小客车停了下来，两位游客和小余走下小客车，坐在大门小屋里的、身着傈僳族服装的彩肆和一群妇女迎了上去。

小余对彩肆介绍说："大嫂，两位客人是从昆明来的，他们要在这里住些天，要到各个鸟塘去摄影。你就给他们安排一下，后面还有45人的团队要到犀鸟谷来参观。到时你给各家分配一下，一家分几个带着他们到各个鸟塘去参观。"

彩肆热情地说："既然两位客人是来搞摄影的，再过半小时，就有小鸟飞到鸟塘里，带你们先去等候鸟吧。"

当两位客人随彩肆到达森林中的鸟塘时，一个用树枝和竹子搭成的棚子，棚子上面遮盖了伪装网。小余带着两位游客掀开帘子走进去，里面已经有四名游客架起了脚架，安放好了相机，凑在伪装网的孔洞面前等待着。听到脚步声，转身朝着他们微笑。

这是一块森林中的空地，地上的树叶被扫开了一片，有一个盛满水的小池塘，塘子周围有撒着的面包虫和苞谷粒，一群群小鸟呼朋唤友地落到了地上觅食喝水。

棚内大家纷纷对着小鸟按动快门。

寨子里炊烟袅袅，西边的山头上一片灿烂的晚霞，有大犀鸟张开宽大的翅膀，从寨子上空低低飞过，发出一片嘎嘎的叫声。

听到叫声，坐在客栈里吃饭喝茶的游客纷纷跑出屋外，抬头找寻，石梯村呈现出一派宁静和谐的景象。

石梯村位于中缅边境的洪崩河边，对岸就是缅甸。这里是南丝绸之路上的重要驿站，也是一个景颇族、傈僳族杂居的山区村寨。其中，易地扶贫搬迁安置点共45户182人，建档立卡贫困户20户70人。

随着生态条件的日益改善，生态意识日益增强，小鸟的数量还在不断增多，爱鸟护鸟已成为人们的自觉行为，一个狩猎捕鸟的民族，变成了与鸟兽和谐相处的典范。在政府有关部门引导下，这里开辟出了生态扶贫的乡村旅游项目，吸引了国内外一批批鸟类摄影的爱好者和旅游者，在旅游行业内萌生出了"鸟导"这个新名词。石梯村的傈傈族也因此而找到了一条绿色生态的发展之路。

2017年3月25日，盈江国际观鸟节正式启动。

盈江县结合大盈江湿地公园建设，把生态文明建设融入乡村旅游业发展的各方面，努力打造“中国犀鸟谷”和“中国鸟类资源第一县”这两张亮丽名片。通过易地扶贫搬迁和石梯边境民族特色村寨项目的实施，石梯村民几乎每家都建有一个属于自己的“鸟塘”，每年通过鸟塘增加收入五六万元，走上了一条稳定发展的生态脱贫之路。

第五章　云南式脱贫

2017年9月14日，云岭大地再传喜讯，大学生村官段必清喜获全国脱贫攻坚奖奋进奖，这是本年度云南唯一的获奖人。

户瓦村是中缅边境一个以景颇族为主的贫困山寨，段必清2009年考上瑞丽市户瓦村村官，在这个岗位上，他一干就是六年。从到这里的第一天起，他就被这里的深度贫困所震撼。本来结束大学生村官后，他完全可以回城里找一份称心如意的工作，但群众的贫困一直牵动着他的心。他毅然留在了山村，办起了养鸡专业合作社，带领群众走上脱贫的路子。如今，“村官鸡”养殖成了一份响当当的产业。2016年，合作社土鸡销售收入800余万元，户均增收9000余元。段必清的成功，也吸引了缅甸的边民纷纷来参观取经。段必清毫无保留地把技术传授给他们，促进了边境的安定和谐。从最初的城市青年，成长为一名带领边境少数民族脱贫致富的领头雁，他在边境竖起了一面脱贫攻坚的旗帜。

维西县叶枝镇同乐村是傈僳族古老的传统舞阿尺木刮的发源地，地处澜沧江东岸，面积28平方千米，4个村民小组，

304户592人。几个村子都建在海拔2500米以上，这里土地贫瘠，所产的苦荞、玉米、青稞亩产仅几十斤。长期以来，村民大部分靠国家低保，靠国家的惠农资金勉强维持生活。

2013年，和政国任党总支书记，他和村两委的成员用了三个多月的时间进行调研，理清了同乐的发展思路。同乐是国家非物质文化遗产傈僳族阿尺木刮的发源地，有着开发乡村民族文化旅游的巨大潜力和优势。同时利用高寒山区适应种植中药材的特点，种起了当归、秦艽、续断、桔梗、云木香、附子等中药材，山坡上还种上了适应当地的核桃、板栗和桃子，带领群众走上了一条产业与传统文化致富的路子。

三年后，在和政国的带领下，同乐村总支结合独特的民族文化旅游资源优势，抓住“股份合作经济”试点村的契机，因地制宜探索“总支+支部+专业合作社+农户+基地”的股份合作经济发展模式，成立了阿尺木刮展演、傈僳族文化特色产业、生态产业和中药材种植产业4个党支部。

2016年，同乐村农民人均纯收入达到6800元，从一个贫穷落后的山村，走上了多元化快速发展之路。

2016年10月17日，和政国获得云南省脱贫攻坚社会扶贫奖。

巴珠是迪庆州维西县塔城镇几个自然村森林最好的地区之一，这里也是滇金丝猴的故乡。全村有218户，1200多人，99%的人口都是藏族同胞，是一个藏族聚居的山村。森林茂密，植被良好，这里一直是木材商人看中垂涎的地方。1996年9月，木材老板动用各种关系，办好了合法手续，企图把林区公路修到村子周围的森林里，想把这里的大树伐走，不料，他们的行为，遭到了村委会支书和勋的坚决抵制和反对，村民纷纷站到了木材老板一边，镇政府的领导也出面为其说话，大开绿灯，给和勋施加了前所未有的压力。和勋对上级，理直气壮地据理论争，对群众耐心说服，终于保住了这一方山水。

长期坚持走绿色生态发展的道路，巴珠森林覆盖率达99%。在保护森林的同时，巴珠的产业也齐头并进，中药材种植、木瓜等经济林果种植、食用玫瑰花种植、野生蜂蜜养殖，一系列措施成了群众脱贫增收的保障，村民存款数量自2013年起位居全镇第一，农民人均经济纯收入从2005年的600多元增加到2015年的6700多元，巴珠已成为维西县最富裕的村子之一。

苍翠的青山绿水间，一栋栋极富景颇特色的崭新房屋，依山傍水、错落有致，在阳光下透出一种洋洋喜喜气，有小鸟在村子周围愉快地鸣唱着。

陇川县勐约乡广瓦村委会温泉小组是个景颇族聚居的小村子，这里有46户174人，建档立卡户就占了19户39人，是一个典型的“少、边、穷”山村。在新一轮的脱贫攻坚中，陇川县因地制宜、做优做强特色种植业，把蚕桑产业作为精准扶贫的重要产业来发展，大力引导农户种桑养蚕。在勐约乡随处可见成片的桑园，不少村民房前屋后也种满了桑树，一棵棵绿意盎然的桑树，正在成为当地农户的“摇钱树”。温泉小组也借助这一产业的助推，实现了从贫困到美丽乡村的华丽转身。

一、景颇山寨“村官鸡”

这天，段必清开着一辆皮卡车，带着伙伴小高把脱温接种了40日龄的300多只鸡苗送到了户瓦村的勒都家。勒都和几个伙伴背着渔网正准备到2千米外的小河里捕鱼，见到段必清和小高开着小卡车，运着一车叽叽喳喳的小鸡苗到了家门口，只好放弃了。

大学生村官段必清刚到勐秀乡户瓦村的时候，进入贫困户家里，三个石头架口锅，使他简直不敢相信自己的眼睛。他想，在时代高速发展的今天，却还有如此贫困的群众。一年以后，段必清摸清了贫困的原因。户瓦村是边疆的边疆，村边的南宛河对面就是缅甸，属于一寨两国，国境线从中穿过，缅甸居民都是进入中国看病。信息闭塞，当时班车都没有，只有简易道路，传统上以种甘蔗为主。村民文化偏低，上学要翻过一座大山，遥远得如同到了天边。村民本来就不愿读书，加上路途遥远，还要自带午饭。一个单边要走20千米山路，来回要走40千米，对于一个孩子来说，无疑是个巨大的障碍。思想观念落后，没有追求和梦想。

段必清曾问过不少村民：“你想过的幸福生活是什么？”

村民大都回答：“每天干完活回来有一小片肉烧着（烤着），有口酒喝着，就得了！”

段必清既羡慕他们自然而然的心态，又觉得应该让他们见见大千世界，跟上时代发展的步伐。当时村官待遇是每个月1000元，段必清得想办法给自己增收，把日子过下去。

段必清在思索，每次从山寨到城里的家，都有朋友请他从山里带土鸡、山货，这让他萌生了做一番事业的想法。

2011年，缅甸战火燃到了中缅边境的户瓦村，村委会对面100多米的地方就是战争，而在祖国的大家庭里，人们依然过着安详的日子。每当枪炮声大作的时候，段必清和村民们便高高升起了国旗。

段必清说："作为一个边疆青年，我用自己亲身的经历，感受到了共产党的好和祖国的伟大。我一直在想，水为什么要从高处往低处流，要往海里面流，就是有一种强大的吸引力。我们的党，就是这强大的吸引力，相信每一个人到了这里，都会与我有同样的感受。"

就在段必清想要做一番事业的时候，出现了一个契机。有一块地，主人因病导致极度贫困，想盖间房子，没有钱，就想把地16000元租出去。段必清琢磨了一下，虽然想做的项目很多，但养鸡的项目最合适。因为成本投入不是太大，自己和群众都容易做起来。如果养牛，三四头就是几万元的成本，本地群众家家都养鸡，有一定的基础，就可以规避资金短缺和技术的难度，即使文化不高也能做。于是，便与一个有同样想法的同学把地盘了下来。

二、"鸡司令"不是那么好当的

然而，段必清的养鸡之路开始时并没有想象中顺利，与养牛相比虽然不是大资金，但建个养鸡场也是一笔不小的资金，缺少资金，舍不得请工，只好自己动手干，从架电线杆和盖房子做起。当时段必清是个生长在城里清瘦个高的小伙子，繁重的体力劳动让他几次想到了放弃。但想到寨子里群众所过的穷日子，他又很惭愧，相比之下，自己这点苦根本算不了什么。

苦干了半年多，三间房子建好了，修了一小段通往“鸡场”的土路。

由于缺少经验和技术，段必清第一批进的1500只鸡，最后死了只剩300多只，还似乎永远长不大，别人养的重3斤多，自己的却只有1斤多。有几个细节让他知道了对于养殖，自己确实是外行，就是抓鸡这么个小事，也折腾得段必清够呛。进去四五个小时，鸡飞狗跳，才抓住了几只鸡，弄得抓鸡还比养鸡累。后来，经人指点，才知道要把灯关了，摸黑，才容易抓到，也不容易惊吓到鸡。

再拿脱温来说，什么叫“脱温”？鸡身上有个暖环，需要30多摄氏度的高温来发育自身，这个环节叫脱温。

段必清第一次做疫苗，简直要崩溃。他与伙伴五六个小时一直在高温里，又臭又闷，汗水奔流，像蒸桑拿一样。最痛苦的是，清理脱温房的鸡粪，要穿着雨衣，那种热和闷，至今段必清都想不出一个合适的字来形容。

段必清非常沮丧，这样的小事居然都不懂，还要养鸡赚钱带动群众？合伙人更是难以再承受这样的折腾。这么偏远的地方，一个星期也看不见一个人，电视、网络也没有，整天不是“奋战”在鸡舍，就是对着无边的群山发呆。合伙的同学在家里是独生子，家里也不忍心让孩子继续干下去，同学便毫不犹豫地撤了。临走的时候，同学出了个主意：“必清，不要养了，干脆收购群众的鸡，拉出去卖卖算了，会省心很多。”

段必清考虑，把鸡运输出去只能在晚上，开车不安全，收购倒腾永远学不会。自己再笨，养个三五年，总该学会了吧，有了基础，才可以做大。

段必清感到了前所未有的压力，害怕浪费了父母的钱。所有人都担心，几个城里的孩子怎么养的活鸡呢，养活也卖不出去。担心的人有，等着看笑话的人也有。养鸡一时陷入绝境，是再向父母求助呢，还是干脆算了，不干就不干了，自认损失几万元吧。

徘徊两个月后，段必清决定回家找父亲支援，再难也要把鸡场做下去。父亲看着黑瘦而坚定的儿子，欣慰与心酸一起涌了上来，意识到，儿子真的长大了。段必清的父亲是教师，决定支持儿子，但家里也没有多少钱。于是把家里的一套房子抵押贷款20万元，破釜沉舟、背水一战。看到父亲签字时的犹豫，段必清心里非常难过。不要说带领群众致富，自己都到了如此困境。

一切从头开始，2012年底，段必清父亲也来到山寨，尽最大努力来帮助自己的儿子。父亲的帮助和经验的积累，让段必清的养鸡场慢慢开始理顺，第一批鸡终于如期出栏了。

每天早上5点30分，段必清准时起身开车把鸡送到市场，晚上深夜还在做疫苗。有时候朋友来，就点上火堆，烤着洋芋，畅聊着两年来的酸甜苦辣和理想。

南中国的夜晚，静谧而美丽，看着满天的星空，萤火虫在身边飞来飞去，段必清感到前所未有的充实。

有一件事一直深深地镌刻在段必清的记忆里，养殖场有一名工人，段必清一直都非常感激他，也深感内疚惭愧。那时，他们轮流除粪，后来，段必清实在受不了那份苦差，有时轮到他，他就借口要去开会，厚着脸皮请求那位工人："你替我一次可以吗？"每次那位工人都毫无怨言地承担下来。

这件事让段必清深受震动，老实做人，踏实做事，这是准则，更是底线。从此以后，再苦再累的活计，只要一想到那位工人，段必清的心便顷刻安静下来。

三、"村官鸡"走出脱贫之路

2013年6月，第一批鸡销售告罄。随着养鸡场的正常运转，段必清开始考虑让群众参与进来一起发展。陆陆续续有人来看个虚实，到底是不是真的，是不是可靠，进进出出，开始有村民拿鸡苗去养了试试，准备养大了卖卖看看，是不是真的有收益。

勒都是段必清在做大学村官时交上的朋友，他到户瓦村一年多的时候，勒都也正好从缅甸那边挖玉石回来，得了一些钱，带头把家里的破竹楼拆了，盖上了一栋崭新的楼房。从他身上，段必清看到了希望。后来果然，勒都为寨子里的发展到处学习奔走，段必清大学生村官期满后，没有回城，在远离寨子的山林里围了8亩的地，搞起了土鸡养殖，获得了成功。这一次，他就是把鸡苗运来，给勒都养殖，让他在村子里带个头，把其他农户带动起来。

勒都笑了起来说："必清兄弟，你怎么不提前来个电话，要不是你们这个时候来，我都到小河边了。"

段必清："勒都大哥，不是有大嫂在吗？"

勒都："你大嫂早到芒市去了，那里要搞目脑纵歌节，她一听，脚板就发痒了，你可能不知道吧，你嫂子的景颇舞跳得好，还有一副金嗓子呢。"

段必清："我怎么不知道，我还知道你们就是在目脑纵歌节的时候，对上眼的。听你这一说，我的脚板也痒了起来，这些天忙着照料这些鸡宝贝，居然把目脑纵歌节这件大事给忘了，其实，我们真应该把时间腾出来去参加，就机把我们的村官鸡带上，搭个顺风车，让大家都品尝。"

勒都："现在还来得及呀，现在瑞丽到芒市的高速路不到一个小时就到了。"

段必清："下次吧，我们送了这批鸡苗还要送一些到其他寨子里去。"

勒都和段必清他们一道把300多只鸡苗放到了屋子前面的芒果林边已经搭好的鸡舍里，芒果林的四周已经围好了塑料网。

勒都问："必清兄弟，这些鸡苗是不是按原来的说法，待大鸡销售后，再扣下成本。"

段必清："是这样的，你要做的事就是把鸡养好，为寨子里的其他农户做出榜样，要是遇到什么问题随时打电话，我们会来人帮助解决。"

看到勒都家来了鸡苗，寨子里很快就传开了，那些还没有出门的人都到勒都家来了，勒都把大家都召进家里。勒都说："必清兄弟，你就带领大家成立合作社，搞养鸡的事吧。"

段必清说："好啊，既然有这么一个机会，我们就不放过了。"

勒都按景颇族的习惯给进屋来的每人倒了一小竹杯的苞谷酒，大家喝着，勒都说："今天大家都熟悉的在我们户瓦做过6年的大学生村官段必清兄弟来了。大家知道，他舍不得离开我们户瓦，在山林子里搞起了养殖基地，养出的村官鸡已经打出了品牌。可是，他心里一直装着我们大家，他知道我们户瓦每一户人家有几个碗几只瓢，知道谁家的房子漏雨，谁家的老人生病，所以他有心要把大家都带起来，一起富裕，眼下最适合我们的就是养鸡。"

有个老大妈站起来说："养鸡当然好了，可是我们最怕的是得了瘟病，一死就是一大堆。现在还有一种从外面传来的鸡感冒，听说治的办法都没有，只能挖个坑埋起来。"

段必清站起来说："这个大妈说的很对，你说的鸡患上感冒，现在科学的说法叫作禽流感。要是患上禽流感麻烦就大了，你投进去的多少钱都得打水漂了。不过现在，我们已经有办法对付了，那就是做好预防，今天我们拉来的这些小鸡苗，我们全部都是打了防疫针的，非常安全。"

大妈又说："什么叫预防？"

段必清："预防就是提前防范，就像我们要给小孩子打预防针一样。"

大妈明白过来了："这么说，小鸡苗打了预防针，就不会带上病了。"

段必清说："也不能这样说，要是不注意防治，还是会染上其他毛病的，但是，只要我们严格防治，就不会生病了。这一点上，你们可以到勒都大哥家看，按照他教的方法养就是了。照这个方法一定会成功的。”

有人问：“要是一个寨子的40多家人都养起来，一下子，就有了几千只，到时，这么多的鸡能卖出去吗？”

段必清说：“这个就是我今天要对大家强调的，鸡养出来后，我们会以一个保底价负责收购，养出来多少，我们就收购多少。当然了，你要自己卖也可以，我们合作社也要有一个详细计划，看市场上一天要得了多少只鸡，再分批投放。我们要维护好合作社每个社员的利益。”

2013年底，在段必清的带动下，户瓦村有50多户参与了养鸡。这个时候，一个新的合伙人出现了，他就是段必清的发小和同学高炫。高炫来到养鸡场与段必清一起住了三个月，两人经常就怎么把养鸡场做好做大进行讨论。当想法一致的时候，这两位老同学走到了一起，成了同甘共苦的合作伙伴。

2014年4月16日，他们成立了合作社，总结了前段的成败经验，形成了一整套规章制度，包括帮村民做计划、垫成本，所有鸡苗、村民因地制宜养鸡，茅草圈、砖石圈都有，尽量用最少的成本盖鸡舍。教技术，做了300多场培训，在教室、在鸡舍、在田间地头，随时随地普及养鸡知识。担风险，养鸡风险来自两方面，成活情况和销售情况。合作社包95%的成活率，市场保底价和回购价保障村民的利益。比如，成本9元，市场价10元，合作社回购价12元，最低限度要高于市场价格15%。农忙季节，能够回收90%，农闲季节回收60%～70%。免除了后顾之忧的村民，养鸡积极性逐渐高了起来。

就在同一年，“村官鸡”养殖基地及时得到了政府50万元的鸡苗补助，段必清全部分到了每户村民手中。

这一天，段必清和小高两个人又运了几批，直到把2000多只鸡苗都送到了各个寨子。回到山林中的养殖场后，天已经黑了，四周的林子里飞舞着星星点点的萤火虫。天太热了，根本无法睡，段必清和小高就裸着身，穿了个大裤头，段必清抱着只吉他出来，坐到了山坡上一根风倒木上，弹了起来。小高在旁边唱起了那支歌：

有一个美丽的地方哟，
傣族人民在这里生长，
那密密的寨子紧紧相连。
……

小高说：“必清，据说，作曲家杨老师的这支歌就是在我们的猛秀山上得到的灵感创作出来的。每次唱起来，我心里就会涌上一种莫名其妙的感觉，有时候心里酸酸的，总想掉眼泪。”

段必清：“是啊，我和你是一样的感觉，在我们瑞丽，要山有山，要水有水，不论是宽广肥美的坝子，还是苍茫雄伟的大山，无处不是鲜花盛开、鸟语花香的美丽地方。可是，解放都60多年了，不少寨子到了今天还依然摘不掉贫穷这顶破帽子。六年前，我刚到户瓦做大学生村官的时候，走到这里的景颇人家一看，大都是空空荡荡的，根本谈不上有什么值钱的东西。就像人们经常说的，砸一块石头进家里，什么东西也砸不到，木头房、竹笆墙，过冬只好靠火塘。现在虽有一点点改善，可是离脱贫致富还远着呢。”

小高："我知道，正因为是这样，做了六年的村官后，你毅然选择了留下来。这样做你后悔过吗？"

段必清："后悔过，特别是遇到困难的时候。"

小高："你最大的困难是什么？"

段必清："就是自己的亲朋好友不理解的时候，第一次养鸡失败，我难过了好多天，都想打退堂鼓不干了。可是一想到那些现在依然贫穷的景颇族寨子，这个决心就下定了。一定要办好村官鸡合作社，要为摆脱他们的贫困做出自己的努力。我常想：人生的意义是什么，人活着是为了什么，想来想去，明白了一个道理。其实，人并不完全是为自己而活着的，而是能够为别人做点什么，就像脱贫攻坚这件大事，政府做了号召，下了前所未有的决心，我们每一个公民都应该做出自己的努力，就像我们周围飞舞着的这些萤火虫一样，每一只发出的只是一点微弱的光亮，可是只要几百只上千只凑在一起，就会形成一条萤火星光，可以照亮一片大森林了。说实话，在你没有上山的时候，我一个人孤零零地守着这片山林，就是这些萤火虫给我带来的希望和信心。"

小高点点头说："是啊，我之所以上山来和你一道做事，看上的就是，你段必清不是一个自私自利的人。特别是听说你动员家里，把为你娶媳妇的房子都卖了的时候，我的决心也下定了。"

段必清："好了，别说这些了，我们最难的时期已经渡过了，现在要考虑的是怎么把事情做大做强，让更多的人知道我们的村官鸡。明天你就下山到城里去，把那几个愿意和我们一起做事的年轻人带上来，我留在山上照料这些鸡。"

2016年，“村官鸡”养殖场直接挂钩户带动170户，建档立卡户120多户，间接挂钩200多户，主要负责村民的销售。挂钩户遍布全州，辐射带动做了三个培训，技术培训、合作社抱团观念培训、电商培训。培训8000多人，建档3000多人，20～30人的免费驻场培训，学30～40天。以做疫苗来说，40天鸡苗做8遍疫苗，保证鸡的成活率，村民拿回去以后再养100天，也是生长发育最关键的时期。村民用野生菜喂养，120天开始产蛋，进入良性循环。科学化养殖，在群众的收益中很快体现出来。

2015年，“村官鸡”养殖场毛收入800多万元，鸡的出栏量17万只，村民每户纯收入9000元以上，养一户脱贫一户。而段必清和高炫的收益每月仅有4000多元，刚好是群众的一半。如果从投进去的资金来说，他们一直在贴钱。

段必清说：“虽然我们发展过程中一直都是与困难和艰辛相伴，但我们有一个坚实的基础，背靠群众。这是一片很大的土壤，政府是很大的树，为我们撑起了一片天地。我一直想，共产党到今天能够不断发展壮大，就在于依托群众，一直以群众的利益为重为大，有了群众的支持，我们才走到了今天。能够帮助别人，看着别人真诚的笑脸，比赚到三五千元有意义得多。”

其实，随着养殖场的规模化经营以及“村官鸡”名气的打响，也有过大的资金想和他们合作。但段必清担心合作导致不能保证群众的利益，就都一一回绝了。

他说：“虽然我们非常需要资金支持，但保持一颗对老百姓的初心，才是最重要的。”

随着规模的增大和效益的显现，要求养鸡的群众越来越多，市场出现了问题。这个时候的“村官鸡”完全没有议价能力，市场滞销不可避免地出现了。

这是一个关乎今后发展的重大难题，如果不及时破解，将形成恶性循环，养得越多，亏得越惨，给群众带来无可挽回的损失。

高炫开始关注电商。他与段必清分析了“村官鸡”的优势和亮点在于绿色、生态、有品质、有故事，而不利之处恰恰就是营销。“村官鸡”地处边远山区，“村官鸡”价格高，这是他们的不利因素。要保证村民的利益，自然导致“村官鸡”价格无法下降。

他们接洽了味道网，用自己的故事、商标、产品，由电商做营销。2016年8月17日，“村官鸡”开始上线，几百只来自青山绿水间的土鸡，成了爆款。

这天，勒都带着几个景颇人来到了合作社的总部，小高带着他们走过消毒室，再到办公室，段必清笑着迎接了他们。坐下后，勒都说：“这几个是从缅甸那边来的亲戚，他们看到了我们几个寨子里都养起了鸡，也要学着我们把鸡养起了。可是就是没有本钱来买，就是来买了去，也担心养出来了，卖不出去。”

段必清说：“你告诉这些景颇朋友们，只要他们谁家愿意养鸡，都可以过来谈的，享受的也是户瓦人的同样待遇。只是一次不要养多，有了经验后再逐步扩大。你们养出来的鸡，我们也照户瓦合作社社员的，负责收购。”

这些缅甸的景颇族千恩万谢，这天段必清留他们在养殖场吃了饭。临走的时候，他对勒都说：“大哥，以后培训这些朋友的事就交给你了。”

勒都说：“肯定肯定，我会把他们叫到家里来的，刚才几个亲戚都说，他们真是碰上一个大好人了，这样愿意帮助他们。”

段必清说：“是啊，勒都兄弟，我们一天天富裕起来了，也要顾及周边的朋友们。本来都是山水相连的胞波兄弟，何况你们都是同宗同族的景颇人，谁家有困难，都要相互伸出手来。这样边疆也才能够安定啊。”

勒都：“是啊，听到别人家的娃娃哭，我们总不能捂起耳朵来装聋子吧。有你段必清兄弟的这番话，我们肯定会尽力去帮他们的。”

站在依然有些简陋的鸡舍边，说起带领群众创业脱贫的经历，段必清望着眼前起伏的群山说：“我们走过的路程是：说给农民听，做给农民看，带着农民干，帮助农民销，实现农民富！我们毕业以后来到边疆少数民族贫困山区与农民一起脱贫奔小康，再把优质的农产品带到大城市，让人们收获了健康和美食之外，还收获了一份人最初真善美的心。”

说起下一步的打算，段必清说：“我们还要再进一步强化管理，借助脱贫攻坚的强大动力，让我们再壮大一些，辐射更多的老百姓，把‘村官鸡’品牌真正地树立起来。各级领导很关心我们，只要外面来人，都会讲到我们。而我们很惭愧，自己还那么薄弱。我们希望有一天，能够真正强大起来，在全国脱贫攻坚中成为一面旗帜，带动更多的人，提供一种新的思维方式和脱贫经验。而背后，有我们强大的祖国。”

有耕耘就必有收获，在通往梦想的路上，段必清凭着坚毅和努力，又往前迈出了坚实的一大步。这不仅仅是一个扶贫创业的故事，更是一种崭新脱贫模式的开始。

2017年9月14日，全国脱贫攻坚奖奋进奖的名单上，赫然书写着一个边疆大学生村官的名字：段必清。

四、唤醒沉睡的古寨

凌晨的山路上大雾弥漫，几步外就什么也看不清了，同乐村的书记和政国从村公所骑着摩托上路了。昨天晚上，还下了一场雨，山路有些湿滑，他不得不放慢了速度，从村委会所在地到同乐大寨子有8千米的路程。要是没有下雨，他用半小时可以到达同乐村。这个有着100多户人家的村子，每天几乎都一样，到了村边，他把摩托停靠在一棵大核桃树下。

6点，和政国出现在同乐村。他从摩托后箱拿出一个小木疙瘩，他从寨脚下挨家敲门，一家不落地一直敲到寨子头上最后一家，用傈僳语唤大家起床上山劳动。这样的事他已经坚持了一个多月了，以往群众虽有抱怨，可是，还是慢吞吞地开了门。这天，他到了寨子中间，就卡住了，房子的主人迟迟不起来开门。和政国只好放下手里的小树疙瘩，抬手在门板上用力拍打起来，嘴里不停地叫着：“起床了，起床了，太阳都要照屁股了。”这样反复轮换着用树疙瘩敲，用巴掌拍打，有着一番主人不开门，誓不罢休的狠劲，几分钟后，主人终于打着呵欠把门打开了，嘴里还喷出一股子酒味，见了门外站着的和政国，非常不满地说：“和书记，你知道我什么时候睡的吗？”

和政国说：“我不问你什么时候睡的觉，只是现在要你起来下地干活。”

门里的人哼了声说：“你不想知道，我也要告诉你，我到公鸡叫第三遍的时候才躺下的，到现在还不到一个小时吧，你就来这里瞎吼了。”

和政国：“那，我问你昨天晚上都干什么去了？”

门里的人非常反感地说：“干什么？我没有去杀人放火，欺负女人，只是邀上几个朋友打麻将喝小酒总没有错吧？”

和政国：“喝酒打麻将只要不赌博肯定没有什么大错，可是，总不能这样没日没夜的，来个乾坤大颠倒，晚上不睡，白天不起来吧？要知道，你就是个要下地干活的农民，锄头不下去，洋芋不出来。”

门里的人说：“得了得了，你不要在这里教农民种地了，在我们同乐，水冷山寒的，你就是种下金条，长出的也只能是根黄铜。或者黄铜都不是，只是一条又瘦又长的细艾蒿棍子。”

和政国说：“要是你只想躺在床上做梦，你说的肯定没有错，现在的问题是，人家附近的村寨都在水翻河涨的干开了，他们在山地上做起了大文章，而同乐人还在大梦难醒，身子粘住床板上，打雷都不管用。”

门里的人不耐烦地说：“好了，好了，今天既然你和书记又一次上门来催逼，就给你一个面子吧。不过我要实话告诉你，起了床，我余国清照样要抱个毯子上山，到了地边的大树下，还照样睡大觉。因为我没有什么活可以干了。”

说完，余国清把木门一关说：“你到下一家去吧，你敲开最后一家的大门的时候，我余国清肯定已经到大山上了。”

和政国说：“这样很好，那我要告诉你，你家洋芋地的草有膝盖高了，再不除，今年的洋芋就没有好收成了。现在我还要给你说，敲完最后一家的门，我就会出现在你家的地里，要是你还在大树下呼呼睡大觉，我会扯着耳朵把你叫起来。”

门里的人回话说：“这么说，今天你这个和书记变成了一条护崽的母狗，咬上我余国清就不松口了。”

和政国：“肯定是这样的，一条上了钩的大鱼，你说咬上了，我会放手吗？今天在你家门外我突然得到了一种启示，做工作肯定要抓典型，我就抓你这个懒惰的典型不放。”

门里的余国清哈哈大笑起来：“那我就等着你来抓吧。”

方才一番大声说话，把余国清隔壁的一位姑娘给吵醒了，她手里拿着一个绿色的塑料杯子，嘴巴里含着牙刷，站到了自己的家门口，斜着眼看着走到面前的和政国，和政国主动打招呼说：“阿南玛姑娘，从昆明打工回来了？”

阿南玛用讥讽的口吻说：“家里电话说，来了个天不亮就催人下地的周扒皮，我就回来看一看，想不到第一天就真遇上了。”

和政国忍不住笑了起来：“想不到同乐村的群众把我当成了半夜鸡叫的周扒皮，这样也好，说明同乐人还有人在读书，知道书里有个天不亮就催人下地干活的周扒皮。只要读书就有希望，你说的这个周扒皮好像是作家高玉宝笔下的人物吧。这样说吧，要是同乐的男男女女还在睡懒觉，太阳冒山了还不下地干活，我这个周扒皮就当定了。”

阿南玛姑娘抽出嘴里的牙刷说：“和书记呀，你这样做，村子里的人会恨你一辈子的。有一点我倒很佩服，你居然大老远地来叫人起床，想一想，你要是光叫人起床，不叫人睡觉，这样事情，你还得坚持几年。你肯定是知道的，村里的人除了老人外，之所以早上睡懒觉，晚上夜猫子，不就是寨子里没有什么搞头，谁家就是那几亩石头地，就是把它翻个透也只能勉强吃个饱，晚上不喝酒搓麻将，你还要他们干什么。这样的村子，年轻人都待不住了，一个个屁股像着了火一样跑了，村子再大，也是个冷飕飕的荒村。”

和政国：“你说得没错，我天天喊人起床，我的方法是先抽懒筋再扒皮，你说的叫人睡觉，想法跟我是一个样的，今天晚上，我就要住到余国清家里，好好陪他些日子。”

阿南玛想了想说：“和书记，要是真能抽了寨子的懒筋，想出一条致富的门路，我阿南玛也不出去打工了，回来跟着你一起干。”

和政国：“好啊，今天晚上，我就住到寨子里，明天我们就开一个群众大会，把我的想法跟大家说一说。”

阿南玛姑娘听了考虑一会点点头说：“这个会我参加，今天我响应你不睡懒觉的号召，过一会儿就跟阿妈下地干活去。”

听了阿南玛姑娘的话，和政国心情愉快地向另外一家走去。敲开村里最后一家的门，已经是一个小时后了，早晨出门的时候，还不想吃东西，现在还真有些饿了。他走到村口的大核桃树下，看到阿南玛手里拿着一个刚烙出来的荞饼，和政国没有推辞说了声谢谢，接过来大口吃了起来。

又是个晴天，太阳朗朗地照着，远方的山坡上有一片片绿色的小麦，和政国想到了余国清，便把摩托放在核桃树下，沿着一条上山的小路，他要到余国清家的地里去。和政国对同乐几个自然村，每一户人家的地块都非常熟悉，种了些什么，那些地里的土层厚薄，石头多还是土粒多，适合种什么农作物，他都了如指掌。这得益在林业站做了几年的站长。其间，他做过认真的调查研究。和政国是巴珠的藏族，他在家的时候，就跟着书记和勋学习过。应该说，是和勋传帮带出来的一个品学兼优的学生。

余国清晚上喜欢喝酒，打扑克，常常深夜不睡，白天不起，他刚到余国清家的洋芋地边，就听到了一阵呼噜声，从一棵铁核桃树下传来。不用说，余国清真的呼呼大睡了，和政国走到身边，把他推醒过来，跟他一起到洋芋地里锄草，边干活，和政国对余国清说："国清兄弟啊，你这样下去真的不行呀，今天我真的就不回村委会去了，我就住到你家吧。"余国清一听急了，咚一声跪到了和政国面前，把一棵洋芋也跪倒了，和政国立即把他拉了起来说："说要在你家住，你怎么就急了呢，是不是有什么见不得人的勾当？"

余国清说："要住到我们家也过几天再说吧。"

和政国说："为什么？"

余国清红着脸说："你要是住到我们家，晚上我就只好待在家里陪你。"

和政国说："是啊，我住你家就是要和你说说话，你怎么能走呢？"

余国清说："书记，说实话吧，我们到了晚上，几个人就约好了，要在一起搓麻将的，我都差人家上千元了。”

和政国：“我住到你家就是要断了你们搓麻将赌博的这条邪路，把你们拉回到正道上来。”

余国清：“几千年就传下来的规矩，愿赌服输，我差人家的钱说什么也得还呀，要是你不让我去赌，哪天才能够把钱还上。”

和政国：“要是还输了呢，你还要继续赌下去？傈僳族从来就没有赌的传统，国清兄弟啊，赌博从来都是个陷阱，都说十赌九输，这样下去只会越陷越深，还是趁早回头吧。”

余国清：“那我差人家的呢。”

和政国：“当然不要你还了，因为这是违法的事情，要不把你们聚众赌博的这条邪路给断了，你们就回不到正路上来，同乐村就永远走不出贫困。”

这天晚上，和政国真的就住到了余国清的家里，他还把几个要余国清去赌的人也拦在了家门口。

和政国在同乐村轮流着住了一个多月，又到其他几个村民小组挨家挨户地做工作。同乐的几个村民小组终于改掉了晚上搓麻将喝烂酒的恶习。

2013年12月，同乐村党总支提出了抓党建促发展的新思路，即同乐村总支+支部+专业合作社+农户+基地的特色党建服务发展模式。成立了特色党支部，即阿尺木刮展演党支部、傈僳族文化特色产业党支部、生态产业党支部、中药材种植产业党支部，实施党员一带三接对帮，各支部的党员负责挂钩3户农户，主要负责维稳、产业发展、教育卫生、生态保护等方面的工作指导。全村74名党员共联系222户农户，确保了同乐村的安定与发展，而摆在他们面前的首要任务是转变群众的思想观念，唤醒他们的内在动力。

五、种子播下去了

这天，和政国在同乐村开了群众大会，村子里的党员余国庆参加了，余国清来了，阿南玛姑娘也来了。阿南玛看到和政国真的把一直沉睡着的同乐寨子都唤醒了，深受感动，决心与和政国一起为自己的村庄尽一份力。从此，阿南玛彻底换了个人，经选举当上了村妇女主任。

和政国在会上向大家说了村委会对发展同乐村的打算。他说，我到同乐后，和村委会的几个干部一起商量，做了调查，看到了我们同乐可以发展的一些项目。比如在高海拔的娃迪刮山，我们可以把它开发利用起来种上中药材当归，每一个村子附近的空地上其房前屋后都可以种上核桃板栗。在核桃板栗的林地上又可以种上秦艽、桔梗、附子、云木香这些中药材。这些药材种下后，当年就有收益，每一个农户家只要有十亩左右，一年就可以增加几万元的收入。

有人说："书记，你说的这些好是好了，可是到哪里弄种苗，种出来了又卖给谁？"

和政国说："这个大家都不用担心了，种苗镇里村里已经组织好了，只要大家心甘情愿地干，就把种苗送来。至于产品出来后销售问题，外面已经和公司签订了合同。"

大家对和政国说的"产业"和致富路子并不感兴趣，也不相信，很多人如同听天书一样，要么好奇地看着他，要么一脸茫然。和政国觉得很心酸，毕竟，大家一辈子都生活在这高山峡谷了，有的老人一辈子连县城都没去过。

他决定带领大家出去看看，见见世面，看看山外世界的发展，取取经，看看别人都是怎样发展产业的，又是怎样致富的。

在一个晴朗的日子里，这一群山里人，在和政国的带领下，怀着好奇复杂的心情下山了。

他们去了临近丽江的鲁甸乡参观。鲁甸乡位于玉龙县西北部，地处老君山腹地，东与巨甸镇和黎明乡接壤，南与怒江州兰坪县相连，西接迪庆藏族自治州维西县，北与塔城乡毗邻，海拔在2100～3839米之间。同样是高寒山区，鲁甸乡却展现了不一样的景观。

回来的路上，大家都沉默了。

看了鲁甸乡的发展，大家方才觉得和政国的说法都非常靠谱，便都积极报了名。

2014年初，和政国买来云木香种子，经过做思想工作，三位党员余国志、和生、余润清积极性非常高，后来又有两位党员加入进来。于是，他们便在梨树下种了14.4亩云木香。

这天，和政国和几个村里的人一样，每人身上背着一个装满了水的大塑料桶，村里的人还带上了洋芋，和政国从镇上买了些方便面带着，他们走了7千多米的山路，来到了娃迪刮山。娃迪刮是傈僳语，意为高山雪水最后融化的小平地。说是平地，海拔还是达到了3000米。他们到了山上，搭起了临时窝棚安顿下来。

从种子种下的那天起，不论天晴下雨，和政国每天都到地里转着看，提醒村民，今天这家该拔草了，明天那家该除虫了。缺少雨伞，就抓一块旧地膜披在身上，转了一天，回到村里又召开集体会议，分析存在的问题，找出解决的办法。

天气寒冷，即使在火塘边烤着火背部也是凉的。

这次上山，一干就是180多天。遇上了下雨的日子，到了吃饭的时候，他们就在潮湿的地里，有人把吃饭用的大碗用树叶擦了擦，外面的泥土还在粘着，就把方便面泡到了里面。和政国也管不了这么多了，和大家一道坐在地里，吃个饱。因为山上没有水，大家都十分节约，洗脸只是把毛巾弄潮了，随便在眼角上擦一把，洗脚就根本谈不上了。半个月后，种好云木香下山来，一个个的衣服裤子上面都沾满了泥巴，变成了嘈嘈切切的厚牛皮，身上都有一股浓烈的汗味，大家相互看看都开心地笑了。

可是，天不遂人愿，当年便遇上了大旱，木香苗刚长到5厘米高的时候，叶子便几乎全部干死了。木香依然顽强地生长着，偶尔飘过一朵云，洒下几滴雨丝，木香便又挣扎着缓了过来，杆心开始泛绿，太阳便又重新笼罩了大地。如此反反复复，经历了几死几活。群众看不到希望，和政国也急得日夜难眠，每日观天象成了习惯性动作。

村民余国志种了10亩，看不到希望便出去打工。紧接着余润清便也出去县城做了泥水工。生活总要继续，每天可以挣到140元钱。看着一起创业的两个伙伴纷纷出去打工谋出路，和生心灰意冷，在一个清晨，背着一个简单的行囊也告别山乡走出了家门。

三个骨干力量都出走了，和政国沉默了。一抬头，太阳仿佛是带毒的火球，烤得地表都仿佛冒着一层火苗。他想，如果水的问题不解决，种植产业注定是无法搞下去的，只能延续着几千年来靠天吃饭的传统。

眼看地里的木香一天天委顿，如此下去，等待他们的只有一个结果：绝收。

眼前的处境让他想起了一直被贫困所困扰的同乐村民，悲剧似乎在一瞬间戏剧性地回到了原点。

和政国下定决心，无论如何也必须采取措施，挽救即将枯死的秧苗，那是村民的希望。

但在高原荒野，谈何容易。不要说浇地，就连人畜饮水都已经非常困难。

和政国带领大家从乡里借了六台柴油农药喷雾泵，没有胶管，只好找农资老板赊了四卷最便宜的，又带引全村人到两千米以外用塑料桶背水。下午太阳落下，背着喷雾器，气温降低以后就给地里喷水。整整半年，几乎每天从事的都是这种简单繁重的劳动，以体力换取木香的生长和生命。

村民们绝望了。

2014年7月18日，第一场喜雨终于从天而降了，仰望天空，所有人都留下了悲喜交加的泪水。

虽然时间过去了几年，这个日子依然深深地镌刻在和政国的脑海里。

活过来的木香，当年收获干货15吨，最多的一位村民得到了6000

多元钱。

六、一波三折产业路

云木香种植成功，让和政国和村民们备受鼓舞，他们决定扩大中药材品种的种植。这一次，种的是当归。

然而，谁也没有料到，80亩地当归播种下去，竟没有一粒种子发芽。所有人都惊呆了，现实，以一种迅猛的方式，把他们刚刚迈出去的步伐给无情地挡住了。村民刚刚激发起来的一点热情，瞬间便熄灭了。很多村民找到和政国，纷纷表示无法承受损失，不干了。

和政国后来才知道，当归子必须当年采当年种，隔年就不会发芽。即便有的侥幸发了芽，也无法成活。通过请教专家，他们终于弄懂了当归的习性，为了节约资金，连育种都自己做了。

有了这次教训，以后，每上一个新的品种，都由党员开始实验。群众种1亩，党员就种5亩。和政国自己家的地都已种完，没有做实验的地，就是租地，也要做在村民前面，让乡亲心服口服。敢作敢当，无论亏盈，必须要站出来，走在前面。

和政国说："这也是党委、政府给我们的力量。"

虽然种当归失败了，总不能就这么让土地空着摊过整个季节，损失的不仅是村民的钱和汗水，更是信心，没有比这更大的损失了。和政国痛定思痛，迅速组织村民开始补救。他们重新买来薄膜，种植中药续断。

点种，这原本是农人的基本技能，可对于祖祖辈辈过着采集游猎生活的傈僳人来说，依然是个难题。

薄膜买来背到山上了，可这些山里的傈僳人从来没有用过，大家好奇地围着一卷卷躺在地上的薄膜不知如何下手。

和政国亲自示范，手把手地教人拉起薄膜覆盖，又在上面用手掏一个小洞，抓起一粒种子点下去。

从这一刻起，小小的种子将带着他的体温，开始另一场轰轰烈烈的轮回旅程。

一双双期盼的眼神紧盯着和政国的动作。

这一刻，和政国的心情是复杂的。

时间已经走到了2014年，内地发达的乡村早已将触角伸向了国外，生意也做到了国外，同乐的村民却连薄膜都没见过。

和政国知道，改变，将从这一刻开始；希望，也将从这一刻开始。

两个星期以后，种子如期发出了新芽，长到两片叶子的时候，和政国又手把手地教村民把薄膜覆盖的土壤揭去，让幼小的生命迎向阳光。

这看似简单的活计在和政国手里也饱含着技巧，他是个勤于动脑子，也善于动脑子的人。灵光乍现，他想到了用缝制编织袋的钩针来做这个活计。果然，长长的钩针伸进薄膜，很容易就把秧苗顺出来了。凭借这小小的改进，每亩地可以节约4个工。

那段时间，想尽一切办法节省人工，是和政国想得最多的事情。

这让我想到了“用心”两个字。毋庸置疑，所有人都知道“用心”是通往成功的基础和关键。问题是，在浮躁的世界里，有多少人能为别人的事真正用心呢？这是一种罕有的品质。

和政国有些无奈地笑笑：“这都是逼出来的，不想办法不行了，时间不等人，我们已经落后了那么久，不想办法就更难赶上时代了。”

6月份种下去，12月份收获，每家卖药材收入2000元左右，多少为村民挽回了一些损失。

七、水往高处流

秦艽是一种高山药用植物，分布于海拔2400～3500米的高山地区，是中国重要的传统中药之一。开始大家都不懂秦艽的生长习性，怕有风险，和政国就发动党员带头种，党员蜂自清，种了中药秦艽三亩多，和政国卖了种苗，住在余国庆家一起试种。当时车路不通，从村里走到白值洛最快也要两个小时。下雨的时候，泥泞携裹着腿脚，一步三滑，整个成了泥人。

种植中药材需要水，这是个严峻的问题。

和政国便想方设法在山顶修了一个水池，寻思利用落差原理把水“扬起”。

常识告诉人们，水从来都是往低处流的，和政国却带领村民从高空架起了水管，因此有了“水往高处流”的奇观。本来是利用落差原理，把水一段一段冲向高处的，没想到一个小小的山垭口却成了瓶颈，水一到那里就跌落下来。无法上扬的水演变成了更大的压力，很快又把下面的水管压爆了，多处泄漏，水花四溅。和政国只好又买来喷灯，加热修补水管。如此反复了几次，就连水文站长看了都遥遥头，断言这个办法根本不可能把水如期送到地里，劝他们赶紧另想办法。

另想办法谈何容易？如果还有办法，谁愿意这么折腾呢？和政国苦笑了一下。

和政国到镇上赊了一台柴油发电机和电烙铁，用来粘补破裂的水管，还是噼噼啪啪地炸裂。不过，裂归裂，水终于还是扬上去了。

如此修修补补地用了5个月，水管再次出现多处裂缝，水又倒流回来了。

修了10多次，依然不能用，只好换水管。为了节省资金，他们只敢换掉两端各200米的水管，才恢复了供水。虽然水管再次被接通，但每天党员们得轮番修补水管，硬是让秦艽茁壮地活了起来。

基础设施的落后，严重制约了同乐村产业的发展。在和政国的积极协调努力下，终于修了6000米的水管，挖通的到山上的路，铺了水泥路面，资金不足部分，所有村民都全力加入了投工投劳的行列。

和政国鼓励伙伴们说："今天大家穿牛皮，明天就让大家穿毛呢衣服。"大家都相信这话是真的。

八、动力激活了

2015年和政国与几位党员骨干认真总结上次失败的教训，再次带领村民种植当归。老天仿佛就是要与他们做对，播种前还风调雨顺的天空，当归种子播下去以后，竟然连着一个多月不下一滴雨。

就在大家焦急万分的时候，老天终于降下了一场雨水。按说这本是一场期盼已久的喜雨，但新情况又出现了，这一带的山地都是黏性土壤，荒生的土地，雨过天晴后，土壤重新板结起来，形成一层厚厚的硬壳，导致种子无法冒头。和政国急中生智，便叫上村民一起在地膜上，一垄垄踩，终于让秧苗露出了头。

那段时间，和政国脑袋里装的全是当归，脑子异常清醒活跃，主意也特别多。

薄膜点种也是个功夫活，首先要用手指把地膜扣开一个小洞，然后再点下种子，再轻轻覆盖上一小撮细土。为了提高效率，和政国与村民想出了一个办法，把手电筒的后盖和电池取出，像盖章一样，在地膜上压出一个个规整的圆洞，又快又好还省事。

后来，村民又创新想出了更好的办法，请人电焊加工一些规格为20厘米的图章般的铁质模具，在地边烧起一堆火，模具烧热了往地膜上一点，便烙出了一个个圆洞，点种的速度再次大幅提升。从以前不知道薄膜，到开动脑子创新点种，村民的内生动力被充分调动起来。

雨季终于来临了，虫灾却呼啸而至。一大片当归地成为虫子口中的美食。

对于种植中药材，和政国自己以前也是一个门外汉。不懂就学，他觉得自己不走在村民前面是说不过去的。

和政国于是请鲁甸乡的专家来帮助诊治，同时上网学习技术论文，逐条记录，分析整理，然后跟党员们一起给当归配制杀虫药。经过一个多月的精心照料，100亩云当归最终得救了。

社会的交替可以直过，科学技术的发展却不可能直过，每个环节都少不了，都得一步步脚踏实地走。

山地的人们要脱贫，要致富，还有很长的路要走。

一天，和政国得知本村一个女孩因为爹妈离婚，考上了昆明的一所大学，可是继父却不让上，还把她卖给了一个外来的人贩子。和政国知道后，立即给这个学生打了电话，向她表示说："一定发动村里的人捐款，供她上学。"由于担心，和政国亲自去到汽车客运站把考上大学的女孩找了回来。在和政国看来，人必须要有感恩之心，他说："以前读书没钱的时候，相当亲的人会给一点帮助，大多数时候只能靠自己。现在我们有了困难，大家都会来帮你，集体的力量是很大的，可以解决很大的困难。最重要的是培养人们相互帮助的好风气。一个民族一个国家道德的培养，就是从这些点滴的小事中开始养成的。"

他自己带头，发动村里的人捐款，仅仅是阿南玛一个人就捐了上千元。加上村里的几个共产党员带头，终于把这个学生留了下来，上了昆明学院。

自打产业走上正轨以来，余国清忙得连哪天赶街子都忘记了，也顾不得去关心了。

同余国清一样，以前很多村民只要手头有点零钱，就到乡街子上买了啤酒吃喝一顿，钱花光了才回家。

现在村民已经养成了早起的习惯，每天早晨6点半，不起来反倒不习惯了。有的村民即使抽空去赶街子，也是早去早回，连午饭都不吃就赶回药材地里，以便下午可以接着干地里的活。

技术好的专业户，还要一对一帮扶另外一户，虽然也有上级单位的帮扶挂钩，但效果最好的还是老百姓自己帮扶自己，从种子、技术、农资等都互通有无。

党员则要担当更大的责任，一个人挂钩两户。帮扶，不是挂在嘴上的词语，不仅意味着付出，更意味着一种责任和以心换心，必须动真格的，必须是实地实时指导，更要出力帮忙。

说起自己的转变，余国清充满了感激："我非常感动、感恩。现在，我们终于有了些收益。看着书记累成这样，我心里一阵惭愧，再不好好跟着干，怎么也说不过去了。一年中集体会议就开了35次，全村会议就开得更多了。每天晚上都带领党员走访困难户，一起讨论脱贫致富的事情。他家媳妇打电话，叫回家领娃娃，他顾不得回去，衣服脏了没人洗，有时候坐在他旁边都有味道。这里也没有水，我们的水都是从村里背来，他一直跟我们一起住在白值洛。没有房子，我们盖了简易房。天黑以后才下山，午饭只能在山上吃，碗放在地里，雨滴溅起的泥水，把碗浸染得如同出土文物，每天背着方便面和馒头上山吃。"

余国清一家有三口人，种了十多亩当归，还在山上养了21箱蜜蜂，100多只土鸡，一年下来，收入10多万元。余国清说了一句很朴实的话："我作为一名党员，不能让老百姓看不起。我相信，我致富了，有钱了，做出榜样了，乡亲们会跟上来的。"说到这里，余国清真的很快乐，脸上洋溢着单纯的笑容。

九、圆了致富之梦

产业的发展，促进了同乐村专业合作社的壮大。和政国说：“以前开展活动主要靠自己掏腰包，有时候村里也会给一点补助，现在合作社有了一些集体资金，活动更加开展得有声有色了。虽然现在钱很少，但以后会增多的，也会给困难户更多的帮助。”

合作社的资金来源有两方面，从集体收益里放了5万元滚动资金来收购药材，村民的药材交给合作社，象征性地收取一点管理费。如果没有垫资，便每千克收取5分钱的提成，这样做，主要是为了合作社长久的良性循环，也能更多地做一些公益事业。比如挖路修桥这样的公益事情，村民的伙食钱就是从合作社集体资金里开的，以前都是找乡里要米要粮，现在都是自己解决的，乡里减轻了负担。

合作社集体资金主要用于公益、活动、风险金、组织培训学习等。每年都有排出去请进来的培训，让村民提高素质，掌握最新的技术。学与不学大不一样，派出去学习的村民回来后带动、交流，起了很大的作用。

种植业有时候无论怎么努力，依然存在着很大的风险。比如，突如其来的天灾等，或者市场低迷，这都是潜在的风险。这个时候，合作社就从风险金里拿出钱来，补助给村民，减少损失，真正做到取之于民、用之于民，把村民的风险降到最低，大的风险由合作社来承担。

现在村民加入合作社的积极性非常高，在这种情况下，和政国对合作社成员提出了更高的要求，要求合作社成员，制定确实可行的帮扶计划，把困难户带进来，在计划内，大家一起脱贫。

合作社每个星期开一次会议，每个人都发表自己的看法想法，初尝甜头的村民思路已经比较开阔了，能够自己积极主动想办法摘掉穷帽子。提出每家每户集资买挖机，既可以修自己的路，还可以出租有收入，充分发扬民主，就连合作社的管理办法都是边实践边修改的。

底子足了，肯定要走出去。合作社理事长并不能权利独揽，农村老百姓思想很难统一，通常都是各打各的主意，各算各的账。于是，从成员里选出10位代表，先开会统一思想，再分头做群众工作，每个人带动4户农户，分片包干，产业技术、维稳、家庭矛盾、邻里纠纷全面挂着负责。

2016年由合作社出钱，派了8个人出去学驾驶执照，这几位大部分小学都没有毕业，但他们已经意识到了学习和掌握技术的重要性。经济发展了，群众心里有了底气和自信，也有了买车的愿望和走出大山见世面的愿望。

和政国说：“现在群众的积极性有了，我可以把精力放在怎样发展壮大专业合作社，以后还要成立公司、发展电商，这都是必须做的事情。”

同乐人在种植中药中品尝到了好处，而和政国自己却没有从中捞到任何好处，不少农户要把卖药材的部分款分给他，他拒绝了，他说：“看到大家的口袋里有了钱，脸上有了阳光，我这个同乐的书记就知足了，上级把我派到同乐来就是要带领大家把村里的这个空箩筐装满了，装上大家的财富和笑声。”

十、明天会更好

同乐是个有着300多年历史的古老村寨，又是傈僳族古老的传统舞蹈阿尺木刮的发源地。同乐村的生产生活走上正轨后，和政国开始了发展傈僳族民族文化的构想，这天，他走进了同乐村的一个傈僳族老人的家里，老人叫余桑，他正在自家的阳台上弹着牛腿琴，他边弹边唱：

高山放羊草萋萋，
大羊小羊叫咩咩，
大羊采到了红灵芝，
小羊找到了仙茅草，
……

看到和政国，余桑老人停了下来，和政国笑着说："老人家，你继续弹吧，这样的歌我爱听。"

余桑把牛腿琴放下后说："爱听就好，以后你要是有空我每天都可以给你弹唱几支放羊调。放了一辈子的羊，跟着羊群爬坡过坎，羊吃饱了，就能坐在山坡上唱唱歌。有时遇上了对面山头上的伙伴就扯着脖子唱一阵放羊调，日子长了，满脑子装的都是歌了。前几天，有县里来的人问我，你们傈僳族的阿尺木刮是谁创作的。我说，谁也不是，这是老祖宗们留传下来的，是你一句我一句凑成的，是你一脚我一脚踢成的，是跟在羊屁股后面学来的。"

和政国一听，大受启发，干脆在屋子里找了一把小凳子坐到了老人面前，对老人说：“老人家，你说得多好，我到县里，也有人问过我这样的话，我回答不出来。今天从你这里我找到了答案，现在要请教你的是，我们想在同乐成立一个傈僳族的阿尺木刮艺术团，想请你到时去教教他们。”

余桑说：“这个好啊，你和书记想到我们的心里去了，说实话，看着年轻人一拨拨的飞到城里去了，我就担心老祖宗们传下几百年的阿尺木刮，就要在我们这一代人的手里断了线。要知道，阿尺木刮，那是从山坡上、峡谷里一点点长出来的，要是把它丢了，我们这个民族就没有灵魂了，年轻人有心学习，那是巴不得的事了，我肯定会去教他们的。”

过了几天，和政国召集了村里的十几个年轻人给他们一讲，大家都来劲了，大家纷纷说，在外面打工，看到了人家藏族的、彝族的歌舞，就是没有看到傈僳族的，心里就着急了。

阿尺木刮艺术团的成立，加上同乐100多户人家的大寨子，完整地保留了傈僳族上百年的传统民居，这些依山而建的木楞房，远远看去非常壮观，使和政国萌生了搞乡村旅游的想法。他到镇里跟书记镇长一谈得到了他们支持，镇里的领导个个都清楚，同乐是阿尺木刮的发源地，镇里的领导还想到了把同乐大寨的民居作为脱贫工程的一个大项目，就是把同乐大寨子的全部人都搬到靠近澜沧江边半坡上来，把老寨子传统民居完整地保留下来。老人留下，搞些草编，年轻的妇女到大寨做傈僳族的服饰，客人来的时候，为他们烧火做饭。

2016年，同乐村农民人均纯收入达到6800元，从一个贫穷落后的山村，走上了多元化快速发展之路。

十一、密林中的巴珠

去巴珠的小路隐藏在遮天蔽日的森林中。

迪庆高原大部分是山地，景致大致是红土、荒原、雪山、草场，鹰总是以一种不动的姿势飞翔。很容易使人想到莽荒与苍凉，但并不意味着迪庆没有森林或森林很少。恰恰相反，迪庆的森林被这厚重的高原凸显得非常细致。无论哪种赏心悦目的景观，都有一定的典型。海拔3000米以上大都以冷杉为主，夹杂着高山栎、桤木、槭树等硬阔叶林，给人以披麾挂剑、刀枪林立的威严之感，很像那里的民族，高大、威猛、强悍。海拔2800米以下，则以云南松为主，也是云南分布最广的树种。

迪庆州维西县塔城镇几个自然村就是森林最好的地区之一，这里也是滇金丝猴的故乡。重重大山之中，森林茂密，植被良好，这里一直是木材商人看中垂涎的地方。1996年9月，木材老板动用各种关系，办好了合法手续，企图把林区公路修到村子周围的森林里，想把这里的大树伐走。不想，他们的行为，遭到了任过林业站长时任村委会支书和勋的坚决抵制和反对，村民们眼看着就要到手的好处就要泡汤，大家都非常想不通："上午上山伐木，下午就可以揣着大把的票子回来，这样的好事你都摇头不干，是不是脑袋被门夹扁了？"

村民纷纷站到了木材老板一边，镇政府的领导也出面为其说话，大开绿灯，给和勋施加了前所未有的压力。因为当时塔城经济是整个维西县最好的，靠的就是木材。

巴珠有218户，1200多人，99%都是藏族同胞，是一个藏族聚居的山村。

1996年9月的一天，走进村公所的村委会支书和勋坐下不久，就被一群涌进来办公室的村民围了起来，和勋站起来一看，这些非常熟悉的乡亲仿佛换了一副面孔，大家的脸上都是乌云漫天的。他打招呼，谁也不想理睬。

和勋笑着说："都是一个村子里的，不是大爹就是大叔，不是大叔就兄弟的，有什么话，大家都可以坐下来好好商量的，这又不是开斗争大会。"

这时的和勋，刚刚任巴珠村党支部书记不久。当时的塔城镇乡镇企业把开发原始森林的油锯、带锯等生产工具用汽车运进了巴珠村，开始砍伐原始森林。和勋组织召开了村党支部支委会议，做出了不同意砍伐巴珠村原始森林的决定。巴珠村党员和国正回忆说："当时，以生产、出售原木为主的森工企业是县、乡的支柱产业，要阻止森工企业砍伐原始森林是一件不容易的事情。为了这件事，和勋得罪了少数人，但赢得了群众的广泛赞誉。"

2001年村级体制改革后一直至2011年，和勋连续四届当选村委会主任。"群众关心的，就是和勋要干的，"巴珠村70多岁的老共产党员和国忠说，"要是没有和勋这样敢于较真的共产党员，就没有巴珠村的绿水青山，更没有巴珠村今天的绿色经济。"

话说当时，有个年轻人拨开人群站到前面，没好气地对和勋说：

"这么多人挤到一起，连气都喘不过来了，本来大家的气就很粗，一个个都要喷出火来了。"

和勋说："恩珠兄弟说的也是，现在大家都到院场里去吧，天宽地广的你们爱说怎么就说什么。"

有个中年汉子大声说："恩珠，你怕闷死，就自己出去，要是到院场里和勋逃了，你去追呀。今天他和勋不说个水清明白，就不能让他走人。"

和勋听了，对这个汉子说："江措大哥，我们是一起长大的，难道你还不知道我和勋的为人吗？我和勋从来都是个无事不找事、有事不怕事的人。"

江措说："过去的和勋，我肯定是知道的，过去你从来都是听人话讲道理的明白人，可是，现在怎么就变成了一头红着眼睛找架打的犟犏牛了呢。"

和勋说："江措大叔，站在山顶上唱歌，你就把词吐个明白，肚子里有什么尽管说，要是你们的话在道理上我和勋不说半个不字。"

江措从衣袋里掏出一张盖了大红印章的纸条抖动着在空中挥了挥，接着，把它放到和勋面前的办公桌上，用力在上面一拍说："那你今天就当着大家的面说一说，这张盖了县林业局大红印的砍伐证，在我们巴珠村这个地盘上还管不管用。"

在他的鼓动下，所有的人都从衣袋里掏出了砍伐证，一个个怒眼相对地对他说："和勋你说，是你大，还是县林业局大，谁说的话管用？"

和勋依然微笑着说："林业局是一群人，我和勋只有一个人，要说大，当然是林业局大。”

江措说：“是呀，人家林业局是一群人，你只是一个人，难道一群人的主意还高不过你一个人的不成，林业局还是不是你的上级？”

和勋说：“当然，一群人的主意肯定要比一个人的高明，林业局也是我们的上级单位。”

江措打断了和勋的话：“既然是这样，县林业局的话你为什么不听，他们给我们的砍伐证，你为什么不执行？你还讲不讲政府的规矩？”

和勋：“是的，林业局是我们的上级领导，按理，他们的指示，我们是应该坚决执行的。可是，我觉得他们开砍伐证不对。”

江措：“好，就算林业局的有问题，我们塔城镇政府就贴鼻子贴脸地和我们在一起，难道他们的指示也出了大问题。都说：山神不开口，豹子老虎不敢进村子来叼羊。现在上面的大山神都开口了，你这个小庙里的神还不让我们上山伐木。漫山漫坡的树木，你要留下来做什么，难道你的头让大门给夹扁了、夹呆了，把一个聪明人变成了憨包？”

有个小伙子说：“你早上起来就没有听到外面村子的大山上传来的伐木声？别村的人，早上起来上山，晚上回来就把大张的票子揣着回来了，走进哪一家，不是大碗喝酒，大块吃肉的，我们呢？”

和勋：“大家说的我和勋全都明白，外面村子上山伐木也是事实。可是，现在你们得听听我的话吧，总不能，你们就只有你们说的份，就是不让我开口吧。”

这时，大家总算安静了下来。

和勋继续说："听到外村人上山伐木，大家听了心里会痒，我要是不动脑子想，也会像你们一样的，提上斧头上山砍木头，早上起来上山，下晚回家，口袋里就有了钱这也是事实。可是，你们大家都想过没有，要是这样毫无计划地乱砍滥伐，把我们周围森林里的大树都砍光了，会造成什么严重后果？"

"我们大家不是相信佛教吗，不是都相信因果报应吗？说来，这世界上的事都是一个大因果，要是我们只顾眼皮子下的好处，而把山上的树木砍光了，林子里就长不出飘荡着胡子的大树了，小沟小河两边的竹子也长不出笋子来。我们藏家人都喜爱的金丝猴就找不到吃的，就会逃的逃，饿死的饿死，难道这是大家都愿意看到的吗？"

"再说了，我们巴珠村在大山脚下、森林之中，到了夏天可以上山找松茸、羊肚菌、木耳、虎掌菌把它们背到塔城去卖，我们吃的用的，就连孩子上学用的，都是大森林给我们的，难道我们还要把一直赐福给我们的大森林都毁了吗？把一直护佑着我们的山神吓跑，再说了，要是把大森林都砍光了，就会造成滑坡泥石流，我们就连自己的家园都保不住了。你们说，这样的结果是我们要的吗？"

"保住了大森林就是保住了世世代代的金饭碗，就是保住了我们的幸福根。难道我们今天为了几个钱，就要断了我们的幸福根吗？"和勋越说越激动，最后，他大声说："大家都听好了，现在我把话都摆到了桌面上，要是谁敢上山砍走一根木头，我和勋就把它当作一只恶魔，一定要拴到村子门口，让大家都来看。"

和勋的连问，终于使围着他的人群彻底安静了下来。

和勋说："要是大家不相信我的话，可以到寺庙里问问活佛，我和他们说过这样的话题，他会怎样回答你们。”

听和勋这么一讲，说话的人自然口气就软了下来：“你这样说当然也有道理，只是把松茸羊肚菌背到塔城，那些收购的老板总是压我们的价。听说，他们把我们的松茸运到外面，一公斤就是几百元甚至上千元的价，而给我们的只是几十元。”

和勋说：“你说得不错，他们要把松茸羊肚菌收起来，运送到昆明和外地，多赚点也没有什么错。可是，有人赚得也太黑心了。要是你们上山伐木头，那些木材老板也肯定是这样对待你们的，自己吃肉给大家留下些骨头，和一些残汤剩饭。”

江措有些不甘心地说：“木头不让砍，松茸卖不起价，难道要我们巴珠人看着人家吃白米饭，我们淌清口水不成？”

和勋说：“江措大哥，你刚才的话问得对，我们下一步就是把大家发动起来，先修一条通向塔城的大路，让汽车能够进来，让那些收购松茸羊肚菌的能够直接到我们村子来收购。这样，大家不是都受益了，都能够得到一个合理的价格。下一步，利用我们青山绿水的自然条件，搞起乡村旅游来，让大家都走上一条富裕之路。”

在和勋的说服下，大家一个接一个散去了，和勋立即打通了镇政府的电话。他在电话里与领导说开了，没有计划的砍伐是错误的，必然带来非常严重的后果。他的话遭到了领导严厉的批评，并要他不但不能阻止群众伐木的积极性，还要让木材老板把林区公路修到巴珠来。和勋放下了话机。

第二天，和勋带着两个人到山里巡逻，发现了正在测量林区公路的人，和勋要他们停工。

这天晚上，木材老板带着几万元钱到了和勋家企图收买，被他坚决拒绝了。老板不以为然，第二天还派人开来了一辆挖掘机，把上级的批文贴在机身上，和勋毫不畏惧地前去制止。在他的带动下，身后跟上了一群人，木材老板被吓住了。

十二、康巴汉子的担当

2015年10月的一天，和勋开车带来了两个县旅游的领导，他带着他们参观了正在盛开的上百亩的万寿菊和食用红玫瑰。旅游局的业务负责人看着这些半坡上盛开的鲜花，笑容满面地说："要不到里面来看，还真不知道，这里真是人间仙境。"

接着，他们参观了巴珠的寺院，旅游局的负责人说："和勋书记，你拒绝了伐木公路进山，带着大家保住了这一方青山绿树，功德无量啊。巴珠要森林有森林，要藏文化有藏文化，而且住在寺里的还有修为很好的高僧大德，开展乡村旅游的条件都具备了。这里的万寿菊和食用玫瑰，也是我们开展乡村旅游的新亮点。"

和勋说："说来，这也是靠群众的支持，老天帮忙。开始大家都不愿意，可是把道理说通了，多数人是明白事理的。还是那句老话，只要晓之于理，动之以情。"

旅游局的负责人有些不解，难道和勋也相信迷信："你说什么老天帮忙？"

和勋："2013年，我们整个云南不是大旱吗，我们塔城也不例外，有的小河都没有水了，那些大量砍伐木材的村子，不得不到大老远的地方驮水背水，天上的云彩到了他们村子的上空，一刻也不停，急急忙忙地飘走了。可是，我们巴珠却形成了一个良好的小气候，小河里的水照样哗哗地流淌，空气照样清香，还接连下了几场小雨。这时，村子里的人们都明白了，这就是保护住了大森林带来的好处，懂得了人护树、树养人的道理。”

旅游局的负责人说：“难怪州里的一个领导还专程到巴珠来考察了，带走了你们的经验。”

和勋：“这些领导也有一个认识问题的过程。当后来州里肯定了我们的做法，对我是一种支持。”

松茸季节如期来临了，收购松茸的商人也开着皮卡车子来了。他们来到村委会，当着和勋书记的面与群众签订了一个个收购合同，给了村民一个保底价。

江措在与贩子签订合同的时候说：“小老弟，你算一个有良心的好人，去年你到我们巴珠来收松茸羊肚菌，没有坑人害人，给了我们一个公道价，给了我们一公斤上百的高价，不像那些塔城街上的，拼命压我们的价。”

贩子说：“大叔，你说的在塔城街上的有人在压价这是事实，但多数人还是在凭着良心做事的，你们从山里把松茸背出去，一走就是十几千米的路程，那些松茸在篮筐里颠来簸去的，大部分都不太新鲜了，没个好的买样，自然就掉价了。我到这里都是刚从森林里拾来的新鲜货，我就小心把它放到塑料箱里，当天就到了县城加上冰袋，明天就出现在昆明的市场上。你说我们能没有个好价吗？”

和勋插话说：“这位兄弟，你说的也是有道理的。不过兄弟啊，你也不可以为富不仁，以后不管怎么样也要照顾我们的群众利益。你看江措大叔一家，去年光从你那里得到的松茸一项就是4万多元。”

江措笑笑说：“和勋书记，不止这个数，有六万多元呢，我还不是最多的，有人家已经得了十几万元。”

和勋：“江措大哥，你还叫我的名字吧，我只是一颗长在巴珠森林里的小松树。”

江措：“还小松树呢，你已经是棵顶天立地的大松树了，风来了挡风，雨来了遮雨，这些年要是没有你这样的一棵大树为我们顶着，巴珠肯定不会是今天的样子。”

收购松茸的商人说：“和书记，我肯定会这样的，要是今年的价格好，我会把松茸羊肚菌的价再往上提高一些的，要没有巴珠村乡亲父老的支持，我也不会有钱赚啊。现在全国都在搞脱贫致富，我也该为巴珠出上一点力呀。”

长期坚持走绿色生态发展的道路，巴珠森林覆盖率达99%，在保护森林的同时，巴珠的产业也齐头并进，中药材种植、木瓜等经济林果种植、食用玫瑰花种植、野生蜂蜜养殖，一系列措施成了群众脱贫增收的保障。村民存款数量自2013年起位居全镇第一，农民人均经济纯收入从2005年的600多元增加到2015年的6700多元，巴珠已成为维西县最富裕的村子之一。

十三、斑色花开

苍翠的青山绿水间，一栋栋极富景颇特色的崭新房屋，依山傍水、错落有致，在阳光下透出一种洋洋喜气，有小鸟在村子周围愉快地鸣唱着。

下午，谭勒旺走到了尚勒用家，尚勒用的媳妇背着一捆甘蔗叶正走出院子，见到谭勒旺便点头招呼说："勒用在家里等你呢。"

谭勒旺问："听说你家的牛下崽了？"

尚勒用的媳妇掩饰不住满脸喜悦："下了，今天已经是第七天了，一头活蹦乱跳的小牯子，看着它一天一个样的长，心里装的都是蜜。昨天我还为母牛磨了一盆下奶水的豆浆呢。"

谭勒旺说："是啊，这牛也和人坐月子一样，也需要豆浆养，这样奶水才旺，小牛就能风吹一般成长。"

站在阳台上的尚勒用大声说："嗨，一个大男人家，和一个婆娘人有什么好说的，快上楼来吧。"

然而，仅仅在一年前，尚勒用一家4口还住在茅草房里，漏雨成了常事，每逢刮风，尚勒用家便随时担心着房顶被风掀起。一家人靠种植4亩水田、15亩旱地为生，两个孩子还在上学，生活十分困难。

距尚勒用家不远处是谭勒旺家，3口人，3亩水田，9亩旱地，18亩林地，与尚勒用家一样，经济来源主要靠种植甘蔗、玉米为主。

谭勒旺、尚勒用是陇川县勐约乡广瓦村委会温泉小组居民。

温泉，是一个美好而令人遐想的词语，然而，现实中的温泉小组却与美好相去甚远。

温泉小组是个景颇族聚居的小村子，46户177人家，其中建档立卡户就占了19户39人，举目望去，大部分人家生活在茅草房或石棉瓦房中。村庄原先住在自然条件更为恶劣的老广瓦山上，2005年搬迁到现在更为平缓的位置。当年政府补贴每家3000元盖起了房子，使生存环境有所改善。但村民一直没有找到脱贫致富的路子，依然以种植甘蔗、苞谷为生，传统单一的产业结构，教育、生产技术水平落后，内生动力不足等多种原因，造成这个村一直处于贫困状态。

2015年，在全省脱贫攻坚的硬战中，温泉小组迎来了发展的机遇，精准而强大的帮扶措施，使这里发生了翻天覆地的变化。

——规划设计新理念。突出民族文化特色，注重宜居环保生态，省城乡规划设计院对温泉村民小组进行了规划设计，主要建设内容为钢结构民房、村内道路、电网改造、人畜饮水、美化亮化工程及肉牛养殖小区。

——基础设施促保障。实施了道路、绿化、美化等工程，极大改善了温泉村及周边村寨的生产生活条件。

——安居建设挪穷窝。全村新建住房36户，改造提升10户，全面消除了危房。

——产业结构保发展。巩固提升甘蔗产业，大力发展桑蚕产业，探索发展高原特色水果种植和乡村旅游，加快发展村集体经济。产业发展已成为当地群众增收的一个重要渠道。

——观念转变新气象。想方设法激发群众内生动力，努力提高群众认识，转变群众思想。引导群众由“要我富”向“我要富”转变。

2016年12月18日，谭勒旺家迁入了104平方米的景颇族传统式样新居。就在前几天，尚勒用家也迁入了新居。

谭勒旺来到了尚勒用家，在客厅里坐下，尚勒用给他递上了一支烟，谭勒旺说：“这家里没了火塘，总还是有些不习惯。”

尚勒用说：“是啊，我一直纠结着楼上没有了火塘，客人来了，要做烤茶招待都没个地方，一直想着在楼上安置一个，可是孩子和老婆说什么也不同意。他们说，好不容易住上的没有烟熏火燎的新房子，要是还在上面放个火塘，不到一个月这雪白的墙壁不就熏黑了吗？再说了，有了火塘就得到山上砍柴，村子周围的山林还怎么能够保得住，他们这样一说，只好打消了这个念头。”

谭勒旺说：“他们说的肯定有道理，看来，阿公阿祖留下来的话也得改一改了。有了电，火塘里的火也可以熄一熄了，景颇寨有了新房子，老祖宗们知道了，也会喜欢的。”

尚勒用说：“今天叫你来，我想把这些日子想到的一些事情和你说一说，我们两家是省领导来过的，领导不放心我们住在歪歪倒倒的危房里，安排了扶贫资金，让我们住上了新房。政府对我们这样关心，我们在产业上也要带个头，不要让别人小看了我们。”

谭勒旺说：“是啊，过去，我们两家是寨子里有名的贫困户，让省里的领导都操了心，把扶贫的牌子挂到了我们两家。众人拾柴火焰高，大家推着扶着，我们一步步往前走，日子一天天好起来了。母牛生崽了，开挖出的鱼塘里的鱼也活蹦乱跳了，可是，住进了新房子，我们还得做点什么，尽快富裕起来才是。”

尚勒用说：“是啊，我们总不能一直叫人扶着走，自己也得站起来跑才对。过去人家帮助了我们，我们也要伸出手来帮助别人。要不，我们就成了只在自己屋顶上叽叽喳喳叫唤的小家雀了。”

谭勒旺说：“我们寨子附近的光山荒坡不是还很多吗，加上田边地角，都把它利用起来，像傈傈兄弟余省一一样，把种桑养蚕搞起来，说不定还真给我们带来想不到的收益呢。我们就在寨子里带种桑养蚕这个头吧。”

尚勒用说：“那天我到城里，听亲戚说，陇川的种桑养蚕已经做成了一个中外有名的大产业了，是一个脱贫致富的好项目。我们这里搞得红红火火，把缅甸那边的人都惊动了，他们的政府都派人到正信公司来参观学习了。可是，我们却成了听到天上的春雷隆隆响，还醒不过来的癞蛤蟆。”

尚勒用：“是啊，是啊，种桑养蚕样板就在身边，明天我们就到余省一兄弟那里取经去。”

谭勒旺拿出手机，拨通了余省一的电话，电话那头传来了余省一的声音：“大哥啊，每次路过，看到你们寨子附近那些茅草疯长闲置着的房前屋后，心里就痒痒的。我想要是有人出来种上桑树，既绿化了荒山，又富裕了寨子，不是多好。今天终于接到你们的电话了，欢迎你们来参观。”

第二天一早，谭勒旺和尚勒用就骑着摩托出了寨子，余省一早已迎在了养蚕大棚外面。一进大棚，他们立即就被那些蚕咬桑叶的声音吸引住了。走到面前一看，一条条白白胖胖的蚕宝宝趴在桑叶上，正“刷刷刷”地大口啃食着鲜嫩的桑叶。

为真正实现产业带动群众脱贫致富，陇川县引进褚橙集团落户温泉村，进行水果种苗种植及基地建设；投资472万元的标准肉牛养殖小区基本建成；与德宏正信实业股份有限公司搭建的“公司+基地+农户”运作模式，为农户积极发展蚕桑产业搭建了平台，确保了每个农户都有稳定收入来源的产业。

两年前的6月，正是甘蔗拔节的季节，猛约乡一带的种植户们都松闲了下来，寨子里的人，不是搓麻将斗地主，就是打桌球。

这天下午，闲来无事，余省一扛着一只汽车轮胎做成的小划子，放到陇川江里，悠然自得地划着。到了几天前投放过酒糟的鱼窝子处撒下了网，这时候，岸上有人大声叫唤了："省一兄弟，今天晚上到我家喝酒。"

余省一转过头来，大声回答说："好吧，你凑酒，我凑菜，把村子里的几个好朋友都叫上吧。"

岸上的人回答说："人多了，你拿的鱼够吗？"

余省一回答："嗨，刚才一网下去，就捞到了十几条，再过一个小时，我就要上岸了。"

岸上的人回答说："那就好，朋友们今天有口福了。"

果然，一个小时后，余省一就网到了十多公斤活蹦乱跳的鱼，他用条蛇皮口袋扛着，走进了朋友家。朋友的老婆一看余省一拿了这么多的鱼，不但不高兴，还皱着眉头说："嗨，你们几个猪朋狗友的，整天就知道拿鱼喝酒，一喝就是大醉，半夜三更，还吵吵闹闹的，扰邻搅舍的，家里的公鸡都不知道时辰了。"

余省一说："嫂子，不喝酒，你要我们这些大男人干什么去？说白了，我们就是一群憨农民，难道要我们造飞机大炮去。田地里的庄稼还没有成熟，甘蔗要到11月才开始砍收，我们几个兄弟还算好的了，没有坐到麻将桌面前去赌个倾家荡产。"

女主人笑着说："大兄弟说的也是，只是田边地角长着的葱姜薄荷这些鱼作料，都长不过人了。要是还有，肯定也是朝地下长的，有人家的狗都被鱼刺卡出了哮喘病。"

余省一显得非常无奈地说："大嫂说的我也知道，可是，我们这些大男人，空有一身力气，要使力都没有一个地方呀。"

这天晚上，余省一在朋友家喝酒直到天亮，回到家倒头就睡。他醒过来的时候，已经是下午4点了，老婆嘀咕说："你不要喝那么多的酒，就是不听。不是舍不得，是怕你喝多了，掉到水沟里。"

余省一非常不耐烦地说："你不要整天嘀嘀咕咕的，不就是生怕你藏的几百元，变成了酒钱。"

老婆说："这个当然是，我只怕吃了衣领吃后背的，过年的时候，身上筋筋吊吊的，活脱脱成了一个乞讨的叫花子。"

余省一大笑起来："要没有了，我们家不是有四十多亩甘蔗吗？把它砍卖了，要是你不怕热，还真可以拉一车毛呢大衣回来。"

"要是真到了那一天，你连砍甘蔗的力气都没有了。现在要没有事干，你不会去买条牛来养，这里山宽草旺的。"

"一条牛几千元，我们拿什么去买呀？"

余省一夫妻俩正在争辩的时候，村主任带着三个面孔有些陌生的外地人来到了余省一的家。

余省一和妻子停止了争论，从屋子里提出了几只小竹凳，让客人坐下。

余省一浑身散发着浓浓的酒味，有一个客人说："主人家，还不到晚饭，你就喝上老白干了？"

余省一的老婆提着热水瓶，从屋子里走出来，刚好听到了他们的对话，不失时机地说：“是啊，他从早到晚，都泡在酒缸里，不是喝酒，就是下河捞鱼摸虾，我是担心他跌到水沟里或者大河里。”

余省一笑笑说：“婆娘人的话就像开裂的木桶一样，总是关不住。”

来人说：“你老婆不是在关心你吗？兄弟，这样下去，身体肯定会出毛病的，有人统计过，每年这个世界上在水里淹死的没有酒里泡死的多。”

余省一：“话是好话，可是你们说说，一个农民，手脚没有个去处，不喝酒还能干什么？”

村主任说：“今天我带着三位客人到你家来，要说的就是不喝酒，可以有事做了。”

客人说：“现在种桑养蚕的事，已经在陇川县的大部分乡镇推开了，种桑养蚕正好错开了种植甘蔗和收获稻谷的季节，甘蔗是3月下地，11月开始收割。而桑叶正好是3月开始发芽，12月停止生长。这样一来，你们大家都有事干了。最为保守地说，要是一家人能够种上十几亩的桑叶，养蚕抽丝，一年就有几万元的收入。而且这是可以做下去的朝阳产业，有着良好的效益。”

这时候，余省一的老婆也站在一边听，她说：“我们是从保山到这里来租地种的，都十年过去了，落户陇川的事还没有批下来，像我们这样的黑人黑户，你们公司会帮助我们吗？”

村主任说：“肯定会的，正信公司已经和县里签订了合同，农户种一亩桑树就有1000元的补贴。”

其实，余省一从来都不是一个懒惰的人，既然种桑养蚕是一项比起种庄稼和甘蔗划算的事，当下就答应下来。

第二天，余省一就把附近一个景颇寨的12亩山地租了下来。晚上，有人叫他去喝酒的时候，他已经在新开挖出的坡地上请来了十几个村里的人一起种桑树苗了.余省一的媳妇显得非常高兴，和小伙伴们边干活边笑闹着。

陇川气候温和，雨量丰沛，土地肥沃，桑树一年种下去，第二年就可以采摘。两年后，余省一成了这一带有名的种桑养蚕大户，政府出资修通了一条通往他家大棚的砂石路。

缺少产业支柱一直是温泉村致贫的主要原因之一。针对贫困地区产业薄弱这一“软肋”，陇川县委、县政府把产业扶贫作为增加贫困群众收入的核心，大力培育富民产业，增强贫困群众可持续发展能力，县、乡党委和政府积极引进了种桑养蚕项目，与德宏正信实业股份有限公司合作，走现代产业化经营“公司+基地+农户”的运作模式，以公司示范基地为引领，做好蚕桑种养规划、技术指导、技术培训及实验、示范等工作，使项目成了群众脱贫增收的有力推手。

近几年，为保障产业顺利发展，在政府主导下，陇川县非常注重培养当地桑蚕“乡土人才”，发展一批过得硬的蚕业技术辅导员队伍，一批本土人才快速成长起来，养蚕能手余省一就是其中之一。

全县已有桑园面积10823.4亩，农户销售蚕茧262张，产鲜茧10.4吨，鲜茧平均收购价36.3元/千克，农民收益37万元。预计全年饲养小蚕2100张，实现经济收益343万元。短短两年时间陇川产业发展带来了农村基础设施建设天翻地覆的变化。随着种殖养殖业的培育、发展、壮大，产业增收正在撑起贫困群众钱袋子。

桑蚕养殖成了陇川产业脱贫的一面旗帜。

后　记

2016年3月初，伴随着迅猛的春风和万物的萌动，我开始了《一个都不能掉队——云南脱贫攻坚之路》的采访。对于我来说，这是一个重要的时刻。

我出生并一直生活在云南，这片土地的力量、疼痛、期盼一直伴随着我，像赶赴千年又千年的约会。漫长的时间里，我一次次辗转于云南高原的山水村寨，即使在经济和交通高度发达的今天，我去过的大部分地方依然是遥远和蛮荒的代名词。由此，我想到了地理。山，养育了这片土地上的生灵，也挡住了外面的世界。在山地，人们对蛮荒和贫困的体会，对摆脱贫困的渴望，都是刻骨铭心的。

在云南省委宣传部的大力支持下，一年多的时间里，我行程两万多千米，深入脱贫攻坚第一线，追随着一个个奋发在脱贫路上的先进人物的脚步，采访了100多个自然村300多个典型人物。他们中，既有脱贫攻坚中矢志不移的优秀共产党员，也有奋发努力的普通村民，他们为摆脱贫困创造美好生活所付出的巨大努力和感人事迹，多次让我潸然泪下。我被赤裸裸的贫困震撼着，也被翻天覆地的变化鼓舞着。

在我看来，历史的长河中，改变命运的节点上，没有比奉献更为壮烈的美，人们为摆脱贫困所付出的努力和普遍经验，永远都值得讴歌和颂扬。

这样的行走和审视，让我看到了埋伏在这片土地里的秘密，看见了云南各族人民用行动，践行坚定跟党走的誓言。从此我相信，只有信念和努力，才能以其独特的力量，为社会和历史带去恒久的感动与鼓励。

这样的行走和审视，让我的精神从云岭大地出发，辐射到了辽远的地方。我希望自己能够由此走向开阔，抵达悲悯，让生命的意义能够再度延伸，并从中获得力量和鼓励。

由此我想到，写作者应该从最起码的尊重做起，尊重每一段真实的历史，尊重每一个鲜活的生命，尊重脚下的土地，尊重已经发生的和正在发生的事情，让新鲜灿烂的阳光照亮生命。

中国的脱贫之路，是人类携手摆脱贫困，走向幸福的起点和标志。表达人性中的信念之美、心灵之美、大爱之美、奉献之美、牺牲之美，是我永远也不会抛弃的文本。在苍茫的乌蒙山中，《一个都不能掉队——云南脱贫攻坚之路》的构想框架从我的脑海里脱颖而出。

感谢云南省委宣传部，感谢所有为脱贫攻坚奋斗着的人们，感谢云南省作家协会，感谢云南人民出版社，感谢所有给予我真诚帮助的老师们，我会珍惜，会带着这些真挚而珍贵的支持和鼓励，一直走下去。

2017年9月16日于昆明